Elegant
SciPy

우아한 사이파이

KB174730

| 표지 설명 |

표지에 있는 동물은 긴꼬리천인조(학명 : *Vidua paradisaea*)이다. 이 작은 참새 같은 새는 동부 아프리카의 수단 남부와 앙골라 남부에서 볼 수 있다. 긴꼬리천인조는 번식기에 수컷이 털갈이할 때까지 암컷과 수컷 구분이 힘들다. 번식기의 수컷은 검은색 머리, 갈색 가슴, 밝은 노란색 목덜미, 흰색 복부, 몸길이의 약 3배인 길고 넓은 꼬리 깃털을 가진다.

긴꼬리천인조의 알이나 새끼들은 다른 새(멜바단풍새)가 돌본다. 수컷 긴꼬리천인조는 수컷 단풍새의 목소리를 흉내 낸다. 그리고 수컷 긴꼬리천인조의 소리가 더 크기 때문에 양부모인 멜바단풍새가 더 주의를 기울인다. 다른 부모에게 길러지는 동물은 번식이 힘들다. 긴꼬리천인조의 수컷 종들은 미국이나 다른 나라에서 애완동물로 판매된다. 긴꼬리 봉황작에 대한 걱정 의식이 낮은 편이다.

우아한 사이파이

수학, 과학, 엔지니어링을 위한 파이썬 데이터 분석 라이브러리 SciPy

초판 1쇄 발행 2018년 6월 01일

지은이 후안 누네즈-이글레시아스, 스테판 판데르발트, 해리엇 대시나우 / **옮긴이** 최길우 / **펴낸이** 김태헌
펴낸곳 한빛미디어(주) / **주소** 서울시 서대문구 연희로2길 62 한빛미디어(주) IT출판부
전화 02-325-5544 / **팩스** 02-336-7124
등록 1999년 6월 24일 제10-1779호 / **ISBN** 979-11-6224-074-8 93000

총괄 전태호 / **책임편집** 김창수 / **기획 · 편집** 최현우
디자인 표지 신종식 내지 김연정 조판 이경숙
영업 김형진, 김진불, 조유미 / **마케팅** 박상용, 송경석, 변지영 / **제작** 박성우, 김정우

이 책에 대한 의견이나 오탈자 및 잘못된 내용에 대한 수정 정보는 한빛미디어(주)의 홈페이지나 아래 이메일로 알려주십시오. 잘못된 책은 구입하신 서점에서 교환해드립니다. 책값은 뒤표지에 표시되어 있습니다.

한빛미디어 홈페이지 www.hanbit.co.kr / 이메일 ask@hanbit.co.kr

지금 하지 않으면 할 수 없는 일이 있습니다.
책으로 펴내고 싶은 아이디어나 원고를 메일(writer@hanbit.co.kr)로 보내주세요.
한빛미디어(주)는 여러분의 소중한 경험과 지식을 기다리고 있습니다.

Elegant
SciPy

우아한 사이파이

O'REILLY®   **한빛미디어**
Hanbit Media, Inc.

지은이 · 옮긴이 소개

지은이 후안 누네즈-이글레시아스 Juan Nunez-Iglesias

프리랜서 컨설턴트이자 호주 멜버른 대학교 연구 과학자다. 이전에는 하워드 휴즈 의학연구센터[HHMI] 자넬리아 팜 연구소 연구원으로 드미트리 '미탸' 치클롭스키와 같이 일했다. 서던캘리포니아 대학교에서는 샹홍 재스민 저우 교수 밑에서 조교 및 박사 과정을 밟으며 계산생물학을 공부했다. 주요 연구 관심 분야는 신경과학과 이미지 분석이다. 생물정보학 및 생물통계학의 그래프 연구 방법에 관심이 많다.

지은이 스테판 판데르발트 Stéfan van der Walt

캘리포니아 버클리 대학교 데이터과학연구소 조교 연구원이다. 남아프리카공화국 스텔렌보스 대학교 응용수학 수석 강사다. 10년 이상 오픈 소스 과학 소프트웨어 개발에 참여해왔고, 워크숍과 콘퍼런스에서 파이썬을 가르치는 것을 좋아한다. 사이킷-이미지[scikit-image] 창시자이고, 넘파이, 사이파이, cesium-ml의 컨트리뷰터다.

지은이 해리엇 대시나우 Harriet Dashnow

생물정보학자로서 머독 칠드런스 리서치, 멜버른 대학교 생화학과, 빅토리안 생명 과학 컴퓨터 기관(VLSCI)에서 근무했다. 맬버른 대학교에서 심리학 학사, 유전학 및 생화학 학사, 생물정보학 석사를 취득했고 현재는 박사 과정을 밟고 있다. 유전체학, 소프트웨어 카펜트리, 파이썬, R, 유닉스, 깃 버전 관리 같은 분야에서 IT 스킬 워크숍을 조직하고 가르친다.

옮긴이 최길우 asciineo@gmail.com

컴퓨터학부 학사를 졸업하고, 소프트웨어 마에스트로 3기 과정 중 수면실에서 약 1년 동안 미래를 고민했다. 현재는 클라우드 업계에서 솔루션즈 아키텍트로 근무 중이다. 번역서로는 『Head First C# 3판』(한빛미디어, 2015)과 『처음 시작하는 파이썬』(한빛미디어, 2015)이 있다.

옮긴이의 말

모든 이미지는 행렬로 이루어져 있고, 행렬의 연산 조합으로 이미지 회전과 필터 효과 등이 적용된다. 소리나 레이더 전파의 연속된 아날로그 신호를 계산하기 쉽게 선형화하고, 데이터를 분석하기 쉽게 변형하거나 방해 요소(잡음)를 제거한다. 이 책을 번역한 후, 매일 일상 속에서 접하는 이미지, 음악, 영상을 보는 시선이 조금 달라졌다(행렬로 보인다).

사이파이 홈페이지는 사이파이를 '파이썬 기반의 수학, 과학 및 엔지니어링을 위한 오픈 소스 소프트웨어 생태계다'라고 소개한다. 그렇다. 이 책은 일반 과학자 및 데이터 과학자를 위한 책이다. 그래서 이 책을 제대로 이해하려면 프로그래밍 지식보다 수학 및 과학 지식이 필요하다. 처음 1, 2장에서 생물학(유전체, 유전자, DNA 등) 데이터를 다룬다. 그 후에는 선형대수학, 통계 및 확률론, 주파수 및 푸리에 변환을 만나게 될 것이다. 불행하게도 나는 이러한 과학과 수학에 대한 지식이 풍부하지 못하다. 그래서 정말 열심히 관련 정보를 찾고 확인하며 번역했다. 나와 같은 처지의 독자를 위해 도움 될 만한 용어와 링크를 장별로 정리하여 깃허브에 올려두었다. 또한 파이썬 3.6 및 기타 라이브러리 환경과 주피터 노트북에서 동작을 확인한 모든 코드도 올려두었다.

- https://github.com/AstinCHOI/elegant-scipy

저자는 원서를 마크다운으로 제공한다. 필요하면 참조하기 바란다.

- https://github.com/elegant-scipy
- https://github.com/elegant-scipy/elegant-scipy/tree/master/markdown

이 책을 번역하는 데 블로그, 커뮤니티, 위키가 많은 도움이 되었다. 선량한 목적과 열정으로 좋은 글을 공유해주신 모든 분께 감사드린다. 그리고 번역 과정에서 적극적으로 피드백해주신 최현우 차장님, 멀리서 응원해준 친구들과 가족에게 감사드린다.

이 책이 도움이 되었다면 선량한 목적과 열정으로 지식을 인터넷에 공유하는 작가님과 편집자님의 공이다. 이 책의 오역과 잘못된 부분이 있다면 모두 내 탓이다.

_최길우

이 책에 대하여

사이파이는 통계, 신호 처리, 이미지 처리 및 함수 최적화에 사용되는 파이썬 데이터 과학 핵심 라이브러리다.

이 책은 파이썬을 사용하는 과학자를 대상으로 사이파이의 기본 사용법과 관련 라이브러리를 다룰 뿐만 아니라, 실제 현업에서 사용하는 읽기 쉬운 우아한 코드를 제공한다. 유전자 발현 분석, 생존율·사망률 예측, 이미지 분석·필터링·등록, 실전 레이더 전파 데이터 분석·정보 변형, 스트리밍 데이터셋 처리 문제를 사이파이, 넘파이, 팬더스, 사이킷-이미지 등으로 해결한다.

대상독자

『우아한 사이파이』는 독자의 파이썬 수준을 한 단계 높여준다. 최고의 코드로 작성된 예제로 사이파이^{SciPy}를 알려주기 때문이다.

이 책을 읽기 전에 파이썬의 변수, 함수, 반복문에 대해서 잘 알아야 한다. 그리고 넘파이^{NumPy}를 조금 알면 좋다. 파이썬을 모른다면 『전문가를 위한 파이썬』(한빛미디어, 2016)으로 고급 기법을 연마하거나, 소프트웨어 카펜트리[1]를 참고하기 바란다.

사이파이가 라이브러리인지 어느 팬케이크 가게의 메뉴 이름인지 잘 모른다면, 사이파이 코드 예제를 적용하는 데 어려움을 겪을 수 있다. 아마 이런 독자는 다른 연구실 혹은 현재 연구실의 이전 구성원으로부터 분석 스크립트를 일부 전달받아서 조작하는 과학자일 것이다. 아마 이 책이 출간되기 전에는 맨땅에 헤딩하며 사이파이를 배웠을 것이다. 하지만 이제는 그렇게 하지 않아도 된다.

이 책에서는 인터넷에서 참고 자료를 찾는 법을 알려준다. 메일링 리스트와 저장소 그리고 생각이 비슷한 전문 과학자들을 만날 수 있는 콘퍼런스 정보를 제공한다.

이 책을 한 번만 읽을 수도 있지만, 영감을 얻기 위해서 다시 한 번 읽을 가능성이 높다(그리고 우아한 코드에 감탄할 것이다).

....

1 Software Carpentry. https://software-carpentry.org

이 책의 개발 환경

이 책은 다음과 같은 환경에서 모든 소스 코드의 동작을 확인했다. 다른 버전에서의 동작을 보장하지 않는다.

- 파이썬 : 3.6
- 넘파이 : 1.12
- 맷플롯립 : 2.0
- 팬더스 : 0.19
- 사이파이 : 0.19
- 사이킷-런 : 0.18
- 사이킷-이미지 : 0.13

더 상세한 내역은 다음 주소에서 확인할 수 있다.

- https://github.com/elegant-scipy/elegant-scipy/blob/master/environment.yml

이 책의 소스 코드

한국어판에서 사용된 소스 코드는 한빛미디어 홈페이지와 이 책의 깃허브에 있다. 깃허브에 더 최신 버전이 있다.

- 깃허브(지은이) : https://github.com/elegant-scipy/elegant-scipy
- 깃허브(옮긴이) : https://github.com/AstinCHOI/elegant-scipy
- 한빛미디어 홈페이지 : www.hanbit.co.kr/src/2074

CONTENTS

CHAPTER 0 들어가며

CHAPTER 1 우아한 넘파이 : 파이썬 과학 기초

CHAPTER 2 넘파이와 사이파이의 분위수 정규화

CHAPTER 3 이미지 지역망 : ndimage

CONTENTS

CHAPTER 6 사이파이 선형대수학

CONTENTS

CHAPTER **7** 사이파이 함수 최적화

CHAPTER **8** 빅데이터와 Toolz 라이브러리

들어가며

> 틀에 박힌 웨딩드레스와 달리, 이것은 기술 용어로 우아한Elegant 것이다. 단 몇 줄의 코드
> 로 인상적인 결과를 얻는 컴퓨터 알고리즘처럼...
>
> — 그레임 심시언, 『로지 효과The Rosie Effect』

『우아한 사이파이』 세계에 온 것을 환영한다. 이 책에서는 '우아한'보다 '사이파이SciPy'에 더 많은 시간을 할애한다. 그래서 잠깐 '우아한'에 대해서 살펴보자. 사이파이 라이브러리를 설명하는 매뉴얼과 튜토리얼 및 문서 웹 사이트가 많다. 이 책은 그런 곳에서 제공하는 동작하는 수준의 코드를 넘어 우아한 코드를 작성하도록 자극할 것이다.

『로지 효과』[1]의 저자 그레임 심시언은 우아함을 다르게 해석한다. 대부분의 사람은 아이폰과 같이 시각적인 단순함과 스타일을 설명하는 데 이 단어를 사용한다. 그런데 『로지 효과』의 주인공 돈 틸먼은 컴퓨터 알고리즘에 우아하다는 표현을 사용한다. 『로지 효과』를 읽은 독자라면 돈 틸먼이 말하는 바를 정확하게 이해할 것이다. 우아한 코드를 읽고 쓰면서 고요한 아름다움을 느껴보자.

훌륭한 코드는 마음을 편하게 한다. 의도가 명확하고 간결하며 효율적이다. 우아한 코드를 분석하는 일은 즐거울 뿐 아니라 내공까지 쌓인다. 그리고 새로운 코딩 문제에 창의적으로 접근하는 데 영감을 준다.

---

1 이 책을 다 읽고 나서 『로지 효과』의 전편 『로지 프로젝트Rosie Project』(까멜레옹, 2013)를 읽어보자. 『로지 효과』는 아직 국내 번역본이 출판되지 않았다.

아이러니하게도 영리함을 과시하려는 엉뚱한 유혹에 빠져 이해하기 힘든 코드를 작성할 수도 있다. PEP8(파이썬 문법 스타일 가이드)과 PEP20(파이썬의 철학)은 '코드를 쓰는 것보다 읽는 경우가 더 많다. 그러므로 가독성은 중요하다'고 말한다. 이 사실을 잊지 말자.

우아한 코드의 간결함은 중첩된 함수 호출을 묶는 것뿐만 아니라, 추상화와 적절한 함수 사용을 통해 이루어진다. 간결한 코드로 빠르게 분석하는 게 다는 아니다. 궁극적으로 '아하 그렇구나'라는 깨달음의 순간을 제공해야 한다. 따라서 코드의 다양한 구성요소를 구상하여 그 의도가 명확히 드러나도록 코드를 작성해야 한다. 예를 들어 코드의 기능을 설명하는 주석을 작성하기에 앞서 변수와 함수 이름을 적합하게 명명해야 한다. 주석은 그런 코드를 더 자세히 안내하는 역할을 할 뿐이다.

『뉴욕 타임즈』의 소프트웨어 엔지니어인 제이 브래드퍼드 힙스는「더 좋은 코드를 작성하려면, 버지니아 울프를 읽어라To Write Better Code, Read Virginia Woolf」[2]라는 글을 기고했다.

> 실제로 소프트웨어 개발은 알고리즘보다 더 창의적이다. 소설가가 빈 페이지를 맞이하듯 개발자도 소스 코드 편집기 앞에 선다. …중략… 개발자와 소설가는 '항상 해왔던' 방식에 대한 불만을 참을 수 없어서, 그 관습을 깨뜨리려는 세대의 욕구를 반영해 표현한다. 한 모듈 혹은 단원이 완성되면 같은 기준(우아함, 간결성, 응집성)으로 품질을 판단한다. 또 한 가지의 기준은 눈에 보이지 않는 대칭의 발견, 그렇다. 바로 아름다움이다.

이 책은 윗글의 견해를 따른다. 지금까지 책 제목에서 언급하는 '우아한'에 대해서 이야기했다. 이제 사이파이로 돌아가보자. 때때로 사이파이는 소프트웨어 라이브러리, 생태계, 혹은 커뮤니티를 의미한다. 사이파이의 강점은 훌륭한 온라인 문서와 튜토리얼이다. 사이파이 참고서가 무의미할 정도다. 그래서 이 책은 사이파이로 작성된 최상의 코드를 제공한다.

이 책의 코드는 넘파이, 사이파이 및 관련 라이브러리의 고급 기능을 영리하고 우아하게 사용한다. 처음에 독자는 아름다운 코드를 실전 문제에 적용하는 법을 배운다. 과학 분야에서 사용되는 실제 현업 자료를 예제로 한다.

사이파이와 마찬가지로 『우아한 사이파이』가 커뮤니티에 의해 주도되길 바란다. 이 책은 우아한 코드의 원리를 설명하는 데 파이썬 과학 생태계에서 주로 발견한 작업 코드를 예제로 사용했다.

---

2 http://nyti.ms/2sEOOwC

0.1 왜 '사이파이'인가?

넘파이와 사이파이 라이브러리는 파이썬 과학 생태계의 핵심이다. 사이파이 소프트웨어 라이브러리는 통계, 신호 처리, 이미지 처리 및 함수 최적화와 같은 과학 데이터 처리에 사용하는 일련의 함수를 제공한다. 사이파이는 파이썬 숫자 배열 계산 라이브러리인 넘파이를 기반으로 한다. 지난 몇 년 동안 넘파이와 사이파이 기반 앱과 라이브러리 생태계는 천문학, 생물학, 기상학 및 기후 과학, 재료 과학 등 다양한 분야에 걸쳐 급격히 성장해왔다.

이 성장은 움츠러들 기세가 보이지 않는다. 2014년 토마스 로비타이와 크리스 버몬트는 천문학에서 파이썬이 점점 더 많이 사용되고 있다는 사실을 문서[3]에서 밝혔다. 다음은 2016년 하반기에 갱신한 문서에 있는 그래프[4]다.

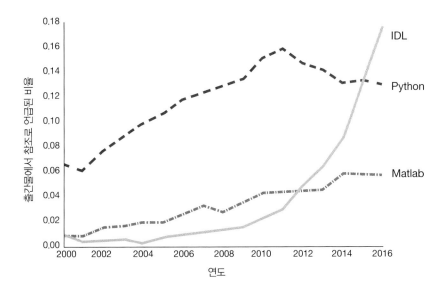

사이파이와 연관된 라이브러리가 수년간 많은 과학 분야 데이터 분석을 주도하게 될 것이다.

또 다른 예로 과학자들에게 컴퓨터 기술을 가르치고 있는 소프트웨어 카펜트리를 들 수 있다. 대부분 파이썬을 사용하고 있으며 인기가 대단하다.

---

3 http://bit.ly/2sF5dRM
4 http://bit.ly/2sF5i82

0.2 사이파이 생태계

사이파이는 수학, 과학, 엔지니어링을 위한 파이썬 기반의 오픈소스 생태계다.

                                    – http://www.scipy.org

사이파이 생태계는 느슨하게 정의된 파이썬 패키지의 모음이다. 이 책에서는 다음과 같은 주요 패키지를 다룬다.

- **사이파이**[5] : 신호의 처리, 통합 및 최적화, 그리고 통계와 같은 분야에 사용되는 효율적인 수치 알고리즘의 모음이다. 사용자 친화적인 인터페이스를 제공한다.
- **넘파이**[6] : 파이썬에서 기초 과학을 다루는 넘파이는 효율적인 수치 배열과 선형대수, 난수 및 푸리에 변환을 포함한 광범위한 수치 계산을 제공한다. 넘파이의 가장 강력한 기능은 N차원 배열(ndarray)이다. 이러한 자료 구조는 숫자를 효율적으로 저장하고, 다차원의 그리드(grid)를 정의한다(자세한 내용은 1.2절에서 설명한다).
- **맷플롯립(Matplotlib)**[7] : 2차원 및 기본적인 3차원 그래프를 그리는 강력한 패키지다. 매틀랩(Matlab)에서 영감을 얻어서 이와 같은 이름을 사용한다.
- **아이파이썬(IPython)**[8] : 데이터와 테스트 로직을 적용하여 그 결과를 쉽고 빠르게 얻을 수 있는 파이썬의 대화식 인터프리터 인터페이스다.
- **주피터 노트북(Jupyter notebook)**[9] : 브라우저에서 코드, 텍스트, 수식 및 대화식 위젯을 결합한 풍부한 문서를 만들 수 있다[10]. 실제로 이 책에서 사용하는 코드를 주피터 노트북으로 변환하여 실행했다(이 책의 모든 예제가 올바르게 작동한다). 주피터는 아이파이썬의 확장으로 시작했지만, 현재는 사이썬(Cython), 줄리아(Julia), R, 옥타브(Octave), 배시(Bash), 펄(Perl), 루비(Ruby)를 비롯한 여러 언어를 지원한다.
- **팬더스(pandas)**[11] : 사용하기 쉬운 패키지 형태로 컬럼 형식의 자료 구조를 빠르게 제공한다. 특히 테이블 혹은 관계형 데이터베이스와 같이 레이블이 있는 데이터셋을 처리하고, 시계열(time series) 데이터와 슬라이딩 윈도우(sliding window)를 관리하는 데 적합하다. 또한 데이터를 파싱, 정리, 수집하고, 그래프를 그리는 데 편리한 데이터 도구를 제공한다.
- **사이킷-런(scikit-learn)**[12] : 머신러닝 알고리즘에 통합 인터페이스를 제공한다.

---

5 http://www.scipy.org/scipylib/index.html

6 http://www.numpy.org

7 http://matplotlib.org

8 https://ipython.org

9 http://jupyter.org

10 『컴퓨터 과학과 재현성 : IPython, 데이터 중심의 저널리즘 시대 'Literate computing' and computational reproducibility: IPython in the age of data-driven journalism』(Fernando Perez, 2013). http://bit.ly/2sFdfdl

11 http://pandas.pydata.org

12 http://scikit-learn.org

- **사이킷-이미지(scikit-image)**[13] : 사이파이 생태계와 완벽하게 통합하는 이미지 분석 도구를 제공한다.

사이파이 생태계를 구성하는 파이썬 패키지는 더 많다. 이 책에서는 일부 패키지만 다룬다. 주로 넘파이와 사이파이에 초점을 맞추고 있지만, 이를 둘러싸고 있는 수많은 패키지가 파이썬을 과학 컴퓨팅의 강자로 만들고 있다.

0.3 대혼란 : 파이썬 2 vs 파이썬 3

파이썬을 사용할 때 어떤 버전이 더 좋은지에 대한 많은 이야기를 들었을 것이다. 결국에는 왜 최고의 파이썬이 최신 버전이 아닌지에 대한 의문이 들 것이다.

2008년 말, 파이썬 코어 개발자들은 파이썬 3를 발표했다. 주요 개선 사항으로는 유니코드 (국제적인) 텍스트 처리, 타입 일관성, 스트리밍 데이터 처리 등이 있다. 더글러스 애덤스가 우주의 창설에 대해 다음과 같이 풍자했다.

"많은 사람이 매우 화냈고, 악의적인 행동으로 널리 간주했다".[14]

이 때문에 일반적으로 파이썬 2.6 혹은 2.7 코드는 일부만 수정하면 파이썬 3에서 잘 실행된다 (일반적으로 수정은 까다롭지는 않다).

개발 언어의 발전과 하위 호환성 사이에는 항상 긴장이 흐른다. 파이썬 코어팀은 특히 근본적인 C 언어 API의 일부 비일관성을 제거하고, 21세기의 언어로 나아가려면 깔끔한 정리가 필요하다고 판단했다(파이썬 1.0은 1994년에 등장했다).

다음은 파이썬 3에서 개선된 사례다.

```
print "Hello World!"    # 파이썬 2 print 선언문
print("Hello World!")   # 파이썬 3 print 함수
```

왜 이런 소란을 일으켜서까지 괄호를 추가했어야 할까? 그 대답을 얻기 전에 디버깅 정보를 표준 에러로 출력하는 다른 스트림 코드를 살펴보자.

---

13 http://scikit-image.org
14 『은하수를 여행하는 히치하이커를 위한 안내서』(책세상, 2016)

```
print >>sys.stderr, "fatal error"  # 파이썬 2
print("fatal error", file=sys.stderr)  # 파이썬 3
```

이 변화는 확실히 더 가치 있어 보인다. 파이썬 3 코드에서는 두 인수를 전달하는 print 함수라는 것을 쉽게 파악할 수 있지만, 파이썬 2 코드에서는 파악이 쉽지 않다.

또 다른 변화는 피이썬 3에서 정수를 나누는 방식이다. 우리가 보통 숫자를 나누는 방식과 결과가 같다('>>>'는 파이썬 대화식 인터프리터에서 입력을 나타낸다).

```
# 파이썬 2
>>> 5 / 2
2
# 파이썬 3
>>> 5 / 2
2.5
```

또한 2015년 파이썬 3.5에서 도입한 @ 행렬 곱셈 연산자는 매우 흥미롭다. 5장과 6장에서 몇 가지 예제를 다룰 것이다.

파이썬 3에서 개선된 가장 큰 사항은 유니코드다. 유니코드는 텍스트를 인코딩하여 영문자뿐만 아니라 전 세계의 모든 문자를 사용할 수 있게 해준다. 파이썬 2에서는 아래와 같이 유니코드 문자열을 정의한다.

```
beta = u" β "
```

그러나 파이썬 3에서는 모든 것이 유니코드다.

```
β = 0.5
print(2 * β )
1.0
```

파이썬 코어팀은 코드에서 모든 언어의 문자가 일급 객체(혹은 1등 시민)First-class citizen가 될 충분한 가치가 있다고 판단했다. 특히 비영어권 국가에서 유용한 조치다(아직은 상호운용성을 위해서 영어로 코딩하는 것을 추천한다). 이 기능은 복잡한 수식을 표현하는 주피터 노트북과 같은 곳에서도 유용하다.

파이썬 3 코드는 기존의 많은 2.x 버전의 코드와 호환되지 않는다. 경우에 따라 이전보다 더 느리게 실행된다. 이러한 좌절감에도 불구하고 3.x 버전이 성숙함에 따라 대부분 문제가 해결되었으므로 가능하면 빨리 파이썬 3로 업그레이드하자(파이썬 2.x는 2020년까지만 유지 관리 전용 방식으로 운영된다). 이 책에서는 파이썬 3의 새로운 많은 기능을 사용한다.

이 책은 파이썬 3.6을 사용한다.

파이썬 버전 전환transition에 관한 자세한 내용은 에드 스코필드의 '파이썬의 미래'[16]나, 닉 코플 런의 자료[17]에서 확인할 수 있다.

0.4 사이파이 생태계와 커뮤니티

사이파이는 다양한 기능을 갖춘 인기 라이브러리다. 사이파이를 기반으로 많은 관련 라이브러 리가 출시되었다. 이들 대부분을 이 책에서 볼 수 있다.

이러한 라이브러리의 창시자들은 전 세계의 여러 행사 및 콘퍼런스에 모인다. 미국(오스틴 시), 유럽, 인도 및 다른 지역에서 사이파이와 PyData 콘퍼런스가 열린다. 이 중에서 한 곳에 참석하여 파이썬 그룹에서 가장 유명한 소프트웨어 개발자를 만나보기 바란다. 참석이 힘들거 나 콘퍼런스 맛보기를 원한다면 온라인 영상[18]을 활용하자.

자유 오픈 소스 소프트웨어

사이파이 커뮤니티는 오픈 소스 소프트웨어 개발을 아우른다. 거의 모든 사이파이 라이브러리 의 소스 코드는 누구든지 자유롭게 읽고 편집하고 재사용할 수 있다.

다른 사람이 여러분의 코드를 사용하길 원한다면 자유롭고 개방적으로 만드는 것이 가장 좋은

---

15 LaTeX . 레이텍 혹은 라텍으로 발음한다. 문서 작성 도구의 일종으로 논문, 출판물 등의 특수 형식 문서를 작성하는 데 사용된다.
16 http://bit.ly/2sEZoUp
17 http://python-notes.curiousefficiency.org/en/latest/python3/questions_and_answers.html
18 https://www.youtube.com/user/EnthoughtMedia/playlists

방법이다. 폐쇄형 소스 코드를 사용해서 원하는 목표를 정확하게 수행하지 못한다면 운이 다한 것이다. 물론 폐쇄형 소스 코드를 만든 개발자에게 이메일을 보내고 새로운 기능 추가를 요청할 수 있다(이 방법은 종종 통하지 않는다). 혹은 직접 새로운 소프트웨어를 만들 수 있다. 반면 오픈 소스를 사용하면 이 책에서 배운 기술을 활용하여 기능을 쉽게 추가하거나 수정할 수 있다.

오픈 소스 모듈에서 버그를 발견하면 사용자나 개발자가 소스 코드에 접근하여 쉽게 버그를 수정할 수 있다. 비록 코드를 이해하지 못한다 할지라도 많은 문제를 발견하여 분석할 수 있고, 개발자가 그 문제를 고치도록 도울 수 있다. 이런 개방형 작업은 모두를 위한 학습 경험을 제공한다.

오픈 소스, 오픈 과학

과학 오픈 소스에서 위의 모든 시나리오는 매우 일반적이고 중요하다. 과학 소프트웨어는 종종 이전 작업을 기반으로 하여 조금 더 흥미로운 방식으로 수정한다. 그리고 오픈 소스 개발 일정 및 진행 속도로 인해서 많은 코드가 출시 전에 철저히 테스트되지 않아 사소한 버그가 존재한다.

오픈 소스를 만드는 또 다른 큰 이유는 재현 가능한 연구를 촉진하는 것이다. 기술 문서를 읽고 내려받은 코드로 데이터를 실험할 때, 실행 파일이 시스템에 컴파일되지 않거나, 코드를 실행하는 방법을 찾을 수 없거나, 버그 및 빠진 기능이 있거나, 예기치 않은 결과가 발생하는 경험을 누구나 해봤을 것이다. 과학 소프트웨어를 오픈 소스로 만들면 소프트웨어의 품질을 향상할 뿐만 아니라 그 소프트웨어가 어떻게 완성되었는지 과정을 볼 수 있다. 어떤 가정이 세워졌고 그런 가정이 하드 코딩되었는지도 파악할 수 있다. 오픈 소스는 많은 문제를 해결하는 데 도움을 준다. 결과적으로 과학자들은 다른 사람의 코드를 기반으로 새로운 공동 작업을 촉진하여 과학 분야의 발전을 가속할 수 있다.

오픈 소스 라이선스

다른 사람이 여러분의 코드를 사용하게 하려면 라이선스를 부여해야 한다. 라이선스를 부여하지 않으면 기본적으로 폐쇄형 코드가 된다. 심지어 소프트웨어 라이선스 없이 코드를 (공개 깃허브 저장소에) 공개하더라도 누구도 코드를 사용하거나 수정 또는 재배포할 수 없다.

많은 라이선스 옵션 중에서 하나를 선택할 때 먼저 코드 사용에 대한 허가를 결정해야 한다. 다른 사람이 이익을 위해서 여러분의 코드를 팔아도 되는가? 혹은 다른 사람이 여러분의 코드를 사용하는 소프트웨어를 팔아도 되는가? 혹은 자유 소프트웨어에서만 여러분의 코드를 사용할 수 있도록 제한할 것인가?

두 가지 범주의 자유 오픈 소스 소프트웨어[19] 라이선스가 있다.

- 퍼미시브(Permissive)
- 카피레프트(Copy-left)

퍼미시브 라이선스[20]는 모든 사람에게 원하는 방식으로 코드를 사용하고 수정 및 재배포할 수 있는 권리를 부여한다. 상용 소프트웨어의 일부로 퍼미시브 라이선스 코드를 사용할 수 있다. 이 범주에서 인기 있는 선택사항으로 MIT와 BSD 라이선스가 있다. 사이파이 커뮤니티는 새로운 BSD 라이선스를 채택했다(수정된 BSD, 혹은 3-조항$^{3-clause}$ BSD라고도 한다). 이러한 라이선스를 사용하면 많은 분야의 산업 및 스타트업을 포함하여 다양한 사람으로부터 코드 기여를 받을 수 있다.

카피레프트 라이선스[21] 또한 다른 사람이 코드를 사용하고 수정 및 재배포할 수 있다. 그러나 이 라이선스를 사용하면 사용자는 코드에 카피레프트 라이선스를 명시해야 한다. 카피레프트 라이선스 코드로 수행할 수 있는 작업은 제한되어 있다.

가장 인기 있는 카피레프트 라이선스는 GNU 일반 공중 라이선스[22] 혹은 GPL이다. 카피레프트 라이선스의 가장 큰 단점은 잠재적인 사용자 혹은 개인 기여자에게 코드를 공개하지 않는 경우가 많다는 것이다. 이것은 코드에 크게 영향을 미친다. 사용자 기반이 크게 줄어들고 소프트웨어의 성공이 크게 좌우될 수 있다. 과학에서 카피레프트 라이선스를 적용하면 다른 사람에게 인용될 가능성이 더 적을 수 있다는 것을 의미한다.

라이선스 선택에 대한 자세한 내용은 웹 사이트[23]를 참고한다. 과학 라이선스에 관한 것은 워싱턴 대학의 물리 과학 연구 이사이며 사이파이의 슈퍼스타인 제이크 반더플라스가 쓴 「과학

---

19 FOSS(Free and Open Source Software)
20 https://ko.wikipedia.org/wiki/퍼미시브_라이선스
21 https://ko.wikipedia.org/wiki/카피레프트
22 https://ko.wikipedia.org/wiki/GNU_일반_공중_사용_허가서
23 http://choosealicense.com

코드 라이선스 부여의 방법과 이유」에 대한 블로그 글[24]을 추천한다. 다음은 제이크가 쓴 글의 세 줄 요약이다.

1 항상 코드에 라이선스를 부여한다. 라이선스가 없는 코드는 폐쇄 코드이므로 공개 라이선스가 없는 것보다 낫다(2 참조).

2 항상 GPL 호환 라이선스를 사용한다. GPL 호환 라이선스는 코드에 대한 광범위한 호환성을 보장한다. 이것은 GPL, 새로운 BSD, MIT 등의 라이선스를 포함한다(3 참조).

3 항상 퍼미시브 BSD 스타일의 라이선스를 사용한다. 새로운 BSD 혹은 MIT와 같은 퍼미시브 라이선스는 GPL 혹은 LGPL과 같은 카피레프트 라이선스보다 바람직하다.

이 책의 모든 코드는 3-조항 BSD 라이선스에 속한다. 이 책에서 다른 코드를 참고한 자료들은 일반적으로 다양한(비록 BSD가 아니어도 되지만) 퍼미시브 공개 라이선스에 속한다.

작성한 코드의 라이선스는 커뮤니티의 관행에 따르는 것을 추천한다. 사이파이 커뮤니티에서는 3-조항 BSD 라이선스를 적용한 반면 R 언어 커뮤니티는 GPL 라이선스를 적용했다.

깃허브 : 소셜 코딩

오픈 소스 라이선스에 따른 소스 코드 공개에 대해서 살펴봤다. 오픈 소스 라이선스는 많은 사람이 코드를 내려받아서 사용하며 버그를 수정하거나 새로운 기능을 추가할 수 있도록 해준다. 그렇다면 사람들이 코드를 어떻게 쉽게 찾을 수 있을까? 버그 수정 및 기능 추가를 어떻게 코드에 반영할 것인가? 모든 이슈와 변경 사항을 어떻게 추적할 것인가? 이 모든 사항을 어떻게 통제할 수 있을까?

깃허브GitHub에 접속해보자.

깃허브[25]는 코드를 개발하고 호스팅하고 공유하는 웹 사이트다. 깃허브는 Git 버전 관리 소프트웨어를 기반으로 한다. 『만들면서 배우는 Git+GitHub 입문』(한빛미디어, 2015)과 같이 깃허브를 배울 수 있는 훌륭한 자료가 있다. 사이파이 생태계에서 대부분의 프로젝트는 깃허브에 올려지기 때문에 깃허브 사용법을 익혀두면 좋다.

---

24 http://bit.ly/2sFj0HS
25 https://github.com

그림 0-1 깃허브의 영향(그래프 사용 허가를 저작권자인 제이크 반더플라스에게서 얻음)

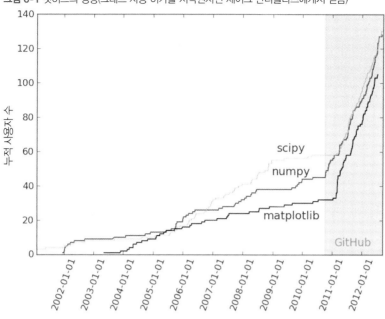

깃허브는 오픈 소스 기여에 엄청난 영향을 끼쳤다. 사용자가 코드를 배포하고 자유롭게 공동 작업을 할 수 있게 만들었다. 누구나 코드의 복사본을 생성하여(포크fork), 자유롭게 수정할 수 있다. 이들은 수정 요청 사항을 생성하여(풀 리퀘스트pull request), 변경된 코드를 다시 원본 소스에 반영할 수 있다(머지merge). 깃허브는 코드를 직접 편집할 수 있는 사람을 결정하는 기능뿐만 아니라 이슈 관리 및 변경 사항 요청과 같은 멋진 기능을 제공한다. 수정 내용, 기여자 및 기타 흥미로운 통계를 추적할 수도 있다. 다른 훌륭한 깃허브 기능도 많다(자세한 내용은 서적이나 인터넷 자료를 참고하자). 이 책에서 일부 깃허브의 기능을 사용한다. 실질적으로 깃허브는 소프트웨어 개발을 보편화했으며, 개발 진입 장벽을 상당히 낮췄다.

사이파이 생태계에 기여하기

사이파이에 대한 많은 경험을 쌓고 연구용으로 사용하다가 특정 패키지에 원하는 기능이 없거나, 더 효율적으로 처리할 수 있는 아이디어가 있거나, 버그를 발견할 수 있다. 이 시점에 도달했다면 사이파이 생태계에 기여할 때가 온 것이다.

사이파이 생태계 기여에 도전하기를 적극적으로 권장한다. 코드를 공유하고, 기존 코드를 개선하려고 커뮤니티가 존재한다. 그리고 개개인이 조금씩 기여해 나간다면 많은 것을 같이 만들 수 있다. 기여에 대한 이타적인 이유 외에도 매우 실용적인 개인적인 이득이 있다. 커뮤니티에 참여함으로써 더 좋은 개발자가 될 것이다. 기여하는 모든 코드는 다른 사람이 검토하여 피드백을 줄 것이다. 그리고 자신의 코드를 유지하고 공유하는 데 매우 유용한 도구인 깃과 깃허브 사용법을 익힐 것이다. 사이파이 거뮤니티에 기여한다면 광범위한 과학 분야의 인맥과 훌륭한 경력 기회를 얻을 수 있다.

단순한 사이파이 사용자 이상이 되는 것에 대해서 생각하길 바란다. 커뮤니티에 참석하여 행해지는 연구는 모든 과학 분야의 개발자를 위한 더 좋은 기회를 제공할 것이다.

유머러스한 파이썬 세계

사이파이 커뮤니티에 처음 접하는 사람은 뭔가 두려움을 느낄 수 있다. 보통 커뮤니티의 대다수 사람은 유머 감각을 지닌 과학자들로 구성되어 있다.

'몬티 파이튼Monty Python'에 관한 재미있는 참고 자료가 있다. 에어스피드 벨로시티 패키지[26]는 소프트웨어의 속도를 측정한다(이것에 대해서 나중에 설명한다). 이 패키지 이름은 영화『몬티 파이튼과 성배Monty Python and the Holy Grail』에 나오는 '제비가 맨몸으로 나는 속도는?what is the air-speed velocity of an unladen swallow?'라는 대사를 참고했다.

또 다른 재미있는 패키지로 석스[27]가 있다. Sux는 six의 뉴질랜드 발음으로 파이썬 3에서 파이썬 2 패키지를 사용할 수 있게 해준다. 그래서 파이썬 2의 구문을 3에서 사용할 수 있다.

```
import sux
p = sux.to_use('파이썬_2_패키지')
```

이 책에 있는 라이브러리들과 즐거운 시간을 보내기 바란다.

---

26 Airspeed Velocity. https://github.com/airspeed-velocity/asv
27 Sux. https://github.com/nicois/sux/blob/master/README.md

0.5 도움받기

제일 먼저 할 일은 구글 검색이다. 하고자 하는 작업 또는 에러 메시지를 검색창에 입력한다. 일반적으로 검색 결과는 프로그래밍을 위한 훌륭한 질의응답 사이트인 스택오버플로[28]로 안내한다. 찾는 내용이 검색되지 않는다면 검색어를 더 일반화해보자.

때로는 그 질문의 첫 주인공이 될 수도 있다(특히 새로운 패키지를 사용하는 경우에 그렇다). 좌절하지 말자! 위에서 언급한 것처럼 사이파이 커뮤니티는 친절한 집단이며 이들은 인터넷 세계의 곳곳에 흩어져 있다. 구글 검색 창에서 '〈라이브러리 이름〉 mailing list'로 검색하여 이메일 리스트를 찾아서 도움을 요청한다. 라이브러리의 저자와 파워 유저는 정기적으로 메일을 읽으며, 새 사용자들을 매우 환영한다. 질문을 요청하기 전에 메일 리스트를 구독하는 것이 예의다. 그렇게 하지 않으면 질문자의 주소가 리스트에 등록되기 전까지 그 메일이 스팸인지 수동으로 확인해야 한다. 메일링 리스트에 가입하는 게 귀찮을 수도 있지만, 이것을 매우 권장한다. 많은 정보를 얻을 수 있는 좋은 곳이다.

0.6 파이썬 설치하기

이 책에서는 파이썬 3.6 혹은 그 이상의 버전과 필요한 모든 사이파이 패키지를 설치했다고 가정한다. 이 책 저장소의 environment.yml 파일에 사용된 모든 요구사항과 버전이 나열되어 있다. 이 모든 구성요소를 얻는 가장 쉬운 방법은 파이썬 환경 관리 도구인 콘다^{Conda}를 설치하는 것이다.

먼저 아래의 사이트에서 운영체제에 맞는 콘다를 내려받은 후 설치한다(윈도우 사용자는 exe 파일을 실행하고, 맥/리눅스 사용자는 스크립트를 실행한다).

- https://conda.io/miniconda.html

코드 결과 및 그래프를 브라우저에서 바로 볼 수 있는 주피터 노트북을 설치한다.

```
$ pip install jupyter
```

---

28 Stack Overflow, https://stackoverflow.com

혹은 다음과 같이 명령해도 좋다.

```
$ pip3 install jupyter
```

이 책의 실습 환경 라이브러리를 설치한다. 다음과 같이 environment.yml 파일을 내려받아서 설치한 후, 실습 환경에 접속하여 주피터 노트북을 실행한다.

- https://github.com/AstinCHOI/elegant-scipy/blob/master/environment.yml

```
$ conda env create —name elegant-scipy -f 경로/environment.yml
$ source activate elegant-scipy
(elegant-scipy) $ jupyter notebook
```

첫 번째 명령에서 '경로'는 여러분의 PC에서 파일을 내려받을 위치다. 더 자세한 내용은 이 책의 깃허브 저장소를 참조한다.

- https://github.com/AstinCHOI/elegant-scipy

책에 수록된 코드

이 책의 모든 소스 코드는 깃허브에 있다. README 마크다운 소스 파일에 주피터 노트북을 빌드하는 설명이 있다. 빌드 후, 깃허브에 있는 데이터를 사용하여 대화식으로 실행할 수 있다.

0.7 사이파이의 세계로

사이파이 커뮤니티가 제공한 가장 우아한 코드들을 이 책에 담았다. 사이파이 커뮤니티가 해결한 일부 과학의 실제 사례 문제를 분석한다(과학자라면 누구나 참여하고 싶은 개방적이고 우호적인 커뮤니티를 엿볼 수 있다).

『우아한 사이파이』 세계에 온 것을 환영한다.

## CHAPTER 1

우아한 넘파이 : 파이썬 과학 기초

> '넘파이'는 모든 곳에 존재한다. 그것은 우리 주변에 있다. 심지어 지금 이 방에도 존재한
> 다. 창문 밖을 보거나 TV를 켜면 그것을 볼 수 있다. 일할 때나, 교회에 갈 때, 세금 낼 때
> 도 느낄 수 있다.
>
> – 모피어스, 영화 〈매트릭스〉 등장인물

이 장은 사이파이의 일부 통계 함수를 다룬다. 그리고 이보다 더 중요한 넘파이 배열을 집중해
서 다룬다. 넘파이 배열은 파이썬에서 수치 과학 계산의 기초가 되는 자료구조다. 숫자 데이터
를 조작하는 넘파이 배열 연산으로 간결하고 효율적인 코드를 작성해보자.

이 장의 예제는 TCGA^The Cancer Genome Atlas 프로젝트의 유전자 발현^gene expression 데이터를 사용하
여 피부암 환자의 사망률을 추정한다. 예제와 함께 사이파이의 핵심 개념 일부를 1장과 2장에
서 살펴본다. 사망률을 추정하기 전에 RPKM[1]을 사용하여 데이터를 정규화한다. RPKM 정규
화는 다른 샘플과 유전자 사이의 측정값을 비교할 수 있게 해준다('유전자 발현'의 의미를 풀어
낸다).

먼저 간단한 코드를 살펴보자. 이 책의 각 장은 사이파이의 우아한 함수의 코드 샘플로 시작한
다. 다음 코드는 넘파이의 벡터 및 브로드캐스팅을 강조하여 데이터 배열을 효율적으로 조작하
고 추론한다.

------

1 역주_ Reads Per Kilobase of transcript per Million mapped reads. 총 판독 길이 및 서열 분석 판독 횟수를 정규화하여 RNA
염기서열분석 데이터로부터 유전자 발현을 정규화하는 방법

```
def rpkm(counts, lengths):
    """RPKM을 계산한다.
    RPKM = (10^9 * C) / (N * L)

    변수 :
    C = 유전자에 매핑된 판독 수
    N = 실험에서 매핑된 총 판독 수
    L = 유전자 염기쌍 엑손(Exon) 길이

    매개변수
    ----------
    counts: array, shape (N_genes, N_samples)
        RNA 염기서열분석 개수 (열 : 개별 샘플, 행 : 유전자)
    lengths: array, shape (N_genes,)
        유전자 행과 같은 순서로 된 염기쌍 유전자 길이

    반환값
    -------
    normed : array, shape (N_genes, N_samples)
        정규화된 RPKM 개수 행렬
    """
    N = np.sum(counts, axis=0)  # 각 열의 합계 (샘플당 총 판독수)
    L = lengths
    C = counts

    normed = 1e9 * C / (N[np.newaxis, :] * L[:, np.newaxis])

    return(normed)
```

위 코드는 넘파이 배열로 코드를 조금 더 우아하게 하는 몇 가지 방법을 보여준다.

- 배열은 리스트처럼 1차원이 될 수 있지만, 행렬과 같은 2차원 배열과 고차원 배열도 될 수 있다. 배열은 다양한 수치 데이터를 표현할 수 있게 해준다. 예제에서는 2차원 행렬을 조작한다.

- 배열은 축에 따라 조작될 수 있다. 첫 번째 줄에서는 axis = 0으로 각 열의 합계를 계산한다.

- 배열을 사용하면 한 번에 많은 숫자 연산이 가능하다. 위의 코드에서 함수 뒤로 갈수록 2차원 배열 변수 C는 1차원 배열의 합계 변수 N으로 나눈다(브로드캐스팅). 자세한 내용은 나중에 살펴본다.

넘파이의 힘을 느끼기 전에 여기서 다룰 생물학의biological 데이터를 살펴보자.

1.1 유전자 발현과 데이터

유전자 발현 분석을 진행하면서 넘파이와 사이파이가 실제 생물학적 문제를 해결할 수 있는지 알아보자. 넘파이를 기반으로 하는 팬더스 라이브러리를 사용하여 데이터 파일을 읽고 변경한 다음, 넘파이 배열로 데이터를 효율적으로 조작할 것이다.

분자생물학의 중심원리[2]는 세포(혹은 유기체)에 대한 모든 정보가 디옥시리보 핵산^{deoxyribonucleic} ^{acid} 분자 혹은 DNA[3]에 저장되어 있다고 기술하고 있다. 이 분자에는 염기 화학 그룹이 순서대로 반복되는 뼈대^{backbone}가 있다(그림 1-1). 그리고 (유전)정보가 저장되는 A(아데닌), C(사이토신), G(구아닌), T(티민) 4가지 염기가 있다.

그림 1-1 DNA 화학 구조

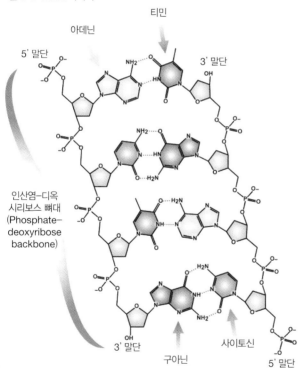

---

2 Central Dogma of Molecular Biology. 단백질로 만들어진 정보는 다른 단백질이나 핵산으로 전달될 수 없다는 의미를 담고 있고, 생명체의 유전 정보가 어떻게 전달되는지 나타낸다. https://ko.wikipedia.org/wiki/분자생물학의_중심원리

3 역주_ 핵산의 일종이며, 주로 세포의 핵 안에서 생물의 유전 정보를 저장하는 물질이다. DNA의 주 기능은 장기간에 걸친 정보 저장이다. 결합되어 있는 핵염기에 의해 구분되는 4종류의 뉴클레오타이드가 중합되어 이중 나선 구조를 이룬다. https://ko.wikipedia.org/wiki/DNA

이 정보에 접근하려면 DNA는 mRNA[4]라는 자매 분자로 전사되어야 한다. mRNA는 세포 내 작업자인 단백질로 번역된다(그림 1-2). mRNA로 단백질을 만드는 정보를 담고 있는 DNA 부분을 유전자라 부른다.

유전자에 의해 생물을 구성하는 다양한 단백질이 형성되는 과정 또는 유전자로부터 생산된 mRNA의 양을 유전자 발현이라 부른다(이 책에서는 후자의 뜻으로 사용한다). 단백질 수준을 이상적으로 측정한다고 하더라도 mRNA를 측정하는 일은 훨씬 더 어렵다. 다행히 mRNA의 발현 수준과 단백질 발현 수준은 일반적으로 상관관계가 있다[5]. 따라서 이 책에서는 일반적으로 mRNA 수준을 측정하고 이에 대한 분석을 기반으로 한다. 아래 그림에서 볼 수 있듯이 단백질을 구체적으로 진술하기보다는 생물학적 결과를 예측하는 데 mRNA 수준을 사용한다.

그림 1-2 분자생물학의 중심원리

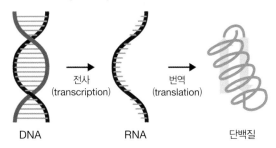

DNA　　전사(transcription)　　RNA　　번역(translation)　　단백질

한 몸에 있는 모든 세포의 DNA는 동일하다는 점에 주의해야 한다. 세포 간의 차이는 DNA에서 RNA로 변환되는 차등 발현differential expression에서 비롯된다. 다른 세포에서 DNA의 다른 부분은 하위 분자로 처리된다(그림 1-3). 이와 비슷하게 이번 장과 다음 장에서 다루는 차등 발현은 여러 종류의 암을 구별할 수 있다.

mRNA를 측정하는 최신 기술은 RNA 염기서열분석[6]이다. RNA는 조직 샘플에서 추출되고(예를 들면 환자의 생체 조직), 더 안정적인 DNA로 역전사된다. 그리고 DNA 염기서열분석으로 편입될 때 화학적으로 변형된 빛나는 염기를 사용하여 판독한다. 현재, 높은 처리량의 염기서열분석 머신은 짧은 단편(보통 약 100 염기)만 판독할 수 있다. 이러한 짧은 염기서열분석을

----

4 전령 RNA(messenger ribonucleic acid). https://ko.wikipedia.org/wiki/전령_RNA

5 토비아스 마이어, 마크 뷰엘, 루이스 세라노(2009). 「복합 생물학적 샘플의 mRNA와 단백질의 상관관계 Correlation of mRNA and protein in complex biological samples」(FEBS Letters 583, no. 24). http://bit.ly/2sFtzLa

6 역주_ RNA sequencing(RNAseq). 지속적으로 변하는 세포 전사체를 분석하는 데 사용됨
https://en.wikipedia.org/wiki/RNA-Seq

'읽기 혹은 판독reads'이라 한다. 수백만 개의 판독을 측정한 다음 염기서열분석에 따라 각 유전자에서 읽은 판독 수를 계산한다(그림 1-4). 판독 수 데이터로 직접 분석해보자.

그림 1-3 유전자 발현

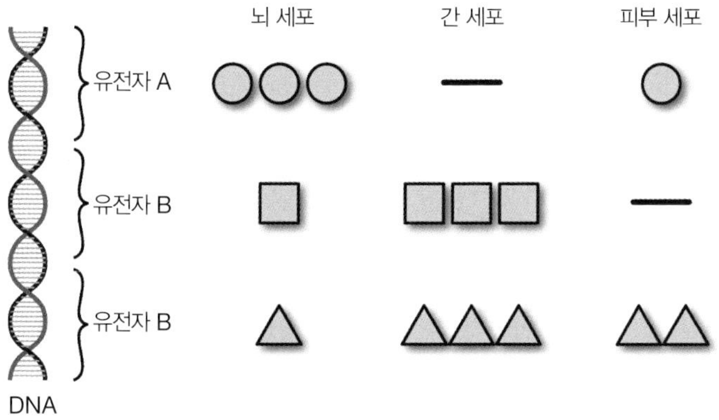

뇌 세포
간 세포
피부 세포
유전자 A
유전자 B
유전자 B
DNA

그림 1-4 RNA 염기서열분석(RNAseq)

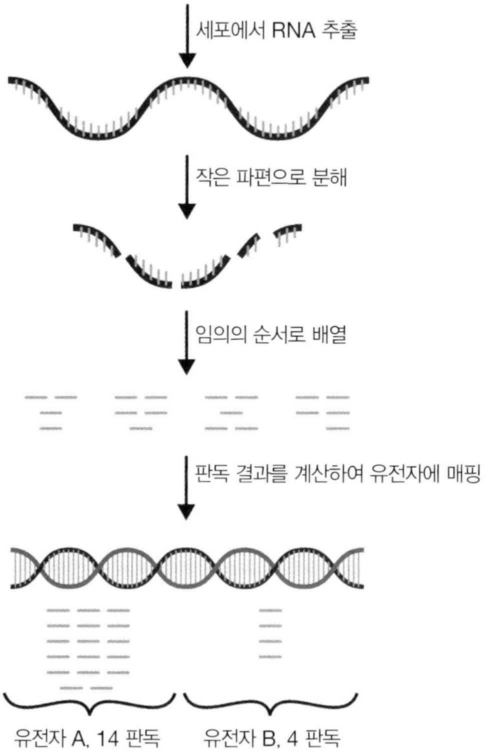

세포에서 RNA 추출
작은 파편으로 분해
임의의 순서로 배열
판독 결과를 계산하여 유전자에 매핑
유전자 A, 14 판독
유전자 B, 4 판독

[표 1-1]은 유전자 발현 횟수 데이터의 간단한 예다.

표 1-1 유전자 발현 횟수

	세포 유형 A	세포 유형 B
유전자 0	100	200
유전자 1	50	0
유전자 2	350	100

표에서 숫자는 각 세포 유형에서 유전자를 판독해낸 수를 나타낸다. 세포 유형마다 각 유전자 수가 어떻게 다른지 살펴보자. 두 가지 유형에 대한 세포의 차이점을 알아보는 데 위의 정보를 사용한다. 위의 데이터를 파이썬 리스트에 담아보자.

```
gene0 = [100, 200]
gene1 = [50, 0]
gene2 = [350, 100]
expression_data = [gene0, gene1, gene2]
```

서로 다른 세포 유형의 각 유전자 발현을 파이썬 리스트에 저장했다. 그리고 세 리스트를 한 리스트(메타 리스트)에 저장했다. 따라서 2차원 인덱싱으로 개별 데이터를 검색할 수 있다.

```
expression_data[2][0]
```

```
350
```

파이썬 인터프리터가 리스트를 처리하는 방식은 비효율적이다. 왜냐하면 파이썬 리스트는 객체이므로 gene2는 정수 리스트가 아니라 불필요한 오버헤드를 일으키는 정수 리스트의 포인터다. 그래서 각 리스트와 정수들이 램RAM에 여기저기 흩어져서 저장된다. 현대 프로세서는 데이터를 캐시 메모리에서 불러오는 것을 선호하기 때문에 데이터를 램에 저장하는 것은 비효율적이다.

이 문제를 넘파이 배열이 해결해준다.

1.2 넘파이 N차원 배열

N차원 배열(ndarray)은 넘파이의 주요 데이터 타입이다. ndarray는 사이파이에서 많은 데이터 조작 기술을 뒷받침해준다. 데이터 조작하는 강력하고 우아한 코드를 만들어주는 벡터화와 브로드캐스팅을 살펴보자.

먼저 ndarray를 살펴보자. 배열의 모든 항목은 같은 타입이어야 한다. 다음 예제에서는 정수를 저장한다. ndarray는 여러 차원을 가질 수 있기 때문에 N차원이라 부른다. 1차원 배열은 파이썬 배열과 거의 똑같다.

```python
import numpy as np
array1d = np.array([1, 2, 3, 4])
print(array1d)
```

```
[1 2 3 4]
```

```python
print(type(array1d))
```

```
<class 'numpy.ndarray'>
```

배열에는 배열 이름 뒤에 점(.)을 붙여서 접근할 수 있는 특정 속성attribute과 메소드가 있다. 예를 들어 다음과 같이 배열 모양shape을 얻을 수 있다.

```python
print(array1d.shape)
```

```
(4,)
```

array1d.shape은 한 숫자를 갖는 튜플Tuple이다. 왜 len 속성을 사용하지 않는지 궁금하지 않는가? len 속성을 사용할 수 있지만, 2차원 배열에서는 사용할 수 없다.

다음은 [표 1-1]의 데이터를 나타낸다.

```
array2d = np.array(expression_data)
print(array2d)
print(array2d.shape)
print(type(array2d))

[[100 200]
 [ 50   0]
 [350 100]]
(3, 2)
<class 'numpy.ndarray'>
```

shape 속성은 배열의 다차원 길이를 나타내는 len 속성을 사용했다.

그림 1-5 넘파이 ndarray와 3차원 배열

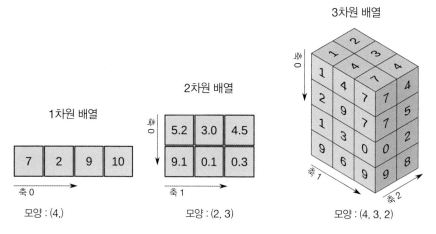

배열은 몇 차원인지 알려주는 ndim과 같은 다른 속성도 제공한다.

```
print(array2d.ndim)
```

```
2
```

데이터 분석을 하다보면 넘파이에 익숙해질 것이다.

넘파이 배열은 3차원 측정의 MRI^magnetic resonance imaging 데이터와 같은 다차원 데이터를 표현할 수 있다. 시간이 지나서 MRI 데이터를 저장하는 데 4차원 배열이 필요할 수도 있다.

1장에서는 2차원 배열 데이터를 사용한다. 뒷장에서는 더 높은 차원의 데이터를 소개하고, 다차원 데이터를 다루는 코드를 작성한다.

1.2.1 왜 파이썬 리스트 대신 ndarray를 사용할까?

ndarray는 빠르다. 전체 배열을 저수준 C 언어로 연산하기 때문이다. 한 리스트의 모든 요소에 5를 곱한다고 해보자. 표준 파이썬에서 제공하는 리스트는 포인터를 담고 있어서 메모리에 객체가 흩어져 있다. 그래서 리스트의 모든 요소를 순회하여 각각 5를 곱한다. 그러나 ndarray를 사용하면 연속된 메모리 공간에 할당되어 모든 요소의 단일 경계에서 특정 지점까지 곧바로 5를 곱한다. 넘파이 라이브러리는 뒤에서 배열 연산을 최적화하여 빠르게 처리한다.

```python
import numpy as np

# 정수 범위(0~999,999)의 ndarray 생성
array = np.arange(1e6)

# 파이썬 리스트로 변환
list_array = array.tolist()
```

iPython의 timeit() 함수를 사용하여 배열의 모든 항목에 5를 곱하는 데 걸리는 시간을 비교해보자. 먼저 데이터를 리스트에 넣는다.

```python
%timeit -n10 y = [val * 5 for val in list_array]
```

```
10 loops, average of 7: 102 ms +- 8.77 ms per loop (using standard deviation)
```

이제 넘파이의 내부 벡터 연산을 사용해보자.

```python
%timeit -n10 x = array * 5
```

```
10 loops, average of 7: 1.28 ms +- 206 μs per loop (using standard deviation)
```

50배 이상 빠르고, 더 간결하다!

배열 크기도 효율적이다. 파이썬 리스트의 각 요소는 하나의 객체이며, 각 객체는 메모리에 할당된다. 이것은 배열의 각 요소에 필요한 만큼 메모리를 차지한다. 예를 들어 64비트 정수 배열은 한 요소당 64비트의 메모리를 차지한다. 그리고 위에서 본 shape 속성과 같이, 배열의 메타 데이터를 위한 아주 작은 공간을 차지한다. 이 공간은 일반적으로 파이썬 리스트에 있는 객체보다 훨씬 작은 공간을 차지한다. 파이썬 메모리 할당이 어떻게 작동하는지 알고 싶다면 제이크 반더플라스가 2014년에 쓴 블로그 글 「파이썬이 느린 이유: 파헤쳐보기」Why Python Is Slow: Looking Under the Hood」를 참고하자[7].

또한 배열 연산에서 기존 데이터를 복사하지 않고 슬라이스slice로 부분 배열을 사용할 수 있다.

```
# ndarray x 생성
x = np.array([1, 2, 3], np.int32)
print(x)
```

```
[1 2 3]
```

```
# 슬라이스 x 생성
y = x[:2]
print(y)
```

```
[1 2]
```

```
# y 첫 번째 요소에 6 할당
y[0] = 6
print(y)
```

```
[6 2]
```

---

[7] http://bit.ly/2sFDbW8

y를 수정했지만 y가 x를 참조했기 때문에 x도 변경되었다.

```
# 이제 첫 번째 x 요소는 6으로 바뀌었다.
print(x)
```

```
[6 2 3]
```

배열 참조에 주의해야 한다. 원본을 건드리지 않고 데이터를 조작하려면 복사본을 만들자.

```
y = np.copy(x[:2])
```

1.2.2 벡터화

배열 연산의 작업 속도에 대해서 살펴봤다. 넘파이가 빠른 이유 중 하나는 벡터화^{Vectorization}다. 벡터화는 for 문을 사용하지 않고 배열의 각 요소를 계산한다. 빠른 것 외의 특징은 가독성이다. 몇 가지 예제를 살펴보자.

```
x = np.array([1, 2, 3, 4])
print(x * 2)
```

```
[2 4 6 8]
```

요소가 4개인 배열 x가 있다. 연산자 오버로딩에 의해서 암묵적으로 x의 모든 요소에 2를 곱한다.

```
y = np.array([0, 1, 2, 1])
print(x + y)
```

```
[1 3 5 5]
```

x의 각 요소에 동일한 모양 y의 각 요소를 더한다.

위의 두 예제는 단순하고 직관적이다. 또한 넘파이는 배열을 수동으로 순회하는 것보다 훨씬 빠르다(위에서 본 아이파이썬의 % timeit으로 비교해보자).

1.2.3 브로드캐스팅

ndarray의 강력한 기능으로 브로드캐스팅이 있다. 브로드캐스팅은 두 배열 간 암묵적 연산을 수행한다. 두 배열 간 서로 연산이 가능한 모양에서 작업을 수행하여 더 큰 배열을 만들 수 있다. 예를 들어 두 벡터의 모양을 재구성하여 두 벡터의 외적[outer product][8]을 구할 수 있다.

```python
x = np.array([1, 2, 3, 4])
x = np.reshape(x, (len(x), 1))
print(x)
```

```
[[1]
 [2]
 [3]
 [4]]
```

```python
y = np.array([0, 1, 2, 1])
y = np.reshape(y, (1, len(y)))
print(y)
```

```
[[0 1 2 1]]
```

두 배열에서 한 배열의 차원이 1이거나 두 배열의 내적 차원이 같을 때[9] 두 배열의 모양은 호환 가능하다.

두 배열의 모양을 확인한다.

----

8 https://ko.wikipedia.org/wiki/외적

9 배열의 차원이 다르면 배열의 차원이 일치할 때까지 더 짧은 배열 앞에 (1,)이 추가되어 브로드캐스팅 규칙이 적용된다. 예를 들어 (3, 5, 1)과 (5, 8)은 (3, 5, 1)과 (1, 5, 8)이 되어 (3, 5, 8)이 되므로 호환 가능하다.

```
print(x.shape)
print(y.shape)
```

```
(4, 1)
(1, 4)
```

두 배열은 모두 2차원이고, 내적 차원이 모두 1이므로 두 배열은 호환 가능하다.

```
outer = x * y
print(outer)
```

```
[[0 1 2 1]
 [0 2 4 2]
 [0 3 6 3]
 [0 4 8 4]]
```

outer.shape으로 배열의 길이가 (4, 4)인 것을 확인할 수 있다.

```
print(outer.shape)
```

```
(4, 4)
```

outer[i, j] = x[i] * y[j]는 모두 (i, j)라는 것을 알 수 있다.

이것은 넘파이 브로드캐스팅 규칙[10]에 의해서 수행된다. 두 배열의 차원이 다른 경우, 다른 배열의 차원과 일치하도록 한 배열에서 차원을 암묵적으로 확장한다. 1장 뒷부분에서 조금 더 자세히 설명한다.

브로드캐스팅은 배열 계산에 매우 유용하다. 브로드캐스팅을 통해서 복잡한 작업을 효율적으로 처리하고 데이터를 간결하게 나타낼 수 있다.

---

10 http://bit.ly/2sFpZ3H

1.3 유전자 발현 데이터셋

이 장에서는 TCGA 프로젝트[11] 피부암 샘플의 RNA 염기서열분석 실험 데이터셋을 사용한다. 예제를 위해서 미리 데이터를 정렬했다. 이 책의 깃허브에 있는 data/counts.txt 파일[12]을 사용하면 된다.

2장에서는 유전자 발현 데이터를 사용하여 피부암 환자의 사망률을 예측한다. TCGA 프로젝트의 논문[13]에 실린 그림 5A와 5B[14]의 축소 버전을 재현한다. 먼저 데이터 편향bias에 대해서 이해하고, 이것을 어떻게 개선할 것인지 고려해야 한다.

1.3.1 팬더스로 데이터 읽기

먼저 팬더스를 사용하여 테이블 형식의 데이터를 읽는다. 팬더스는 데이터(특히 테이블 형식과 시계열 데이터) 분석 및 조작용 파이썬 라이브러리다. 혼합된 타입의 테이블 데이터를 읽는 데 팬더스를 사용한다. 팬더스는 R과 같이 데이터프레임 객체를 기반으로 하는 유연한 테이블 형식의 데이터프레임DataFrame 타입을 사용한다. 예제에서 읽을 데이터 타입은 문자열(유전자 이름)과 정수(여러 열의 샘플 개수)이기 때문에, 이 둘을 같은 숫자 배열로 읽는 것은 잘못된 접근 방법이다. 넘파이는 혼합 데이터 타입(구조화된 배열)을 일부 지원한다. 그러나 넘파이는 혼합 데이터 타입을 처리하는 설계가 되어 있지 않아서 후속 작업이 필요하다.

데이터를 팬더스의 데이터프레임으로 읽으면 팬더스는 모든 데이터를 파싱한 뒤, 관련 정보를 추출하여 효율적인 데이터 타입으로 저장한다. 다음 예제에서는 데이터를 불러오는 용도로 단순하게 팬더스를 사용한다. 다음 장에서 팬더스를 조금 더 사용하지만, 더 자세한 내용은 『파이썬 라이브러리를 활용한 데이터 분석』(한빛미디어, 2013)을 참조한다.

```
import numpy as np
import pandas as pd

# TCGA 흑색종(melanoma) 데이터 불러오기
```

---

11 http://cancergenome.nih.gov
12 https://github.com/elegant-scipy/elegant-scipy/blob/master/data/counts.txt.bz2
13 http://bit.ly/2sFAwfa
14 http://bit.ly/2sFCegE

```
filename = 'data/counts.txt'
with open(filename, 'rt') as f:
    data_table = pd.read_csv(f, index_col=0) # 팬더스로 파일 파싱

print(data_table.iloc[:5, :5])
```

```
      00624286-41dd-476f-a63b-d2a5f484bb45    TCGA-FS-A1Z0    TCGA-D9-A3Z1  \
A1BG                               1272.36          452.96          288.06
A1CF                                  0.00            0.00            0.00
A2BP1                                 0.00            0.00            0.00
A2LD1                               164.38          552.43          201.83
A2ML1                                27.00            0.00            0.00

      02c76d24-f1d2-4029-95b4-8be3bda8fdbe    TCGA-EB-A51B
A1BG                                400.11          420.46
A1CF                                  1.00            0.00
A2BP1                                 0.00            1.00
A2LD1                               165.12           95.75
A2ML1                                 0.00            8.00
```

팬더스는 머리글 행을 열 이름으로 사용했다. 첫 번째 열은 각 유전자 이름이고 나머지 열은 개별 샘플값이다.

샘플 정보와 유전자 길이 데이터가 필요하다.

```
# 샘플 이름
samples = list(data_table.columns)
```

정규화를 하려면 유전자 길이에 대한 정보가 필요하다. 팬더스의 인덱싱을 사용하기 위해서 팬더스 테이블 인덱스를 첫 번째 열(유전자 이름)로 설정한다.

```
# 유전자 길이 데이터 불러오기
with open('data/genes.csv', 'rt') as f:
    # 팬더스 파일 파싱 및 GeneSymbol 인덱싱
    gene_info = pd.read_csv(f, index_col=0)
print(gene_info.iloc[:5, :])
```

	GeneID	GeneLength
GeneSymbol		
CPA1	1357	1724
GUCY2D	3000	3623
UBC	7316	2687
C11orf95	65998	5581
ANKMY2	57037	2611

개수 데이터(counts.txt)와 길이 데이터(genes.csv)가 잘 맞는지 확인해보자.

```
print("data_table 유전자 : ", data_table.shape[0])
print("gene_info 유전자 : ", gene_info.shape[0])
```

```
data_table 유전자 :  20500
gene_info 유전자 :  20503
```

유전자 길이 데이터에는 실제 실험에서 측정된 것보다 더 많은 유전자가 있다. 서로 연관된 유전자를 얻도록 필터를 적용해보자. 개수 데이터와 같은 순서로 되어 있는지 확인해야 한다. 팬더스의 인덱싱으로 쉽게 확인할 수 있다. 두 데이터 소스로부터 같은 유전자 이름을 가져와서 두 데이터셋을 인덱싱하여, 동일한 순서로 같은 유전자를 갖도록 한다.

```
# 개수 데이터와 일치하는 유전자 정보 부분집합
matched_index = pd.Index.intersection(data_table.index, gene_info.index)
```

개수 데이터를 인덱싱하는 데 유전자 이름의 교집합intersection을 사용한다.

```
# 각 개체의 각 유전자에 대한 발현 수를 포함하는 2차원 ndarray
counts = np.asarray(data_table.loc[matched_index], dtype=int)

gene_names = np.array(matched_index)

# 유전자 수와 개체 수 확인
print(f'{counts.shape[1]}개의 개체에 {counts.shape[0]}개의 유전자 측정됨')
```

```
375개의 개체에 20500개의 유전자 측정됨
```

유전자 길이를 다음과 같이 얻을 수 있다.

```
# 각 유전자 길이를 포함한 1차원 ndarray
gene_lengths = np.asarray(gene_info.loc[matched_index]['GeneLength'], dtype=int)
```

두 객체가 몇 차원인지 확인해보자.

```
print(counts.shape)
print(gene_lengths.shape)
```

```
(20500, 375)
(20500,)
```

예상대로 이제 두 데이터는 일치한다.

1.4 정규화

실제 데이터에는 모든 종류의 측정 결과가 포함된다. 데이터를 분석하기 전에 정규화를 어떻게 적용할 것인지가 중요하다. 예를 들어 디지털 온도계로 측정한 값은 수은 온도계로 사람이 측정한 값과 다를 수 있다. 따라서 샘플을 비교하려면 모든 측정을 공통된 값으로 가져오는 데이터 랭글링[15]이 필요하다.

이번 예제에서는 두 데이터의 차이가 기술이 아닌 실제 생물학적으로 차이가 있는지 확인한다. 유전자 발현 데이터셋에 공통으로 적용되는 두 가지의 정규화(샘플(열) 간의 정규화, 유전자(행) 간의 정규화)를 사용한다.

1.4.1 샘플 간 비교

RNA 염기서열분석 실험에서 각 개체 수는 크게 다를 수 있다. 모든 유전자 발현 수의 분포를

---

15 역주_ data wrangling. 또는 데이터 먼징(Munging)이라고도 한다. 원본을 또 다른 형태로 전환하거나 매핑하는 과정

살펴보자. 먼저 각 개체의 모든 유전자의 총 발현 수를 얻자. 이를 위해 열을 합산하여 개체 간의 변이를 살펴본다. 전체 개수의 분포를 시각화하는 데 히스토그램을 부드럽게 만들어주는 커널 밀도 추정Kernel Density Estimation, KDE을 사용한다. 커널 밀도 추정은 기본 분포를 더 명확하게 보여준다.

시작하기 전에 몇 가지 그래프 설정을 해야 한다. 다음 코드의 각 행에 대한 자세한 내용은 코드 아래의 '그래프 참고사항'을 참조한다.

```
# 주피터 노트북에서 모든 그래프를 바로 표시한다.
%matplotlib inline

# 그래프 스타일 파일
import matplotlib.pyplot as plt
plt.style.use('style/elegant.mplstyle')
```

그래프 참고사항

위의 코드는 그래프를 더 멋지게 만드는 몇 가지 일을 수행한다.

첫째, %matplotlib inline은 주피터 노트북의 마법 명령[16]으로 새 창을 열지 않고 모든 그래프를 노트북에 표시한다. 주피터 노트북을 대화식으로 실행하는 경우 %matplotlib notebook 명령을 사용할 수 있다. 대신 각 그래프는 정적 이미지가 아니라 대화식으로 이미지를 표시한다.

둘째, matplotlib.pyplot을 불러와서 그래프 스타일('style/elegant.mplstyle')을 사용하도록 지정한다. 이 책의 모든 장의 첫 번째 그래프 앞에 이와 같은 코드를 사용한다.

plt.style.use('gg plot')과 같은 기존 스타일을 불러오는 사람도 있다. 그러나 이 책에서는 일부 그래프에 대한 특정 설정이 필요했고, 이 책의 모든 그래프에 같은 커스텀 스타일을 적용하기로 결정했다. 자세한 내용은 이 책 저장소에서 style/elegant.mplstyle을 참고한다. 스타일에 대한 더 자세한 사항은 Matplotlib 문서[17]를 참고한다.

---

16 http://bit.ly/2sF9Hlb
17 http://bit.ly/2sFz24N

이제 유전자 수 분포 그래프를 그려보자.

```
total_counts = np.sum(counts, axis=0)      # 열 합계
                                           # (axis=1 행 합계)


from scipy import stats
# 커널 밀도 추정을 사용한다.
density = stats.kde.gaussian_kde(total_counts)

# 측정을 위한 범위를 지정한다.
x = np.arange(min(total_counts), max(total_counts), 10000)

# 밀도 그래프 생성
fig, ax = plt.subplots()
ax.plot(x, density(x))
ax.set_xlabel("개체당 유전자 발현 수")
ax.set_ylabel("밀도")

plt.show()

print(f'개수 통계 :\n  최솟값 :  {np.min(total_counts)}'
      f'\n  평균 : {np.mean(total_counts)}'
      f'\n  최댓값 :  {np.max(total_counts)}')
```

```
개수 통계 :
    최솟값 :  6231205
    평균 : 52995255.33866667
    최댓값 :  103219262
```

가장 낮은 개체와 높은 개체 사이의 총 유전자 수에 큰 차이가 있다(그림 1-6). 각 개체마다 다른 수의 RNA 염기서열분석 판독이 이루어졌다는 의미다. 각 개체는 서로 다른 크기의 공간을 가진다.

출력된 개체당 유전자 발현 수의 밀도 그래프는 다음과 같다.

그림 1-6 개체당 유전자 발현 수의 밀도 그래프(커널 밀도 추정 사용)

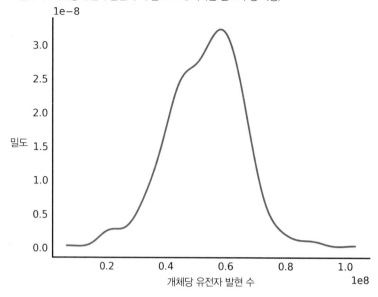

1.4.2 샘플 간 공간 크기 정규화

각 개체의 유전자 발현 범위를 자세히 살펴보자. 정규화를 적용하면 유전자 발현 범위를 볼 수 있다. 그래프이 너무 지저분해지지 않게 무작위로 70개 열을 선택한다.

```
# 그래프를 위한 하위 데이터
np.random.seed(seed=7) # 일관된 결과를 얻기 위해서 seed를 설정한다.

# 무작위로 샘플 70개를 선택한다.
samples_index = np.random.choice(range(counts.shape[1]), size=70, replace=False)
counts_subset = counts[:, samples_index]

# 그래프를 읽기 쉽게 만들기 위한 사용자 정의 x축 레이블
def reduce_xaxis_labels(ax, factor):
    """ x축에 밀집되지 않도록 모든 i번째 레이블만 표시한다.
        예) factor = 2는 초당 x축 레이블을 그릴 때 2부터 시작한다.

    매개변수
    ----------
    ax : 조정할 matplotlib 그래프 축
```

```
    factor : x축 레이블 수를 줄이기 위한 정수
    """
    plt.setp(ax.xaxis.get_ticklabels(), visible=False)
    for label in ax.xaxis.get_ticklabels()[factor-1::factor]:
        label.set_visible(True)

# 개체별 발현 수 막대 그래프
fig, ax = plt.subplots(figsize=(4.8, 2.4))

with plt.style.context('style/thinner.mplstyle'):
    ax.boxplot(counts_subset)
    ax.set_xlabel("개체")
    ax.set_ylabel("유전자 발현 수")
    reduce_xaxis_labels(ax, 5)
```

개체마다 많은 차이와 변이가 분명히 존재한다. 하지만 모든 개체가 0 주위에 집중되어 있기 때문에 개체 간의 차이와 변이를 보기가 어렵다(그림 1-7). 유전자 발현 수의 $\log(n + 1)$을 보자(그림 1-8). 로그 함수와 $n + 1$의 적용은 브로드캐스팅을 사용하여 코드를 단순화하고 작업 속도를 높일 수 있다.

그림 1-7 개체별 유전자 발현 수에 대한 막대 그래프

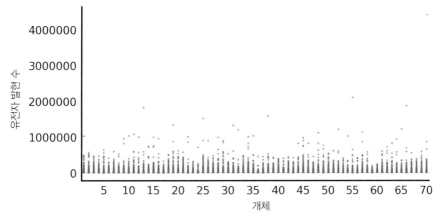

```
# 개체별 유전자 발현 수 막대 그래프
fig, ax = plt.subplots(figsize=(4.8, 2.4))
with plt.style.context('style/thinner.mplstyle'):
    ax.boxplot(np.log(counts_subset + 1))
```

```
ax.set_xlabel("개체")
ax.set_ylabel("유전자 발현 수 (log)")
reduce_xaxis_labels(ax, 5)
```

그림 1-8 개체별 유전자 발현 수 막대 그래프 (log)

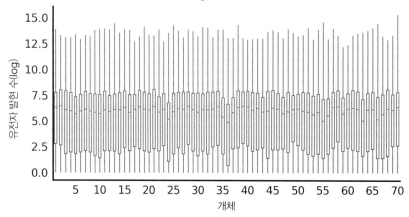

개체 공간library 크기로 정규화할 때 무슨 일이 일어나는지 살펴보자(그림 1-9).

```
# 개체 공간(library) 크기에 의한 정규화
# 유전자 발현 수를 해당 개체의 총 유전자 수로 나눈다.
# 1000000을 곱하면 유사 척도를 얻을 수 있다.
counts_lib_norm = counts / total_counts * 1000000
# 브로드캐스팅을 두 번 사용했다.
counts_subset_lib_norm = counts_lib_norm[:,samples_index]

# 개체별 유전자 발현 수 막대 그래프
fig, ax = plt.subplots(figsize=(4.8, 2.4))
with plt.style.context('style/thinner.mplstyle'):
    ax.boxplot(np.log(counts_subset_lib_norm + 1))
    ax.set_xlabel("개체")
    ax.set_ylabel("유전자 발현 수 (log)")
    reduce_xaxis_labels(ax, 5)
```

그림 1-9 개체별 공간(library) 크기로 정규화된 유전자 발현 수 막대 그래프(log)

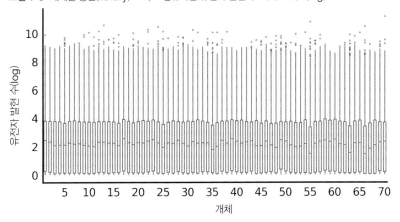

훨씬 더 좋아졌다. 브로드캐스팅을 두 번 사용했다. 모든 유전자 발현 수를 해당 열의 합계로 나누고 나서 다시 모든 값에 1000000을 곱했다.

마지막으로 정규화된 데이터를 다시 원본과 비교해보자.

```python
import itertools as it
from collections import defaultdict

def class_boxplot(data, classes, colors=None, **kwargs):
    """ 클래스에 따라 색깔 막대 그래프 생성한다.

    매개변수
    ----------
    data : 부동 소수점 배열 리스트
        data 각 요소에 대한 하나의 그래프 막대가 생성된다.
    classes : 문자열 리스트 data와 같은 길이
        data가 속한 각 분포의 클래스

    다른 매개변수
    ----------------
    kwargs : 딕셔너리
        plt.boxplot에 전달하는 키워드 인수
    """
    all_classes = sorted(set(classes))
    colors = plt.rcParams['axes.prop_cycle'].by_key()['color']
    class2color = dict(zip(all_classes, it.cycle(colors)))
```

```
# 클래스를 데이터 벡터에 매핑
# 오프셋을 위해서 그 외의 클래스에 빈 리스트를 추가한다.
class2data = defaultdict(list)
for distrib, cls in zip(data, classes):
    for c in all_classes:
        class2data[c].append([])
    class2data[cls][-1] = distrib

# 차례대로 각 그래프 막대에 적절한 색을 입힌다.
fig, ax = plt.subplots()
lines = []
for cls in all_classes:
    # 막대 그래프의 모든 요소에 색을 설정한다.
    for key in ['boxprops', 'whiskerprops', 'flierprops']:
        kwargs.setdefault(key, {}).update(color=class2color[cls])
    # 막대 그래프를 그린다.
    box = ax.boxplot(class2data[cls], **kwargs)
    lines.append(box['whiskers'][0])
ax.legend(lines, all_classes)
return ax
```

이제 정규화된 샘플과 정규화되지 않은 샘플에 따라서 색깔 막대 그래프를 그릴 수 있다. 각 클래스의 3가지 샘플만 살펴보자.

```
log_counts_3 = list(np.log(counts.T[:3] + 1))
log_ncounts_3 = list(np.log(counts_lib_norm.T[:3] + 1))
ax = class_boxplot(log_counts_3 + log_ncounts_3,
                   ['유전자 원본 수'] * 3 + ['공간(library) 크기로 정규화'] * 3,
                   labels=[1, 2, 3, 1, 2, 3])
ax.set_xlabel('샘플 수')
ax.set_ylabel('유전자 발현 수(log)');
```

정규화된 분포는 개체 공간의 크기(분포의 합)를 고려할 때 조금 더 비슷하다는 것을 알 수 있다(그림 1-10). 지금까지 샘플 간의 차이점을 비교했다. 유전자 간의 차이점은 무엇일까?

그림 1-10 세 샘플 간 유전자 원본 수 및 개체별 크기로 정규화된 유전자 발현 수 비교 (log)

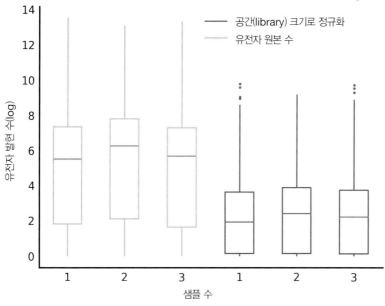

1.4.3 유전자 간 비교

다른 유전자를 비교할 때 몇 가지 문제점이 있다. 먼저 유전자 수는 유전자 길이와 관련이 있다. 유전자 B가 유전자 A보다 2배 길다고 가정해보자. 두 유전자 모두 샘플에서 비슷한 수준으로 발현된다(즉, 유사한 수의 mRNA 분자를 생성한다). RNA 염기서열분석 실험에서 전사체^{transcript}와 유전자 샘플 수를 단편화한다. 따라서 유전자가 두 배 길다면 단편화한 조각의 양이 두 배가 되고 샘플 수도 두 배가 될 것이다. 따라서 유전자 B의 수가 유전자 A의 수보다 두 배가 많을 것이다(그림1-11). 다른 유전자 간의 발현 수준을 비교하고 싶다면 조금 더 정규화해야 한다.

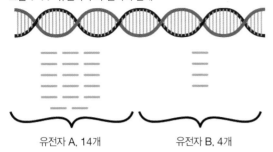

유전자 A. 14개   유전자 B. 4개

데이터셋에서 유전자 길이 수의 관계가 어떻게 작용하는지 살펴보자. 먼저 그래프를 그리는 함수를 정의한다.

```python
def binned_boxplot(x, y, *,  # 코드 아래의 파이썬 3 팁을 참고한다.
                   xlabel='유전자 길이 (log)',
                   ylabel='평균 개수 (log)'):
    """그래프 막대로 'x'에 의존하는 'y' 분포를 그린다.

    참고: 모든 입력 단위는 log값이다.

    매개변수
    ----------
    x: 부동 소수점의 1차원 배열
        독립변수
    y: 부동 소수점의 1차원 배열
        종속변수
    """
    # 관측 밀도에 따른 'x'의 막대 그래프 간격(bin)을 정의한다.
    x_hist, x_bins = np.histogram(x, bins='auto')

    # bins에 번호를 매기기 위해서 np.digitize()를 사용한다.
    # 최대 관측치를 조절하기 위해서 bins의 마지막 값을 버린다.
    x_bin_idxs = np.digitize(x, x_bins[:-1])

    # 인덱스로 각 배열에 'y'를 포함하는 리스트를 만든다.
    # 그래프 간격의 'x'에 해당하는 값을 사용한다.
    binned_y = [y[x_bin_idxs == i]
                for i in range(np.max(x_bin_idxs))]
    fig, ax = plt.subplots(figsize=(4.8,1))

    # 그래프 간격 중심으로 x축의 레이블을 만든다.
```

```
x_bin_centers = (x_bins[1:] + x_bins[:-1]) / 2
x_ticklabels = np.round(np.exp(x_bin_centers)).astype(int)
# 막대 그래프를 만든다.
ax.boxplot(binned_y, labels=x_ticklabels)

# x축에서 레이블이 겹치는 것을 피하기 위해서 열 번째마다 레이블을 표시한다.
reduce_xaxis_labels(ax, 10)

# x, y축 이름을 설정한다.
ax.set_xlabel(xlabel)
ax.set_ylabel(ylabel)
```

파이썬 3 팁 : *으로 키워드 전용 인수 생성하기

파이썬 버전 3부터 키워드 전용keword-only 인수[18]를 허용한다. 키워드 전용 인수는 위치가 아닌 키워드를 사용하여 호출하는 인수다. 예를 들어 위에서 작성한 binned_boxplot() 함수를 아래와 같이 호출할 수 있다.

```
>>> binned_boxplot(x, y, xlabel='my x label', ylabel='my y label')
```

다음 코드는 파이썬 2에서는 동작하지만 파이썬 3에서는 에러가 발생한다.

```
>>> binned_boxplot(x, y, 'my x label', 'my y label')

---------------------------------------------------------------
TypeError                           Traceback (most recent call last)
<ipython-input-58-7a118d2d5750 in <module>()
    1 x_vals = [1, 2, 3, 4, 5]
    2 y_vals = [1, 2, 3, 4, 5]
----3 binned_boxplot(x, y, 'my x label', 'my y label')

TypeError: binned_boxplot() takes 2 positional arguments but 4 were given
```

키워드 전용 인수는 실수로 아래와 같은 일을 하지 못하게 한다.

```
binned_boxplot(x, y, 'my y label')
```

---

[18] https://www.python.org/dev/peps/pep-3102/

이제 유전자 길이와 수를 계산한다.

```
log_counts = np.log(counts_lib_norm + 1)
mean_log_counts = np.mean(log_counts, axis=1)  # 샘플 평균
log_gene_lengths = np.log(gene_lengths)
with plt.style.context('style/thinner.mplstyle'):
    binned_boxplot(x=log_gene_lengths, y=mean_log_counts)
```

유전자가 길수록 유전자 수가 더 많다는 것을 다음 그림에서 알 수 있다. 이것은 데이터를 분석하여 얻은 기술적인 결과물이다. 이것을 어떻게 설명할 수 있을까?

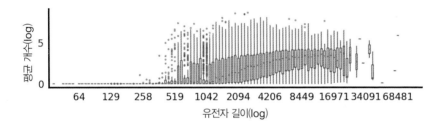

1.4.4 샘플과 유전자의 정규화 : RPKM

RNA 염기서열분석 데이터의 가장 간단한 정규화 방법 중 하나는 RPKM이다. RPKM은 샘플과 유전자에 의해 정규화되는 아이디어를 종합한 방식이다. RPKM을 계산할 때 개체 공간의 크기(각 열의 합)와 유전자 길이 모두를 정규화한다.

RPKM 계산에 사용되는 값은 다음과 같다.

- C = 매핑된 유전자의 판독 수
- L = 유전자의 염기쌍 엑손 길이
- N = 실험에서 매핑된 총 판독 수

먼저 염기 천 개당 염기 판독 수를 계산한다.

염기당 판독 수는 다음과 같다.

$$\frac{C}{L}$$

RPKM은 염기당 판독 수가 아닌 킬로당 염기 판독 수를 요구한다. 킬로당 염기는 1000 염기이므로 엑손 길이 L을 1000으로 나눈다.

킬로당 염기 판독 수는 다음과 같다.

$$\frac{C}{L/1000} = \frac{10^3 C}{L}$$

다음은 개체 공간 크기에 따라 정규화를 수행한다. 매핑된 총 판독 수(N)를 나누면 다음과 같다.

$$\frac{10^3 C}{LN}$$

생물학자들은 수백만 건의 판독을 고려하여 그 숫자가 너무 커지지 않는 게 좋다고 생각한다. 보통 백만 건당 판독 수를 계산한다.

$$\frac{10^3 C}{L(N/10^6)} = \frac{10^9 C}{LN}$$

즉 RPKM 식은 다음과 같다.

$$RPKM = \frac{10^9 C}{LN}$$

이제 전체 유전자 수의 배열에 RPKM을 구현해보자.

```
# 변수 이름은 RPKM 수식과 같다.
C = counts
N = counts.sum(axis=0)  # (각 열을 합한) 샘플당 총 유전자 수
L = gene_lengths  # 각 유전자의 길이, C의 크기와 같다.
```

먼저 10^9을 곱한다. 왜냐하면 변수 C는 ndarray이기 때문에 브로드캐스팅을 쓸 수 있다. ndarray에 값 하나를 곱하면 그 값이 전체 배열에 브로드캐스팅된다.

```
# C의 모든 요소에 10^9을 곱한다.
C_tmp = 10^9 * C
```

위의 값을 유전자 길이로 나누어야 한다. 2차원 배열에 값 하나를 곱해서 브로드캐스팅을 사용했다. 그런데 2차원 배열을 1차원 배열로 나눈다면 무슨 일이 일어날까?

브로드캐스팅 규칙

브로드캐스팅은 다른 모양의 ndarray 계산을 허용한다. 그래서 넘파이는 다른 모양의 ndarray 계산을 조금 더 쉽게 하기 위해서 브로드캐스팅 규칙을 사용한다. 두 배열의 차원이 같을 때 각 차원의 크기가 일치하거나 둘 중 하나가 1이면 브로드캐스팅을 적용할 수 있다. 배열의 차원이 다른 경우, 배열의 차원이 일치할 때까지 더 짧은 배열의 앞에 (1,)이 추가되어 브로드캐스팅 규칙이 적용된다.

예를 들어 ndarray 모양이 각각 (5, 2)와 (2,)인 A, B가 있다. 브로드캐스팅으로 A * B를 곱한다. B는 A보다 차원이 적어서, 배열 B 앞에 1이 추가되어 (1, 2)가 된다. 즉, A * B의 모양은 (5, 2)가 된다. 이 작업은 추가 메모리를 사용하지 않고 '가상으로' 수행된다. 그래서 이 연산은 요소별element-wise 곱셈을 수행하여 A와 같은 모양의 결과를 얻는다.

(2, 5) 모양의 다른 배열 C가 있다고 해보자. C를 B에 곱하려고(혹은 더하기), B의 모양 앞에 (1,)을 붙이려고 한다. 그러나 (2, 5)와 (1, 2)의 모양은 호환되지 않는다. 이들을 브로드캐스팅하려면 B에 차원를 수동으로 추가해야 한다. 배열 B를 (2, 1) 모양으로 재구성하면 (2, 5)와 (2, 1)이 되어 브로드캐스팅을 할 수 있다.

넘파이의 np.newaxis를 사용하여 B에 새로운 차원을 명시적으로 추가할 수 있다. RPKM 정규화에서 np.newaxis를 사용한다.

배열이 몇 차원인지 살펴보자.

```
print('C_tmp.shape', C_tmp.shape)
print('L.shape', L.shape)
```

```
C_tmp.shape (20500, 375)
L.shape (20500,)
```

변수 C_tmp는 2차원인 반면, 변수 L은 1차원이다. 브로드캐스팅 과정 중, 변수 L 모양 앞에 1이 추가된다.

```
C_tmp.shape (20500, 375)
L.shape (1, 20500)
```

두 배열은 호환되지 않는다. 변수 C_tmp의 첫 번째 차원에 대해서 변수 L을 브로드캐스팅해 야 하므로 변수 L의 모양을 조정해야 한다.

```
L = L[:, np.newaxis] # L 모양 뒤에 1을 추가한다.
print('C_tmp.shape', C_tmp.shape)
print('L.shape', L.shape)
```

```
C_tmp.shape (20500, 375)
L.shape (20500, 1)
```

이제 두 배열은 호환 가능하므로 브로드캐스팅을 사용할 수 있다.

```
# 해당 유전자 길이(L)로 각 행을 나눈다.
C_tmp = C_tmp / L
```

마지막으로 개체 공간의 크기(해당 열의 총 유전자 수)로 정규화해야 한다. 위에서 다음과 같 이 N을 계산했다.

```
N = counts.sum(axis=0) # (각 열을 합한) 샘플당 총 유전자 수

# C_tmp와 N 모양 확인
print('C_tmp.shape', C_tmp.shape)
print('N.shape', N.shape)
```

```
C_tmp.shape (20500, 375)
N.shape (375,)
```

브로드캐스팅을 수행하면 변수 N의 모양 앞에 1이 추가된다.

```
N.shape (1, 375)
```

두 배열은 호환이 가능하므로 아무것도 할 필요 없다. 그러나 가독성을 위해서 변수 N의 모양 앞에 미리 1을 추가하는 것이 좋다.

```
# 가독성을 위해서 N 모양 앞에 1을 추가한다.
N = N[np.newaxis, :]
print('C_tmp.shape', C_tmp.shape)
print('N.shape', N.shape)
```

```
C_tmp.shape (20500, 375)
N.shape (1, 375)
```

```
# 각 열을 해당 열의 총 수로 나눈다(N).
rpkm_counts = C_tmp / N
```

위 코드를 rpkm() 함수에 사용해보자.

```
def rpkm(counts, lengths):
    """RPKM을 계산한다.
    RPKM = (10^9 * C) / (N * L)

    변수 :
    C = 유전자에 매핑된 판독 수
    N = 실험에서 매핑된 총 판독 수
    L = 유전자 염기쌍 엑손(Exon) 길이

    매개변수
    ----------
    counts: array, shape (N_genes, N_samples)
        RNA 염기서열분석 개수(열 : 개별 샘플, 행 : 유전자)
    lengths: array, shape (N_genes,)
        유전자 행과 같은 순서로 된 염기쌍 유전자 길이

    반환값
    -------
    normed : array, shape (N_genes, N_samples)
        정규화된 RPKM 개수 행렬
```

```
    """
    N = np.sum(counts, axis=0)  # 각 열의 합계(샘플당 총판독 수)
    L = lengths
    C = counts

    normed = 1e9 * C / (N[np.newaxis, :] * L[:, np.newaxis])

    return(normed)

counts_rpkm = rpkm(counts, gene_lengths)
```

유전자 정규화 간의 RPKM

RPKM 정규화의 효과에 대해서 살펴보자. 먼저 유전자 길이의 함수로 평균 로그 계수 분포를 살펴보자([그림 1-12] 참조).

```
log_counts = np.log(counts + 1)
mean_log_counts = np.mean(log_counts, axis=1)
log_gene_lengths = np.log(gene_lengths)

with plt.style.context('style/thinner.mplstyle'):
    binned_boxplot(x=log_gene_lengths, y=mean_log_counts)
```

그림 1-12 RPKM 정규화 전의 유전자 길이와 평균 유전자 발현에 대한 관계(log)

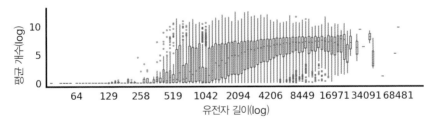

이제 RPKM 정규화 그래프를 살펴보자.

```
log_counts = np.log(counts_rpkm + 1)
mean_log_counts = np.mean(log_counts, axis=1)
log_gene_lengths = np.log(gene_lengths)
```

```
with plt.style.context('style/thinner.mplstyle'):
    binned_boxplot(x=log_gene_lengths, y=mean_log_counts)
```

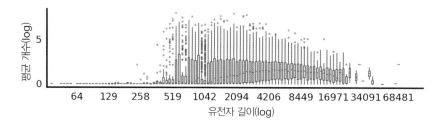

평균 유전자 발현 수가 상당히 평탄해진 것을 볼 수 있다. 특히 3000 염기쌍보다 큰 유전자의 경우 더 그렇다(더 작은 유전자는 여전히 낮은 발현 수를 가진다. 이것은 RPKM의 통계에 비해서 더 작을 수도 있다).

RPKM 정규화는 다른 유전자 발현 프로필을 비교하는 데 유용하다. 유전자가 길수록 더 많은 유전자를 갖고 있다는 사실을 알고 있다. 그러나 이것은 유전자 발현 수준이 실제로 더 높다는 것을 의미하지 않는다. 짧은 유전자와 긴 유전자를 선택하고 RPKM 정규화 전후의 유전자 수를 비교해보자.

```
gene_idxs = np.array([80, 186])
gene1, gene2 = gene_names[gene_idxs]
len1, len2 = gene_lengths[gene_idxs]
gene_labels = [f'{gene1}, {len1}bp', f'{gene2}, {len2}bp']

log_counts = list(np.log(counts[gene_idxs] + 1))
log_ncounts = list(np.log(counts_rpkm[gene_idxs] + 1))


ax = class_boxplot(log_counts,
                ['유전자 원본 수'] * 3,
                labels=gene_labels)
ax.set_xlabel('유전자')
ax.set_ylabel('모든 샘플에 대한 유전자 발현 수 (log)');
```

유전자 원본 수를 보면 유전자 TXNDC5는 더 길어보여서 유전자 RPL24보다 발현량이 조금 더 많다(그림 1-13).

그러나 RPKM 정규화 후, 다른 결과를 볼 수 있다.

```
ax = class_boxplot(log_ncounts,
                   ['RPKM 정규화'] * 3,
                   labels=gene_labels)
ax.set_xlabel('유전자')
ax.set_ylabel('RPKM 정규화된 유전자 발현 수 (log)');
```

그림 1-13 두 유전자의 발현량 비교(RPKM 정규화 전)

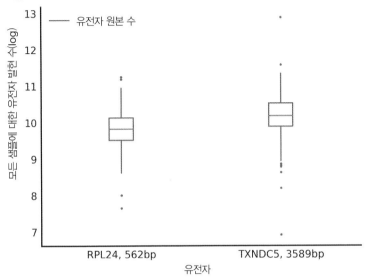

이제 유전자 RPL24는 유전자 TXNDC5보다 훨씬 높은 수준으로 보인다(그림 1-14). 왜냐하면 RPKM은 유전자 길이를 정규화하여 다른 유전자 길이를 직접 비교할 수 있기 때문이다.

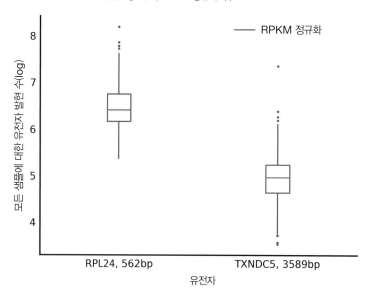

그림 1-14 두 유전자의 발현량 비교(RPKM 정규화 후)

1.5 마치며

이번 장에서는 다음과 같은 내용을 살펴보았다.

- 팬더스를 사용하여 데이터 불러오기
- 넘파이의 ndarray
- 브로드캐스팅

2장에서도 같은 데이터셋을 사용한다. 더 정교한 정규화 기술을 적용한 후, 군집화[clustering]를 사용하여 피부암 환자의 사망률을 예측한다.

## CHAPTER 2

넘파이와 사이파이의 분위수 정규화

처음에 스페이스랜드의[1] 신비를 이해할 수 없더라도 고민하지 마라. 서서히 이해할 수 있을 것이다.

— 에드윈 A. 애보트, 『플랫랜드 : 모든 것이 평평한 2차원 세상』(늘봄출판사, 2009)

이 장에서는 1장의 유전자 발현 데이터를 계속해서 분석하지만, 1장과 약간 다른 목적이 있다. 각 환자의 유전자 발현 프로파일(유전자 발현 측정의 전체 벡터)을 사용하여 생존율을 예측한다. 전체 프로파일을 사용하려면 1장에서 본 RPKM보다 더 강력한 정규화가 필요하다. RPKM 대신 특정 분포에 맞는 측정을 보장하는 기술인 분위수 정규화[2]를 사용한다. 분위수 정규화는 강력한 가정을 요구한다. 데이터가 원하는 모양으로 분포되지 않았다면 적합한 모양으로 다시 만든다. 데이터를 원하는 모양으로 다시 만드는 것은 속임수처럼 느껴질 수도 있지만 많은 사례에서 특정 분포가 중요하지 않은 경우(그러나 데이터 밀도의 상대적인 변화는 중요하다) 간단하고 유용하다는 것이 밝혀졌다. 예를 들면 볼스타드[Bolstad]와 동료들은 유전자미세배열[microarray] 데이터에서 알려진 발현 수준을 훌륭하게 복구한다[3].

TCGA[The Cancer Genome Atlas] 프로젝트 『피부 흑색종의 유전체 분류』 논문의 그림 5A와 5B[4]를

---

1 역주_ spaceland. 플랫랜드에서 위쪽과 아래쪽의 방향이 더해진 3차원의 세계다. 원근법이 존재하며 감성과 사랑을 중하게 여긴다. https://ko.wikipedia.org/wiki/플랫랜드

2 quantile normalization. https://en.wikipedia.org/wiki/Quantile_normalization

3 http://bit.ly/2tmz3xS

4 http://bit.ly/2sFCegE

간단하게 재현하자[5].

분위수 정규화 구현은 넘파이와 사이파이의 빠르고 효율적인 우아한 함수를 사용한다. 다음은 분위수 정규화의 3단계 과정이다.

1 각 열에 따른 값 정렬

2 각 행의 평균 구하기

3 각 열 분위수를 평균 열 분위수로 변경

```python
import numpy as np
from scipy import stats

def quantile_norm(X):
    """ 각 분포가 같은 X열을 정규화한다.

    N개 샘플의 M 유전자 발현 행렬(유전자미세배열, 판독 수 등)이 주어진다.
    분위수 정규화는 (설정에 의해) 모든 샘플이 동일한 데이터 범위를 갖는다.

    각 행의 평균을 구해 평균 열을 얻는다.
    각 열의 분위수는 평균 열의 해당 분위수로 대체된다.

    매개변수
    ----------
    X : 부동 소수점 2차원 배열 (M, N)
        M : 유전자/특징(행)
        N : 샘플(열)

    반환값
    -------
    Xn : 부동 소수점 2차원 배열 (M, N)
        정규화된 데이터
    """

    # 분위수 계산
    quantiles = np.mean(np.sort(X, axis=0), axis=1)

    # 열 별 순위 계산
    # 각 측정값의 해당 열의 순위를 구한다.
    # 가장 작은 값은 1, 두 번째로 작은 값은 2, ..., 가장 큰 값은 M으로 바뀐다.
    ranks = np.apply_along_axis(stats.rankdata, 0, X)
```

5 http://bit.ly/2sFAwfa 혹은 http://dx.doi.org/10.1016/j.cell.2015.05.044

```
# 0에서 M-1까지의 정수 인덱스로 순위를 변환한다.
rank_indices = ranks.astype(int) - 1

# 순위 행렬의 각 순위에 대한 분위수를 인덱싱한다.
Xn = quantiles[rank_indices]

return(Xn)
```

유전자 발현 개수 데이터가 다양하기 때문에 분위수 정규화를 하기 전에 데이터 단위를 log로 변환하는 것이 일반적이다. 따라서 데이터를 log로 변환할 함수를 추가한다.

```
def quantile_norm_log(X):
    logX = np.log(X + 1)
    logXn = quantile_norm(logX)
    return logXn
```

위 두 함수는 넘파이의 강력한 기능을 보여준다(다음 중 처음 3개는 1장에서 살펴봤다).

- 배열은 리스트처럼 1차원이 될 수 있지만 행렬과 같은 2차원 배열 및 고차원 배열도 될 수 있다. 배열은 다양한 수치 데이터를 표현할 수 있다. 예제에서는 2차원 행렬을 나타낸다.
- 배열은 한 번에 많은 숫자 연산을 표현할 수 있다. quantile_norm_log() 함수의 첫 번째 줄에서 변수 X의 모든 값에 1을 더하고 log값을 취한다. 이것을 벡터화라고 한다.
- 배열은 축에 따라 조작될 수 있다. quantile_norm() 함수의 첫 번째 줄에서 ns.sort() 함수에 축 매개변수(axis = 0)를 지정하여 각 열에 맞춰 데이터를 정렬한다. 그런 다음 다른 축을 지정하여(axis = 1) 각 행의 평균을 구한다.
- scipy.stats.rankdata() 함수는 파이썬 리스트가 아닌 넘파이 배열에서 동작한다. 많은 파이썬 과학 라이브러리에서 넘파이 배열을 사용한다.
- 'axis=' 키워드 없이 넘파이의 apply_along_axis() 함수로 지정한 축에 함수 연산을 사용한다.
- 배열은 'Xn = quantiles[ranks]'와 같은 멋진 인덱싱을 통해서 다양한 종류의 데이터 조작을 지원한다. 인덱싱은 넘파이의 가장 까다로우면서 유용한 부분이다. 이 부분에 대해서는 예제를 진행하면서 자세히 살펴본다.

2.1 데이터 가져오기

1장과 마찬가지로 TCGA 피부암 RNA 염기서열분석 데이터셋을 연구한다. 이번 장의 목표는 RNA 발현 데이터를 사용하여 피부암 환자의 생존율을 예측한다. 앞서 말한것처럼 TCGA 프로젝트 「피부 흑색종의 유전체 분류」 논문의 그림 5A와 5B를 간단하게 재현한다.

먼저 1장과 같이 팬더스를 사용하여 데이터를 쉽게 읽는다. TCGA 흑색종^{melanoma} 데이터를 팬더스 테이블로 읽는다.

```
import numpy as np
import pandas as pd

# TCGA 흑색종(melanoma) 데이터 불러오기
filename = 'data/counts.txt'
data_table = pd.read_csv(filename, index_col=0)  # 팬더스로 파일 파싱

print(data_table.iloc[:5, :5])
```

	00624286-41dd-476f-a63b-d2a5f484bb45	TCGA-FS-A1Z0	TCGA-D9-A3Z1 \
A1BG	1272.36	452.96	288.06
A1CF	0.00	0.00	0.00
A2BP1	0.00	0.00	0.00
A2LD1	164.38	552.43	201.83
A2ML1	27.00	0.00	0.00

	02c76d24-f1d2-4029-95b4-8be3bda8fdbe	TCGA-EB-A51B
A1BG	400.11	420.46
A1CF	1.00	0.00
A2BP1	0.00	1.00
A2LD1	165.12	95.75
A2ML1	0.00	8.00

변수 data_table의 행과 열을 보면 행이 유전자고 열이 샘플이다. 변수 counts에 넘파이 배열을 집어넣자.

```
# 각 개체의 유전자 발현 개수를 포함하는 2차원 ndarray
counts = data_table.values
```

2.2 개체 간 유전자 발현 분포의 차이

각 개체에 대한 유전자 발현 분포를 그래프로 나타내 차이점을 살펴보자. 커널 밀도 추정을 사용하여 그래프의 데이터를 부드럽게 하고 전반적인 결과 내용을 조금 더 쉽게 이해한다.

먼저 1장에서 했던 것처럼 그래프 스타일을 설정한다.

```
# 그래프를 바로 표시하고 사용자 정의 스타일을 적용한다.
%matplotlib inline
import matplotlib.pyplot as plt
plt.style.use('style/elegant.mplstyle')
```

다음으로 사이파이의 gaussian_kde()를 사용하여 분포를 부드럽게 그리는 그래프 함수를 작성한다.

```
from scipy import stats

def plot_col_density(data):
    """각 열의 모든 행에 대한 밀도 그래프를 생성한다."""

    # 커널 밀도 추정을 사용한다.
    density_per_col = [stats.gaussian_kde(col) for col in data.T]
    x = np.linspace(np.min(data), np.max(data), 100)

    fig, ax = plt.subplots()
    for density in density_per_col:
        ax.plot(x, density(x))
    ax.set_xlabel('(열당) 데이텃값')
    ax.set_ylabel('밀도')
```

어떤 정규화를 수행하기 전에 plot_col_density() 함수를 사용하여 원본 데이터의 분포 그래프를 그릴 수 있다.

```
# 정규화하기 전
log_counts = np.log(counts + 1)
plot_col_density(log_counts)
```

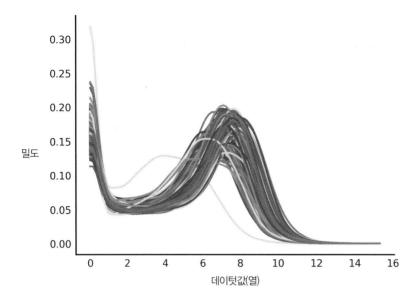

유전자 발현 개수 분포가 대체적으로 비슷하지만 일부 개체의 분포는 평평하고, 일부는 왼쪽으로 밀려 낮음을 알 수 있다. 만약 개수 단위가 log라면 분포의 최고점 위치는 실제 크기에 따라 다르다. 이 장의 뒷부분에서 개수 데이터 분석을 수행할 때 유전자 발현의 변화가 표본 간의 생물학적 차이로 인한 것이라고 가정한다. 하지만 주요 분포 변화에 대한 차이는 기술에 따라 다르다. 즉, 분포 변화는 생물학적 변화가 아니라 각 샘플을 처리하는 방식의 차이 때문일 가능성이 크다. 이 책에서는 개체 간의 이러한 차이를 정상화하려고 노력한다.

이번 장의 시작 부분에서 말한 분위수 정규화를 수행해보자. 분위수 정규화는 모든 샘플이 비슷한 분포를 가진다는 강력한 가정을 한다. 그래서 모양에 차이가 있다면, 그것은 어떤 기술적인 변화일 것이다. 공식적으로 모양(n_genes, n_samples)의 발현 행렬(유전자미세배열, 판독 수 등)이 주어졌을 때 분위수 정규화는 모든 샘플(열)이 설정에 의해 동일한 데이터 범위를 갖도록 한다.

넘파이와 사이파이를 사용하면 분위수 정규화를 쉽고 효율적으로 수행할 수 있다. 다음은 이번 장의 시작 부분에서 소개한 분위수 정규화를 구현하는 코드다.

입력값을 행렬 X라고 가정한다.

```
import numpy as np
from scipy import stats
```

```
def quantile_norm(X):
    """ 각 분포가 같은 X열을 정규화한다.

    N개 샘플의 M 유전자 발현 행렬(유전자미세배열, 판독 수 등)이 주어진다.
    분위수 정규화는 (설정에 의해) 모든 샘플이 동일한 데이터 범위를 갖는다.

    각 행의 평균을 구해 평균 열을 얻는다.
    각 열의 분위수는 평균 열의 해당 분위수로 대체된다.

    매개변수
    ----------
    X : 부동 소수점 2차원 배열 (M, N)
        M : 유전자/특징(행)
        N : 샘플(열)


    반환값
    -------
    Xn : 부동 소수점 2차원 배열 (M, N)
        정규화된 데이터
    """

    # 분위수 계산
    quantiles = np.mean(np.sort(X, axis=0), axis=1)

    # 열 별 순위 계산
    # 각 측정값의 해당 열의 순위를 구한다.
    # 가장 작은 값은 1, 두 번째로 작은 값은 2, ..., 가장 큰 값은 M으로 바뀐다.
    ranks = np.apply_along_axis(stats.rankdata, 0, X)

    # 0에서 M-1까지의 정수 인덱스로 순위를 변환한다.
    rank_indices = ranks.astype(int) - 1

    # 순위 행렬의 각 순위에 대한 분위수를 인덱싱한다.
    Xn = quantiles[rank_indices]

    return(Xn)

def quantile_norm_log(X):
    logX = np.log(X + 1)
    logXn = quantile_norm(logX)
    return logXn
```

분위수 정규화를 한 뒤에 분포가 어떻게 변했는지 살펴보자.

```
# 분위수 정규화 수행 후
log_counts_normalized = quantile_norm_log(counts)

plot_col_density(log_counts_normalized)
```

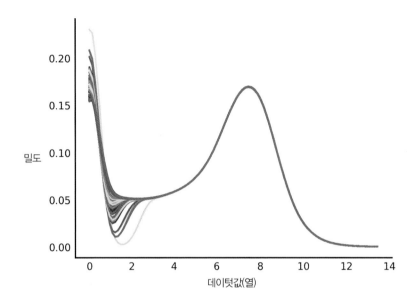

예상대로 분포는 이제 거의 동일하게 보인다(분포의 왼쪽 꼬리에서 데이텃값이 작은 경우(0, 1, 2, …)는 다른 다양한 이유가 있다).

유전자 발현 개수를 정규화하여 피부암 환자의 생존율을 예측할 수 있다.

2.3 이중 군집화

샘플을 군집화하면 어떤 샘플이 비슷한 유전자 발현 프로파일을 갖는지 알 수 있다. 한 샘플은 다른 부류의 샘플과 유사한 특성을 가질 수 있다. 정규화된 데이터로 유전자 발현 행렬의 유전자(행)와 샘플(열)을 군집화할 수 있다. 유전자를 군집화하면 어떤 유전자 발현값이 연관되어 있는지 알 수 있다. 연구 과정에서 연관된 유전자 발현값은 서로 협력하는 것을 나타낸다. 이 중군집화Biclustering는 데이터의 행과 열을 동시에 군집화한다는 것을 의미한다. 행을 군집화하면 유전자가 서로 협력한다는 것을 알 수 있다. 열을 군집화하면 샘플이 유사하다는 것을 알 수 있다.

군집화 연산은 비용이 많이 드므로 가장 가변적인 유전자 1500개로 분석을 제한한다. 이 유전자들은 어느 한 차원에서 대부분의 상관 신호correlation signal를 나타내기 때문이다.

```python
def most_variable_rows(data, *, n=1500):
    """가변적인 n행의 서브셋 데이터

    n은 가장 가변적인 유전자의 개수를 말한다.

    매개변수
    ----------
    data : 부동소수점, 2차원 배열
        서브셋 데이터
    n : 정수, 선택적 매개변수
        반환할 행 수

    반환값
    -------
    variable_data : 부동소수점, 2차원 배열
        변화가 큰 데이터 n개의 행
    """
    # 열 축을 따라 분산(variance)을 계산한다.
    rowvar = np.var(data, axis=1)
    # 오름 차순으로 정렬된 데이터의 끝에서 n개를 가져온다.
    sort_indices = np.argsort(rowvar)[-n:]
    # 인덱스로 가변 데이터를 얻는다.
    variable_data = data[sort_indices, :]
    return variable_data
```

다음은 데이터를 요약하는 함수가 필요하다. 일반적으로 사이킷-런 라이브러리[6]의 정교한 군집화 알고리즘을 사용하지만 예제에서는 간단하고 쉬운 계층적 군집화을 사용한다. 사이파이 라이브러리는 좋은 계층적 군집화 모듈을 가지고 있지만 인터페이스가 조금 난해하다.

---

[6] http://scikit-learn.org

계층적 군집화hierarchical clustering는 군집cluster의 순차 병합을 사용하여 관측을 그룹화하는 방법이다. 처음 모든 관측 그 자체가 군집이다. 그런 다음 가장 가까운 두 군집이 반복적으로 병합된다. 모든 군집이 하나의 군집에 병합될 때까지 두 군집이 계속해서 병합된다. 이러한 일련의 병합은 병합 트리를 형성한다. 특정 높이에서 트리를 자름으로써 더 정밀한 관측 군집화를 얻을 수 있다.

scipy.cluster.hierarchy 모듈의 linkage() 함수는 특정 지표Metric (유클리드Euclidean 거리, 맨해튼Manhattan 거리 등)와 두 클러스터 간의 거리(한 쌍의 클러스터에서 모든 관측값 간의 평균 거리)를 사용하여 행렬의 행에 대해서 계층적 군집화를 수행한다.

연결 함수는 병합 트리를 'linkage 행렬'로 반환한다. linkage 행렬은 군집 결과에서 병합과 관측치가 계산된 거리와 함께 각 병합 연산을 포함한다. 다음은 linkage() 함수[7] 문서의 일부이다.

> n보다 작은 인덱스를 가진 군집은 n개의 원본 관측치 중 하나다. 군집 Z[i, 0]과 Z[i, 1] 사이의 거리는 Z[i, 2]로 주어진다. 네 번째 값 Z[i, 3]은 새로 형성된 군집의 원본 관측치를 나타낸다.

곧바로 예제를 살펴보자. 먼저 행렬의 행과 열을 군집화하는 bicluster() 함수를 정의한다.

```
from scipy.cluster.hierarchy import linkage

def bicluster(data, linkage_method='average', distance_metric='correlation'):
    """행렬의 행과 열을 군집화한다.

    매개변수
    ----------
    data : 2차원 ndarray
        이중군집화할 입력값
    linkage_method : 문자열, 선택적 매개변수
        'linkage'에 전달될 메소드
    distance_metric : 문자열, 선택적 매개변수
        군집화에 사용할 거리 매트릭
        ''scipy.spatial.distance.pdist'' 문서에서 지원하는 매트릭 참조
```

---

7 역주_ https://docs.scipy.org/doc/scipy/reference/generated/scipy.cluster.hierarchy.linkage.html

```
    반환값
    -------
    y_rows : linkage 행렬
        행 군집화
    y_cols : linkage 행렬
        열 군집화
    """
    y_rows = linkage(data, method=linkage_method, metric=distance_metric)
    y_cols = linkage(data.T, method=linkage_method, metric=distance_metric)
    return y_rows, y_cols
```

요약하면 bicluster() 함수는 입력 행렬과 입력 행렬의 전치 행렬transpose of a matrix (행은 열이 되고, 열은 행이 되는 행렬)로 linkage() 함수를 호출한다.

2.4 군집 시각화

군집화의 결과를 시각화하는 함수를 정의하자. 입력값의 행과 열을 다시 정렬하여 비슷한 행과 비슷한 열끼리 묶는다. 추가로 모든 행과 열에 대한 병합 트리를 보여준다.

병합 트리의 각 행과 열은 관측치의 유사도를 나타낸다. 병합 트리는 관측치의 유사도(거리) 수준을 나타내는 덴드로그램dendrogram으로 표시된다(가지branch 길이가 짧을수록 관측치는 유사하다).

아래의 코드에는 매개변수를 하드코딩한 부분이 꽤 있다. 정확한 비율의 그래프를 그리기 위한 불가피한 선택이다.

```
from scipy.cluster.hierarchy import dendrogram, leaves_list

def clear_spines(axes):
    for loc in ['left', 'right', 'top', 'bottom']:
        axes.spines[loc].set_visible(False)
    axes.set_xticks([])
    axes.set_yticks([])


def plot_bicluster(data, row_linkage, col_linkage,
```

```python
                      row_nclusters=10, col_nclusters=3):
    """이중 군집화를 수행하고, 각 축에 덴드로그램과 히트맵(heatmap)을 그린다.

    매개변수
    ----------
    data : 부동소수점 배열, 모양 (M, N)
        이중군집화할 입력값
    row_linkage : 배열, 모양 (M-1, 4)
        'data' 행의 linkage 행렬
    col_linkage : 배열, 모양 (N-1, 4)
        'data' 열의 linkage 행렬
    n_clusters_r, n_clusters_c : 정수, 선택적 매개변수
        행과 열의 군집 개수
    """
    fig = plt.figure(figsize=(4.8, 4.8))

    # 행 방향 덴드로그램
    # add_axes()는 도표(figure)에 하위 그래프를 추가하기 위해서 직사각형 값을 취한다.
    # 도표의 양쪽 길이는 1로 간주한다.
    # 도표의 왼쪽 하단 가장자리는 (0, 0)이다.
    # add_axes()의 매개변수는 (왼쪽, 아래, 너비, 높이)다.
    # 왼쪽(행) 덴드로그램을 그리기 위해서
    # 왼쪽 아래 가장자리가 (0.09, 0.1)인 직사각형을 만든다.
    # 폭은 0.2고, 높이는 0.6이다.
    ax1 = fig.add_axes([0.09, 0.1, 0.2, 0.6])
    # 주어진 군집에 대한 linkage 행렬의 해당 거리의 주석을 참조하여
    # linkage 트리의 한 부분을 얻는다.
    threshold_r = (row_linkage[-row_nclusters, 2] +
                   row_linkage[-row_nclusters+1, 2]) / 2
    with plt.rc_context({'lines.linewidth': 0.75}):
        dendrogram(row_linkage, orientation='left',
        color_threshold=threshold_r, ax=ax1)
    clear_spines(ax1)

    # 열 방향 덴드로그램
    ax2 = fig.add_axes([0.3, 0.71, 0.6, 0.2])
    threshold_c = (col_linkage[-col_nclusters, 2] +
                   col_linkage[-col_nclusters+1, 2]) / 2
    with plt.rc_context({'lines.linewidth': 0.75}):
        dendrogram(col_linkage, color_threshold=threshold_c, ax=ax2)
    clear_spines(ax2)

    # 열 적외선 그래프를 그린다.
    ax = fig.add_axes([0.3, 0.1, 0.6, 0.6])
```

```
# 덴드로그램 말단 노드(leaves) 데이터 정렬
idx_rows = leaves_list(row_linkage)
data = data[idx_rows, :]
idx_cols = leaves_list(col_linkage)
data = data[:, idx_cols]

im = ax.imshow(data, aspect='auto', origin='lower', cmap='YlGnBu_r')
clear_spines(ax)

# 축 레이블
ax.set_xlabel('Samples')
ax.set_ylabel('Genes', labelpad=125)

# 그래프 범례
axcolor = fig.add_axes([0.91, 0.1, 0.02, 0.6])
plt.colorbar(im, cax=axcolor)

# 그래프를 표시한다.
plt.show()
```

이제 정규화된 개수 행렬에 위의 함수를 적용하여 행과 열 군집화 그래프를 그린다(그림 2-1).

```
counts_log = np.log(counts + 1)
counts_var = most_variable_rows(counts_log, n=1500)
yr, yc = bicluster(counts_var, linkage_method='ward',
                   distance_metric='euclidean')
with plt.style.context('style/thinner.mplstyle'):
    plot_bicluster(counts_var, yr, yc)
```

그림 2-1 히트맵은 모든 샘플과 유전자의 유전자 발현 수준(색깔)을 보여준다. 행과 열은 군집에 의해서 그룹화된다. y축 왼쪽에서 유전자 군집을 볼 수 있고, x축 위에서 샘플 군집을 볼 수 있다.

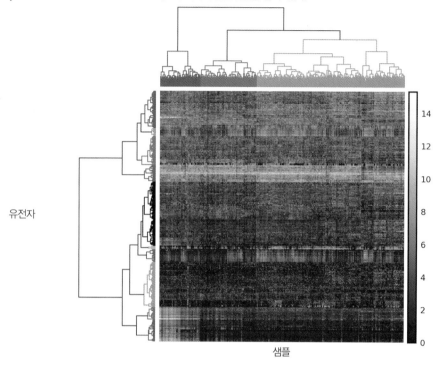

2.5 생존율 예측

[그림 2-1]에서 샘플 데이터가 적어도 2개의 군집(3개)에 속하는 것을 볼 수 있다. 이 군집은 어떤 의미가 있을까? 이에 대한 답은 논문 데이터 저장소[8]의 환자 데이터에서 찾을 수 있다. 환자 테이블[9]은 논문의 환자 데이터를 정리한 파일이다. 환자 테이블을 얻자. 환자 테이블에는 각 환자의 생존 정보가 있다. 환자의 생존 정보를 개수 군집에 맞춰서 환자의 유전자 발현이 병리학적 차이를 예측할 수 있는지 살펴보자.

------

8 http://bit.ly/2tiZtR6
9 http://bit.ly/2tjp6BD

```
patients = pd.read_csv('data/patients.csv', index_col=0)
patients.head()
```

	UV-signature	original-clusters	melanoma-survival-time	melanoma-dead
TCGA-BF-A1PU	UV signature	keratin	NaN	NaN
TCGA-BF-A1PV	UV signature	keratin	13.0	0.0
TCGA-BF-A1PX	UV signature	keratin	NaN	NaN
TCGA-BF-A1PZ	UV signature	keratin	NaN	NaN
TCGA-BF-A1Q0	not UV	immune	17.0	0.0

각 환자(행)에 대한 정보는 다음과 같다.

- **자외선 시그니처(UV signature)**

  자외선은 특정 DNA 돌연변이를 일으키는 경향이 있다. 연구자는 자외선으로 환자의 암을 유발한 돌연변이를 추측할 수 있다.

- **원본 군집**

  논문에서 환자들은 유전자 발현 데이터를 이용해 군집되었다. 이 군집들은 각 군집을 대표하는 유전자 유형에 따라 분류되었다. 주요 군집은 면역immune(n = 168; 51%), 케라틴keratin(n = 102; 31%), 낮은 소안구전사 인수(MITF-low)MTIF: Microphthalmia-associated transcription factor(n = 59; 18%)다.

- **흑색종 환자 생존 시간**

  생존 일수

- **흑색종 환자 상태**

  1 : 환자가 흑색종으로 사망한 경우

  0 : 환자가 살아 있거나 다른 요인으로 사망한 경우

이제 군집화에 의해 정의된 환자 그룹마다 생존 곡선을 그려야 한다. 이것은 일정 기간 동안 생존한 환자의 일부에 대한 그래프다. 일부 데이터는 특정값을 넘어서 그 값이 얼마인지 알 수 없다right-censoring. 즉, 환자가 사망한 때를 알지 못하거나 환자가 흑색종과 관련 없는 원인으로 사망했을 수도 있다는 뜻이다. 환자의 생존 곡선이 지속되는 동안 살아 있는 것으로 계산하여 사망 가능성을 예측할 수 있다.

1/n만큼 감소하는 스텝 함수를 생성해 생존 시간으로부터 생존 곡선을 얻는다. 여기서 n은 그룹의 환자 수다. 그리고 스텝 함수에 검열되지 않은noncensored 생존 시간을 매칭한다.

```
def survival_distribution_function(lifetimes, right_censored=None):
    """수명(lifetimes) 집합의 생존 분포 함수를 반환한다.

    매개변수
    ----------
    lifetimes : 부동소수점 혹은 정수 배열
        관찰된 환자의 수명(음수가 아니어야 함)
    right_censored : 불리언 배열(lifetimes 배열 모양과 같음)
        True는 수명이 관찰되지 않았다는 것을 의미한다.
        lifetimes 배열의 np.nan값은 범위를 넘어선(right-censored) 값으로 간주한다.

    반환값
    -------
    sorted_lifetimes : 부동소수점 배열
    sdf : 부동소수점 배열
        값은 1부터 시작하여 점진적으로 감소한다.
        lifetimes 배열의 각 관찰에 대한 수준을 나타낸다.

    예제
    --------
    이번 예제에서 네 그룹의 환자 중 두 그룹은 1년 뒤에 사망하고
    세 번째 그룹은 2년 뒤에 사망한다.
    마지막 각 개인 그룹의 사망 시간은 알 수 없다('np.nan').

    >>> lifetimes = np.array([2, 1, 1, np.nan])
    >>> survival_distribution_function(lifetimes)
    (array([ 0.,  1.,  1.,  2.]), array([ 1.  ,  0.75,  0.5 ,  0.25]))
    """
    n_obs = len(lifetimes)
    rc = np.isnan(lifetimes)
    if right_censored is not None:
        rc |= right_censored
    observed = lifetimes[~rc]
    xs = np.concatenate( ([0], np.sort(observed)) )
    ys = np.linspace(1, 0, n_obs + 1)
    ys = ys[:len(xs)]
    return xs, ys
```

생존 데이터에서 생존 곡선을 구해서 이를 그래프로 표현한다. 군집 식별자로 생존 시간을 그룹화하고 각 그룹을 다른 선으로 그리는 함수를 작성한다.

```python
def plot_cluster_survival_curves(clusters, sample_names, patients,
                                 censor=True):
    """Plot the survival data from a set of sample clusters.

    매개변수
    ----------
    clusters : 정수 배열(pd.Series 열거형 변수)
        각 샘플의 군집 식별자
        팬더스 열거형 변수로 인코딩된 간단한 정수
    sample_names : 문자열 리스트
        각 샘플에 해당하는 이름
        clusters 변수와 같은 길이어야 한다.
    patients : 팬더스 데이터 프레임(pandas.DataFrame)
        데이터 프레임은 각 환자의 생존 정보가 포함되어 있다.
        데이터 프레임의 인덱스는 sample_names 리스트와 일치해야 한다.
        리스트에 없는 샘플은 무시된다.
    censor : 불리언, 선택적 매개변수
        True인 경우, patients['melanoma-dead']를 사용하여
        생존 데이터를 비정상값(right-censored)으로 체크한다.
    """
    fig, ax = plt.subplots()
    if type(clusters) == np.ndarray:
        cluster_ids = np.unique(clusters)
        cluster_names = ['cluster {}'.format(i) for i in cluster_ids]
    elif type(clusters) == pd.Series:
        cluster_ids = clusters.cat.categories
        cluster_names = list(cluster_ids)
    n_clusters = len(cluster_ids)
    for c in cluster_ids:
        clust_samples = np.flatnonzero(clusters == c)
        # 생존 데이터에 없는 환자를 제거한다.
        clust_samples = [sample_names[i] for i in clust_samples
                         if sample_names[i] in patients.index]
        patient_cluster = patients.loc[clust_samples]
        survival_times = patient_cluster['melanoma-survival-time'].values
        if censor:
            censored = ~patient_cluster['melanoma-dead'].values.astype(bool)
        else:
            censored = None
        stimes, sfracs = survival_distribution_function(survival_times,
                                                        censored)
```

```
ax.plot(stimes / 365, sfracs)

ax.set_xlabel('생존 시간 (년)')
ax.set_ylabel('생존율')
ax.legend(cluster_names)
```

이제 fcluster() 함수를 사용하여 샘플(개수 데이터의 열) 군집 식별자를 얻어서 각 생존 곡선을 개별적으로 그릴 수 있다. fcluster() 함수는 linkage에 의해 반환된 linkage 행렬과 임곗값을 취하여 군집 식별자를 반환한다. 임곗값이 무엇인지 선험적으로[priori] 알기 어렵지만 linkage 행렬의 거리를 확인하여 고정된 수의 군집에 대해서 적절한 임곗값을 얻을 수 있다.

```
from scipy.cluster.hierarchy import fcluster
n_clusters = 3
threshold_distance = (yc[-n_clusters, 2] + yc[-n_clusters+1, 2]) / 2
clusters = fcluster(yc, threshold_distance, 'distance')

plot_cluster_survival_curves(clusters, data_table.columns, patients)
```

[그림 2-2]에서 볼 수 있듯이 유전자 발현 프로파일의 군집화는 흑색종(군집 2)의 위험도가 높은 하위 유형을 식별한 것으로 보인다. TCGA 연구는 더 강력한 군집화 및 통계 테스트로 이 주장을 뒷받침한다. TCGA 연구는 [그림 2-2]와 같이 백혈병(혈액암), 소화기암 등의 하위 유형을 식별하는 최신 연구다. 위 예제의 군집화 기술은 매우 약하지만 예제의 데이터셋 혹은 비슷한 데이터셋[10]을 관찰하는 조금 더 강력한 방법을 제공한다.

---

10 「TCGA 네트워크, 흑색종 피부의 게놈 분류 The Cancer Genome Atlas Network, Genomic Classification of Cutaneous Melanoma」(Cell 161, no. 7 (2015):1681-1696). http://dx.doi.org/10.1016/j.cell.2015.05.044

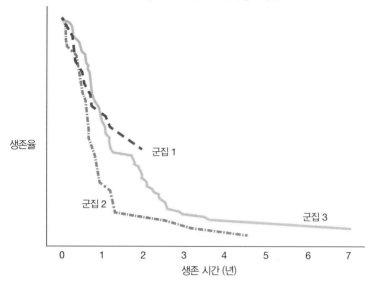

그림 2-2 유전자 발현 데이터를 사용하여 군집화된 환자의 생존 곡선

2.5.1 추가 작업 : TCGA의 환자 군집 사용하기

예제의 군집은 원본의 군집보다 생존율을 예측하는 데 더 효과적일까? 자외선 시그니처는 어떠한가? 환자 데이터의 원본 군집 및 자외선 시그니처 열을 사용하여 생존 곡선을 그려보자. 원본 군집은 예제의 군집과 어떻게 비교할까?

2.5.2 추가 작업 : TCGA 군집 재현하기

논문에 설명된 방법으로 실험을 재현해보자.

1 샘플을 군집화하는 데 사용된 유전자의 부트스트랩[11] 샘플(무작위 복원 선택)을 가져온다.

2 각 샘플의 계층적 군집화를 수행한다.

3 (n_samples, n_samples) 모양의 행렬에서 샘플 쌍이 부트스트랩된 군집화에 같이 나타나는 횟수를 저장한다.

4 행렬 결과에서 계층적 군집화를 수행한다.

----

11 역주_ bootstrap . 예비 명령을 통해 프로그램 혹은 데이터를 불러오는 방법

이것은 선택된 유전자와 관계없이 군집화에서 자주 발생하는 샘플 그룹을 식별한다. 따라서 이러한 샘플들은 같이 견고하게 군집화되는 것으로 간주될 수 있다.

> **NOTE_** 넘파이의 np.random.choice( ) 함수에서 replace=True 매개변수를 사용하여 행 인덱스의 부트스트랩 샘플을 생성한다.

## CHAPTER 3

이미지 지역망 : ndimage

호랑아, 호랑아! 어두운 밤 숲 속에서,

이글이글 불타는 호랑아!

어떤 불멸의 손 혹은 눈이 네 무서운 균형을 빚어냈지?

– 윌리엄 브레이크, 「호랑이」

디지털 이미지는 픽셀로 구성되어 있다. 일반적으로 픽셀을 작은 사각형이라고 생각하기 쉽다. 그러나 픽셀은 일반 격자에서 측정한 빛 신호의 점point 샘플이다[1].

또한 이미지를 처리할 때 사물은 개별 픽셀보다 훨씬 크다. 풍경에서는 하늘, 땅, 나무, 바위 등이 각각 여러 픽셀에 걸쳐 있다. 이러한 사물을 표현하는 공통 구조는 지역 근접 그래프region adjacency graph, RAG다. 노드node에는 이미지 각 영역의 속성이 있고, 노드의 링크link에는 지역 간의 공간적 관계가 있다. 두 노드의 지역은 입력 이미지에서 서로 접촉할 때마다 연결(링크)된다.

이러한 구조를 구축하는 것은 복잡한 일이 될 수 있다. 그리고 현미경 관찰, 재료 과학, 기후 과학 등에서처럼 이미지가 2차원이 아니라 3차원 혹은 4차원일 때 더 복잡해진다. 이 책에서는 NetworkX(그래프와 네트워크를 분석하는 파이썬 라이브러리)와 ndimage(사이파이의 N차원 이미지 프로세싱의 하위 모듈) 필터를 사용한다. 몇 줄의 코드로 지역 근접 그래프를 생성해보자.

---

1 앨비 레이 스미스, 『픽셀은 작은 사각형이 아니다 A Pixel Is Not A Little Square』. http://alvyray.com/Memos/CG/Microsoft/6_pixel.pdf(기술 시연, 1995)

```
import networkx as nx
import numpy as np

from scipy import ndimage as ndi

def add_edge_filter(values, graph):
    center = values[len(values) // 2]
    for neighbor in values:
        if neighbor != center and not graph.has_edge(center, neighbor):
            graph.add_edge(center, neighbor)
    return 0.0


def build_rag(labels, image):
    g = nx.Graph()
    footprint = ndi.generate_binary_structure(labels.ndim, connectivity=1)
    _ = ndi.generic_filter(labels, add_edge_filter, footprint=footprint,
                    mode='nearest', extra_arguments=(g,))
    return g
```

우아한 사이파이의 기원
(후안 누네즈)

3장은 이 책 전체에 영감을 주기 때문에 특별히 이글을 남긴다. 비네시 비로드카[Vighnesh Birodkar]는 학부생으로 2014 구글 서머 오브 코드[GSoC : Google Summer of Code]에 참여하면서 위 코드를 작성했다. 저자는 이 코드를 처음 봤을 때 반해버렸다. 이 코드는 이 책의 목적인 과학적인 파이썬에 대한 여러 측면을 다룬다. 이 장을 마치면 모든 차원의 배열을 1차원 리스트나 2차원 테이블로만 생각하지 않고 처리할 수 있어야 한다. 이번 장에서 이미지 필터링 및 네트워크 처리의 기본 사항에 대해서 이해하자.

일단 몇 가지 작업을 해야 한다. 넘파이 배열로 표시되는 이미지와 scipy.ndimage 모듈의 이미지 필터링, NetworkX 라이브러리로 이미지 지역을 그래프(네트워크)로 작성하는 작업이다. 차례대로 살펴보자.

3.1 이미지는 넘파이 배열일 뿐이다

2장에서 넘파이 배열은 테이블 형식의 데이터를 효율적으로 계산하고 표현하는 편리한 배열임을 알았다. 넘파이 배열은 이미지를 표현할 때도 마찬가지로 그렇다. 넘파이만으로 백색 잡음^{white noise} 이미지를 만들고 맷플롯립으로 표시하는 방법을 살펴보자. 먼저 아이파이썬에서 matplotlib inline 마법 명령을 사용하여 이미지를 만들고, 필요한 패키지를 임포트한다.

```
# 그래프를 바로 표시하고 사용자 정의 스타일을 적용한다.
%matplotlib inline
import matplotlib.pyplot as plt
plt.style.use('style/elegant.mplstyle')
```

약간의 잡음을 만들어서 이미지를 표시한다.

```
import numpy as np
random_image = np.random.rand(500, 500)
plt.imshow(random_image);
```

imshow() 함수는 넘파이 배열을 이미지로 표시한다.

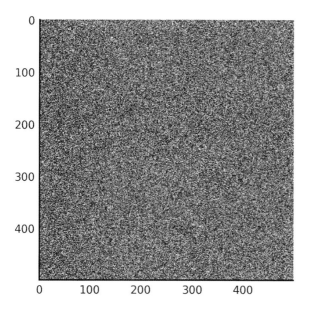

반대의 경우도 마찬가지다. 이미지는 넘파이 배열로 간주할 수 있다. 예제에서는 넘파이와 사이파이 위에 구축된 이미지 처리 도구인 사이킷-런 라이브러리를 사용한다.

사이킷-이미지 저장소에 있는 PNG 이미지가 있다. 다음은 브루클린 박물관에서 얻은 폼페이의 고대 동전을 담은 흑백(그레이 스케일^{grayscale}) 사진이다.

다음은 사이킷-이미지로 불러온 동전 이미지다.

```
from skimage import io

url_coins = ('https://raw.githubusercontent.com/scikit-image/scikit-image/'
             'v0.10.1/skimage/data/coins.png')
coins = io.imread(url_coins)
print("Type:", type(coins), "Shape:", coins.shape, "Data type:", coins.dtype)
plt.imshow(coins);
```

```
Type: <class 'numpy.ndarray'> Shape: (303, 384) Data type: uint8
```

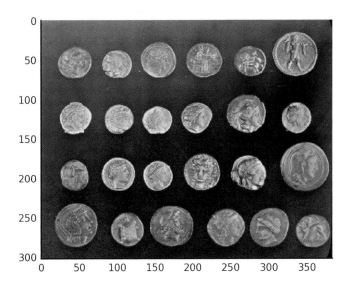

그레이 스케일 이미지는 2차원 배열로 표현될 수 있으며, 각 배열 요소는 그 위치의 스케일 강도를 포함한다. 따라서 이미지는 넘파이 배열일 뿐이다.

컬러 이미지는 3차원 배열이다. 첫 번째 두 차원은 이미지 위치를 나타내고, 마지막 차원은 일반적으로 빨강, 초록, 파랑 세 가지 색상 채널을 나타낸다. 3차원 배열의 예제로 우주 비행사 아일린 콜린스 사진을 살펴보자.

```
url_astronaut = ('https://raw.githubusercontent.com/scikit-image/scikit-image/'
                 'master/skimage/data/astronaut.png')
astro = io.imread(url_astronaut)
print("Type:", type(astro), "Shape:", astro.shape, "Data type:", astro.dtype)
plt.imshow(astro);
```

```
Type: <class 'numpy.ndarray'> Shape: (512, 512, 3) Data type: uint8
```

이 이미지는 넘파이 배열일 뿐이다. 간단한 넘파이 슬라이싱slicing을 사용하면 이미지에 녹색 사각형을 추가할 수 있다.

```
astro_sq = np.copy(astro)
astro_sq[50:100, 50:100] = [0, 255, 0]  # 빨강, 초록, 파랑
plt.imshow(astro_sq);
```

True 혹은 False값 배열의 불리언 마스크boolean mask를 사용할 수 있다. 2장에서 테이블 행을 선택하는 방법을 살펴봤다. 이 경우 이미지와 같은 모양의 배열을 사용하여 픽셀을 선택할 수 있다.

```python
astro_sq = np.copy(astro)
sq_mask = np.zeros(astro.shape[:2], bool)
sq_mask[50:100, 50:100] = True
astro_sq[sq_mask] = [0, 255, 0]
plt.imshow(astro_sq);
```

3.1.1 연습문제 : 격자 오버레이 추가

위 예제에서 녹색 사각형을 그렸다. 다른 모양과 색상으로 응용해서 그려보자. 컬러 이미지 위에 파란색 격자를 그리고, 아일린 콜린스 이미지에 적용하는 함수를 만든다. 함수에는 입력 이미지와 격자 간격의 두 매개변수가 있다. 아래의 템플릿을 사용하면 코드를 작성하는 데 도움이 될 것이다.

```python
def overlay_grid(image, spacing=128):
    """격자 오버레이 이미지를 반환한다.
```

```
매개변수
----------
image : 배열, 모양 (M, N, 3)
    입력 이미지
spacing : 정수
    격자 사이 간격

반환값
-------
image_gridded : 배열, 모양 (M, N, 3)
    파란색 격자가 겹쳐진 원본 이미지
"""
image_gridded = image.copy()
pass  # ≪ 연습문제 코드
return image_gridded
```

```
# plt.imshow(overlay_grid(astro, 128)); # 함수 테스트를 위해 주석을 해제한다.
```

연습문제 정답은 부록 '격자 오버레이 추가'에 있다.

3.2 신호 처리 필터

필터링은 이미지 처리에서 가장 기본적이고 일반적인 작업이다. 이미지를 돋보이게 하거나 잡음 제거 혹은 이미지 내에서 사물 간의 거리를 감지하도록 필터링할 수 있다.

필터를 이해하려면 이미지 대신 1차원 신호를 먼저 다루는 것이 가장 쉽다. 예를 들어 광섬유 케이블 끝에 도달하는 빛을 측정한다고 하자. 신호를 100ms마다 샘플링한다면 배열의 길이는 100이다. 30ms 후 신호가 켜지고, 30ms 후에 다시 꺼진다. 코드로 표현하면 다음과 같다.

```
sig = np.zeros(100, np.float)
sig[30:60] = 1  # signal = 1 # 30-60ms 동안 빛이 측정된다
fig, ax = plt.subplots()
ax.plot(sig);
ax.set_ylim(-0.1, 1.1);
```

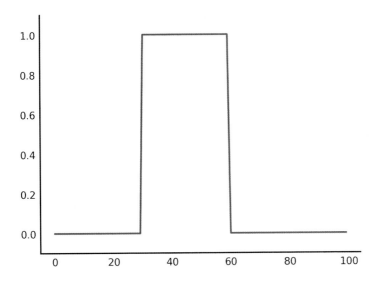

1ms 지연 후 지연된 신호에서 원본 신호를 빼서 빛이 언제 발생하는지 알아보자. 1ms에서 다음 어떤 ms 시간까지 신호가 변하지 않을 때 지연된 신호에서 원본 신호를 뺀 값은 0이다. 그러나 시간이 지나서 지연된 신호가 증가하면 양의 신호가 나타난다.

신호가 감소하면 음의 신호가 나타난다. 빛이 발생하는 시간만을 찾는다면 모든 신호의 음숫값을 0으로 변환한다.

```
sigdelta = sig[1:]  # sigdelta[0]은 sig[1], sigdelta[1]은 sig[2]... 와 같다.
sigdiff = sigdelta - sig[:-1]
sigon = np.clip(sigdiff, 0, np.inf)
fig, ax = plt.subplots()
ax.plot(sigon)
ax.set_ylim(-0.1, 1.1)
print('빛 신호가 발생한 시간 :', 1 + np.flatnonzero(sigon)[0], 'ms')
```

빛 신호가 발생한 시간 : 30 ms

위 코드에서 넘파이의 flatnonzero() 함수를 사용하여 0이 아닌 sigon 배열의 첫 번째 인덱스를 얻는다.

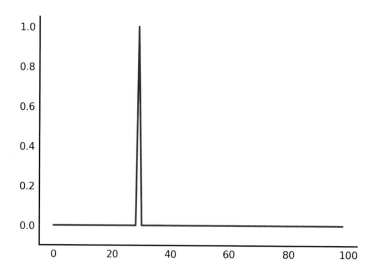

이는 합성곱^{convolution} 신호 처리 작업으로 수행할 수 있다. 합성곱은 신호의 모든 점에서 그 점을 둘러싼 값과 미리 결정된 값의 커널^{kernel} 혹은 필터 사이의 내적을 계산한다. 커널에 따라 신호의 다른 특징을 보여준다.

이제 커널이 (1, 0, −1)일 때 신호 s에 대한 차이 필터$^{difference\ filter}$를 생각해보자. 임의의 위치 i에서 합성곱 결과는 1*s[i+1] + 0*s[i] − 1*s[i−1], 즉 s[i+1] − s[i−1]이다. 따라서 s[i]에 인접한 값이 같을 때 합성곱은 0이 되지만 s[i+1] 〉 s[i−1](신호가 증가하고 있을 때)는 양의 값, 반대인 s[i+1] 〈 s[i−1]는 음의 값이다. 이것을 입력 함수에 대한 미분의 추정치라고 생각할 수 있다.

일반적인 합성곱 공식은 $s'(t) = \sum_{j=t-\tau}^{t} s(j)f(t-j)$다. s는 신호, s'는 필터된 신호, f는 필터, τ는 필터 길이다.

사이파이에서는 scipy.ndimage.convolve 모듈을 사용하여 합성곱 연산을 수행할 수 있다.

```
from scipy import ndimage as ndi

diff = np.array([1, 0, -1])
dsig = ndi.convolve(sig, diff)
plt.plot(dsig);
```

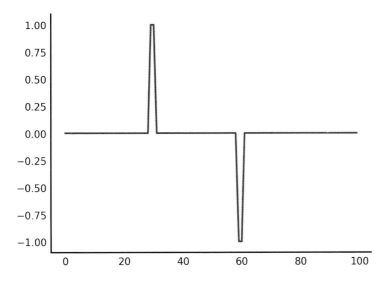

신호는 잡음이 많아서 완벽하지 않다.

```
np.random.seed(0)
sig = sig + np.random.normal(0, 0.3, size=sig.shape)
plt.plot(sig);
```

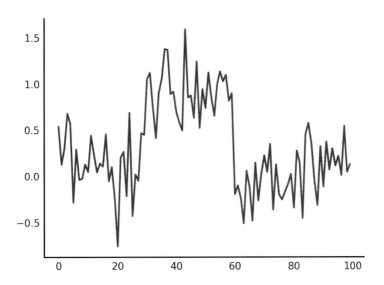

일반적인 차이 필터는 잡음을 증폭시킬 수 있다.

```
plt.plot(ndi.convolve(sig, diff));
```

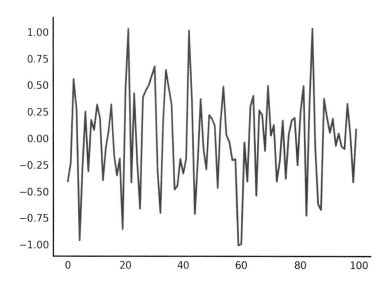

이 경우 필터에 스무딩[2]을 추가할 수 있다. 스무딩의 가장 일반적인 방식은 가우시안 스무딩Gaussian Smoothing이다. 가우시안 스무딩은 가우스 함수[3]를 사용하여 신호에서 인접한 점들의 가중 평균을 취한다. 다음과 같이 가우시안 스무딩 커널을 만드는 함수를 작성할 수 있다.

```
def gaussian_kernel(size, sigma):
    """지정된 크기(size)와 표준 편차의 1차원 가우스 커널을 반환한다.

    충분한 범위를 확보하려면 크기는 홀수여야 하며
    시그마(sigma)보다 적어도 6배 이상 커야 한다.
    """
    positions = np.arange(size) - size // 2
    kernel_raw = np.exp(-positions**2 / (2 * sigma**2))
    kernel_normalized = kernel_raw / np.sum(kernel_raw)
    return kernel_normalized
```

----

2 smoothing. 수학 용어로 평활법이라고도 한다.

3 https://ko.wikipedia.org/wiki/가우스_함수

합성곱의 가장 좋은 점은 연관성이다. 즉, 스무딩된 신호의 파편을 알고 싶다면 스무딩된 차이 필터로 동등한 합성곱을 구할 수 있다. 일반적으로 데이터보다 훨씬 작은 필터만 스무딩할 수 있어서 많은 계산 시간을 절약할 수 있다.

```
smooth_diff = ndi.convolve(gaussian_kernel(25, 3), diff)
plt.plot(smooth_diff);
```

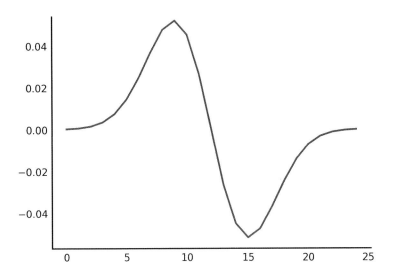

이 차이 스무딩 필터는 중앙의 가장자리를 찾아서 그 차이를 계속 유지한다. 이 연속성은 실제 가장자리의 경우에만 발생하지만 잡음으로 인한 '가짜spurious' 가장자리에서는 발생하지 않는다. [그림 3-1]을 확인해보자.

```
sdsig = ndi.convolve(sig, smooth_diff)
plt.plot(sdsig);
```

그림 3-1 잡음 신호가 적용된 차이 스무딩 필터

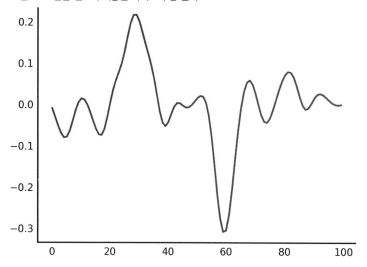

여전히 흔들리는 것처럼 보이지만, 신호–대–잡음비[SNR : signal–to–noise ratio]는 보통 차이 필터를 사용할 때보다 차이 스무딩 필터에서 훨씬 크다.

> **NOTE_ 필터링**
>
> 위의 작업을 필터링이라고 한다. 물리적 전기회로에서 이러한 작업 중 상당수는 특정 전류를 허용하고 다른 전류를 차단하는 하드웨어로 구현된다. 이러한 하드웨어 구성요소를 필터라고 한다. 예를 들어 전류에서 고주파 전압 변동을 제거하는 필터를 저역 통과 필터[low–pass filter]라고 한다.

3.3 이미지 필터링(2차원 필터)

위에서 다룬 1차원 필터링을 바탕으로 2차원 필터링을 쉽게 이해할 수 있다. 다음은 동전의 가장자리를 찾는 2차원 차이 필터 코드다.

```
coins = coins.astype(float) / 255  # 오버플로(overflow) 에러 방지
diff2d = np.array([[0, 1, 0], [1, 0, -1], [0, -1, 0]])
coins_edges = ndi.convolve(coins, diff2d)
io.imshow(coins_edges);
```

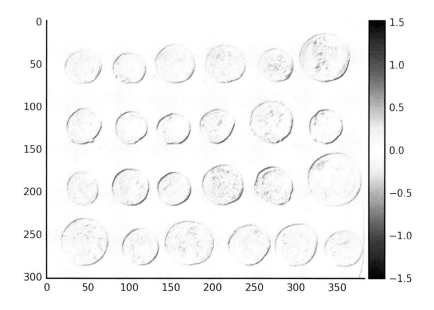

원리는 1차원 필터와 같다. 이미지의 모든 점에서 필터를 배치하고, 이미지 값과 필터 값의 내적을 계산하고, 결과를 이미지와 동일한 위치에 놓는다. 그리고 1차원 차이 필터와 마찬가지로 필터 변동이 작은 위치에 배치되면 내적값은 0으로 상쇄된다. 반면에 이미지 밝기가 변화하는 위치에 배치되면 1 또는 −1을 곱하여 필터링된 결과는 양수 또는 음숫값이 된다(이미지가 오른쪽 하단 또는 왼쪽 상단으로 밝아지는지 여부에 따라 다르다).

1차원 필터와 마찬가지로 필터 내에서 더 정교하고 부드러운 잡음을 얻을 수 있다. 그런 용도로 소벨 필터Sobel filter가 있다. 소벨 필터는 데이터에서 방향이 있는 가장자리를 찾는 수평 및 수직 필터들을 제공한다. 먼저 수평 필터horizontal filter를 살펴보자. 필터를 사용해 사진에서 수평 가장자리를 찾자.

```
# 수평 가장자리를 찾기 위한 열 벡터(수직)
hdiff = np.array([[1], [0], [-1]])
```

1차원 필터에서 본 것처럼 이미지의 가장자리가 잡음으로 추정된다. 그러나 가장자리가 흐릿해질 수 있는 가우시안 스무딩을 사용하는 대신 소벨 필터를 사용한다. 소벨 필터는 이미지의 가장자리가 이어지는 속성을 사용한다. 예를 들어 바다 사진은 바다의 특정 지점뿐만 아니라 전체 선을 따르는 물결의 수평 가장자리가 있다. 소벨 필터는 특정 지점의 중앙에서 가장자리를 검출한다.

```
hsobel = np.array([   [ 1,  2,  1],
                      [ 0,  0,  0],
                      [-1, -2, -1]])
```

수직 소벨 필터는 수평의 순서를 바꾼다.

```
vsobel = hsobel.T
```

동전 이미지에서 수평 및 수직 가장자리를 찾을 수 있다.

```
# 그래프를 읽기 쉽게 만드는 사용자 정의 x축 레이블
def reduce_xaxis_labels(ax, factor):
    """ x축에 몰리지 않도록 모든 i번째 레이블만 보여준다.
        예) factor = 2는 처음부터 매 초마다 x축 레이블을 그린다.

    매개변수
    ----------
    ax : 맷플롯립 그래프 축
    factor : 정수, x축 레이블 수를 줄이기 위한 요소
    """
    plt.setp(ax.xaxis.get_ticklabels(), visible=False)
    for label in ax.xaxis.get_ticklabels()[::factor]:
        label.set_visible(True)

coins_h = ndi.convolve(coins, hsobel)
coins_v = ndi.convolve(coins, vsobel)

fig, axes = plt.subplots(nrows=1, ncols=2)
axes[0].imshow(coins_h, cmap=plt.cm.RdBu)
axes[1].imshow(coins_v, cmap=plt.cm.RdBu)
for ax in axes:
    reduce_xaxis_labels(ax, 2)
```

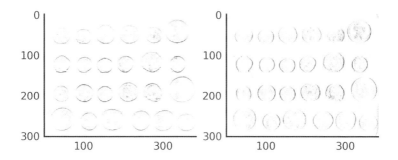

피타고라스 정리와 같이 모든 방향의 가장자리 크기는 각 수평 및 수직 구성요소의 제곱합의
제곱근과 같다.

```
coins_sobel = np.sqrt(coins_h**2 + coins_v**2)
plt.imshow(coins_sobel, cmap='viridis');
```

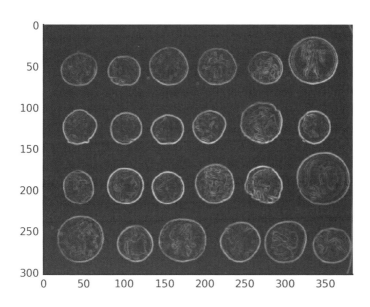

3.4 제네릭 필터 : 근접값의 임의 함수

scipy.ndi.convolve() 함수에 구현된 내적 외에도 scipy.ndi.generic_filter() 함수에 구현된 근접값의 임의 함수로 필터를 정의할 수 있다. scipy.ndi.generic_filter() 함수는 임의로 복잡한 필터를 표현할 수 있다.

예를 들어 1,000,000 x 1,000,000 이미지 해상도의 도시에 있는 집 한 채 크기의 중간값을 구한다고 가정한다. 시의회는 반경 1km에 있는 집값의 90 백분위 수의 5%에 약 10,000달러의 세금을 추가 부여하기로 한다(즉 값비싼 지역에 주택을 판매하는 데 더 많은 비용이 든다). generic_filter() 함수로 세율 지도를 생성할 수 있다.

```
from skimage import morphology

def tax(prices):
    return 10000 + 0.05 * np.percentile(prices, 90)

house_price_map = (0.5 + np.random.rand(100, 100)) * 1e6
footprint = morphology.disk(radius=10)
tax_rate_map = ndi.generic_filter(house_price_map, tax, footprint=footprint)
plt.imshow(tax_rate_map)
plt.colorbar();
```

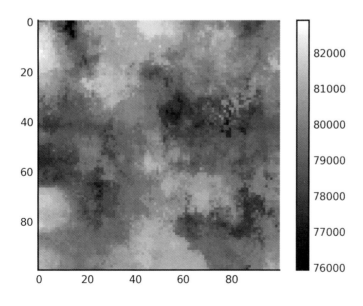

3.4.1 연습문제 : 콘웨이의 생명 게임

콘웨이의 생명 게임[4]은 일반 정사각형 격자의 세포가 주변 환경의 세포에 따라 죽거나 사는 단순한 게임이다. 매시간 이전 상태와 8개의 이웃(위, 아래, 왼쪽, 오른쪽 및 대각선)의 위치 상태(i, j)를 결정한다.

- 살아있는 이웃이 하나뿐이거나 없으면 살아있는 세포는 죽는다.
- 살아있는 2~3명의 이웃과 같이 있는 살아있는 세포는 산다.
- 살아있는 4명의 이웃과 같이 있는 살아있는 세포는 인구 과잉으로 죽는다.
- 딱 3명의 살아있는 세포와 같이 있는 죽은 세포는 생식에 의해서 산다.

위의 규칙은 수학 문제처럼 보이지만 실제로는 글라이더[5]와 글라이더 건[6]부터 시작하여 소수 생성 머신generator machines[7]과 콘웨이의 생명 게임 자체를 시뮬레이션하는 놀라운 패턴[8]을 만들어낸다.

sci.nid.generic_filter() 함수를 사용하여 콘웨이의 생명 게임을 구현해보자.

연습문제 정답은 부록 '콘웨이의 생명 게임'에 있다.

3.4.2 연습문제 : 소벨 필터 코드 리팩토링

이번 장에서 수평 소벨 필터와 수직 소벨 필터의 결과를 결합하는 방법을 살펴봤다. sci.ndi.generic_filter() 함수를 사용하여 한 번에 이 작업을 수행하는 함수를 작성해보자.

연습문제 정답은 부록 '소벨 필터 코드 리팩토링'에 있다.

---

4 Conway's Game of Life. https://namu.wiki/w/콘웨이의%20생명%20게임
5 glider. 각 세대마다 서서히 움직이는 작은 크기의 살아있는 세포 패턴
6 glider guns. 글라이더에서 흘러 나오는 고정 패턴
7 예제 : 나다니엘 존스턴 콘웨이 생명 게임의 소수 생성 순서. http://bit.ly/2s8UfqF
8 https://youtu.be/xP5-ileKXE8

3.5 그래프와 NetworkX 라이브러리

그래프는 다양한 데이터를 자연스럽게 표현한다. 예를 들어 웹 페이지는 노드로 구성되어 있거나 페이지 간에 링크로 연결되어 있다. 또는 생물학에서의 전사망transcription network은 노드가 유전자를 나타내고, 에지edges는 서로의 발현에 직접적인 영향을 주는 유전자를 연결한다.

NOTE_ 그래프와 네트워크

이 장에서 '그래프'는 그래프plot가 아니라 '네트워크'와 같은 단어다. 수학자와 컴퓨터 과학자는 이들을 논의하기 위해서 약간 다른 단어를 고안했다(그래프 = 네트워크, 정점 = 노드, 에지 = 링크 = 아크). 이 책에서는 이 용어를 서로 번갈아서 사용한다.

네트워크는 노드와 노드 간의 링크로 구성된다. 마찬가지로 그래프는 꼭지점과 꼭지점 사이의 에지로 구성된다. NetworkX 라이브러리는 노드와 노드 사이의 노드로 구성된 그래프 개체가 있으며, 가장 일반적인 용도로 쓰인다.

ATTENTION_ 이 책에서 에지(edge)는 두 가지 의미로 번역된다. 하나는 '모서리'를 뜻하는 '가장자리'고, 또 하나는 그래프의 링크를 뜻하는 '에지'다.

라브 바시니Lav Varshney 외 여러 명의 논문 「꼬마선충 신경망의 구조적 성질[9]」에서 얻은 결과를 재현하면서 그래프에 대해 알아보자.

이번 예제에서는 선충류 기생충nematode worm의 신경계에 있는 신경 세포neuron를 노드로 표시하고 신경 세포가 다른 노드와 시냅스synapse를[10] 만들 때 두 노드 사이에 에지를 배치한다. 이 기생충은 신경 연결 분석의 놀라운 예다. 왜냐하면 (이 종의) 모든 기생충은 같은 수(302개)의 신경 세포를 가진다. 이들 사이의 연결은 모두 알려져 있기 때문이다. 이로 인해 오픈웜 프로젝트[11]가 탄생했다.

웜아틀라스WormAtlas에서 엑셀 형식의 연결 데이터셋을 내려받을 수 있다.

---

9 Structural Properties of the Caenorhabditis elegans Neuronal Network, http://bit.ly/2s9unuL

10 신경 접합부. 신경 세포가 통신하는 화학적 연결

11 http://www.openworm.org

• http://www.wormatlas.org/neuronalwiring.html#Connectivitydata

팬더스 라이브러리를 사용하면 웹에서 엑셀 테이블을 읽을 수 있으므로 여기에서 데이터를 읽은 후 NetworkX 라이브러리로 가져와서 사용한다.

```
import pandas as pd

connectome_url = 'http://www.wormatlas.org/images/NeuronConnect.xls'
conn = pd.read_excel(connectome_url)
```

conn 변수는 다음과 같은 형식의 팬더스 데이터 프레임을 포함한다.

```
[ 신경 세포 1, 신경 세포 2, 연결 유형, 강도strength ]
```

화학 시냅스의 커넥톰[12]를 조사하려면 다음과 같이 다른 시냅스 유형을 걸러내자.

```
conn_edges = [(n1, n2, {'weight': s})
          for n1, n2, t, s in conn.itertuples(index=False, name=None)
          if t.startswith('S')]
```

(다른 연결 유형에 대한 설명은 웜아틀라스 페이지를 참조한다.) 위 코드의 딕셔너리에서 'weight' 키를 사용한다. 'weight'는 NetworkX의 에지 속성에 대한 특수 키워드다. 그런 다음 NetworkX의 DiGraph 클래스를 사용하여 그래프를 만든다.

```
import networkx as nx

wormbrain = nx.DiGraph()
wormbrain.add_edges_from(conn_edges)
```

이제 신경망의 일부 성질을 검사할 수 있다. 연구자들은 신경망에서 노드가 정보 흐름을 파악하는 핵심이라고 생각한다. 다른 여러 노드 쌍 사이의 최단 경로에 속하는 노드일수록 노드 간의 중요도가 높다. 지하철 노선도를 생각해보자. 다른 노선으로 환승을 많이 할 수 있는 역일수

---

12 역주_ connectome. 신경망을 도식화한 지도

록 승객이 많다. 중요 노드는 높은 매개중앙성betweenness centrality[13]을 가진다.

NetworkX를 사용하면 중요한 비슷한 신경 세포를 쉽게 찾을 수 있다. NetworkX API 문서[14]에서 betweenness_centrality() 함수는 그래프를 매개변수로하고, 노드 식별자를 중간값(부동소수점 값)으로 매핑하는 딕셔너리를 반환한다.

```
centrality = nx.betweenness_centrality(wormbrain)
```

이제 파이썬 내장 함수를 사용하여 가장 높은 중심성을 갖는 신경 세포를 찾자.

```
central = sorted(centrality, key=centrality.get, reverse=True)
print(central[:5])
```

```
['AVAR', 'AVAL', 'PVCR', 'PVT', 'PVCL']
```

기생충 자극에 대한 반응과 관련된 AVAR, AVAL, PVCR, PVT, PVCL 신경 세포를 출력한다. AVA 신경 세포는 기생충의 전면 촉각 수용기receptor(다른 수용기 중에서)를 역방향 이동을 담당하는 신경 세포에 연결하는 반면, PVC 신경 세포는 후면 촉각 수용기를 정방향 이동과 연결한다.

바시니 외 여러 사람은 총 279개의 신경 세포 중, 강하게 연결된 237개의 신경 세포 성질을 연구했다. 그래프에서 연결된 구성 요소는 모든 경로를 통해서 도달할 수 있는 노드 집합이다. 커넥톰은 방향이 있는 그래프다. 에지는 단순히 노드를 연결하는 것이 아니라, 한 노드에서 다른 노드로 향하는 것을 의미한다. 이 경우, 강하게 연결된 구성 요소는 모든 노드가 올바른 방향으로 링크를 횡단하여 서로 도달할 수 있다. A→B→C는 강하게 연결되어 있지 않다. B 또는 C에서 A로 가는 길이 없기 때문이다. 반면 A→B→C→A는 강하게 연결되어 있다.

신경 회로neuronal circuit에서 강하게 연결된 노드는 회로의 두뇌brain라고 생각할 수 있다. 반면, 업스트림 노드upstream node는 입력이고, 다운스트림 노드downstream node는 결과다.

---

13 역주_ 네트워크에서 한 노드가 담당하는 매개자 또는 중개자 역할의 정도로서 중앙성을 측정하는 방법이다.

14 https://networkx.github.io/documentation/stable/reference/algorithms/generated/networkx.algorithms.centrality.betweenness_centrality.html

NetworkX 라이브러리는 웜브레인^wormbrain 네트워크에서 가장 강력하게 연결된 구성요소를 얻는 간단한 작업을 수행한다.

```
sccs = nx.strongly_connected_component_subgraphs(wormbrain)
giantscc = max(sccs, key=len)
print(f'가장 강력하게 연결된 구성요소는 '
  f'{wormbrain.number_of_nodes()}개 노드 중 '
  f'{giantscc.number_of_nodes()}개 노드다.'
  )
```

```
가장 강력하게 연결된 구성요소는 279개 노드 중 237개 노드다.
```

논문에서 언급된 것처럼 구성요소의 크기는 예상보다 작다. 네트워크는 입력 계층, 중앙 계층, 출력 계층으로 분리되어 있음을 보여준다.

이제 논문의 6B인 진입차수^in-degree[17] 분포의 생존 함수를 재현한다. 먼저 관련 수량을 계산한다.

```
in_degrees = list(dict(wormbrain.in_degree()).values())
in_deg_distrib = np.bincount(in_degrees)
avg_in_degree = np.mean(in_degrees)
cumfreq = np.cumsum(in_deg_distrib) / np.sum(in_deg_distrib)
survival = 1 - cumfreq
```

---

15 과학 이슈 사이트. http://nautil.us

16 The Man Who Tried to Redeem the World with Logic. http://bit.ly/2tmmVwZ

17 역주_ 방향성 그래프에서 한 정점(노드)으로 들어오는 연결선(에지)의 수

맷플롯립으로 그래프를 그린다.

```
fig, ax = plt.subplots()
ax.loglog(np.arange(1, len(survival) + 1), survival)
ax.set_xlabel('진입차수 분포')
ax.set_ylabel('진입차수 분포가 높은 신경 세포의 일부')
ax.scatter(avg_in_degree, 0.0022, marker='v')
ax.text(avg_in_degree - 0.5, 0.003, '평균=%.2f' % avg_in_degree)
ax.set_ylim(0.002, 1.0);
```

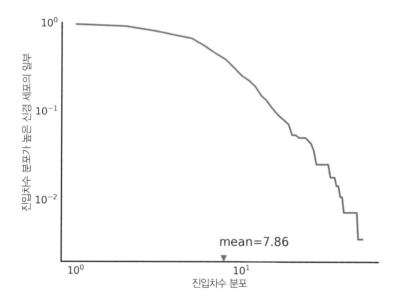

사이파이를 사용하여 과학적인 분석을 재현했다. 위 그래프를 굴곡선으로 바꾸는 작업은 연습문제로 남겨둔다.

3.5.1 연습문제 : 사이파이 곡선 맞춤

이 연습문제는 7장 '사이파이 함수 최적화'를 위한 약간의 예습이다. scipy.optimize.curve_fit() 함수를 사용하여 진입차수 생존 함수의 꼬리부분을 $f(d) \sim d^{-y}$, $d > d_0$ ($d = 10$, $d_0 = 10$)

인 멱법칙[18]에 맞춘다(논문 그림 6B의 빨간색 선). 이 선을 포함하도록 그래프를 수정해보자.

연습문제 정답은 부록 '사이파이 곡선 맞춤'에 있다.

과학적인 통찰로 파이썬과 NetworkX 라이브러리를 사용하여, 그래프를 손쉽게 조작하고 분석하는 방법에 대해 살펴봤다. 다음에서 이미지 처리 및 컴퓨터 비전vision에 사용되는 특정 그래프를 살펴보자.

3.6 지역 근접 그래프

지역 근접 그래프는 이미지를 의미 있는 지역(혹은 세그먼트)으로 분할segmentation하는 유용한 이미지를 나타낸다. 영화 〈터미네이터 2〉를 봤다면, 다음과 같은 이미지 분할을 봤을 것이다 (그림 3-2).

그림 3-2 터미네이터 비전

이미지 분할이 사람에게는 쉽지만 컴퓨터에게는 어렵다. 왜 컴퓨터는 어려운지 다음 그림과 함께 살펴보자.

....

18 역주_ power law. 한 수가 다른 수의 거듭제곱으로 표현되는 두 수의 함수적 관계

컴퓨터에게 얼굴은 그저 수많은 숫자에 불과하다.

```
58688888888888889999889898888866653212 1
668888868889899999989999888888886542 1
66665566566689999999999998888888888653
66668899998655688998999888886668665554
66888899998888888889888886665666666543
66888888886868868889998888666688888865
66666443334556688889988666666666668866
66884235221446588899886656446444444666
868644862336646668988665546432124234 5
86666658333685588888866655659381366324
88866686688666866888886658588422485434
8888888888868868888886656668666656544 4
8888888886866688888886655668866668655 5
8888898888888888888888665688868888666 6
888899999899988888888886666888888868886
888899988888888888888865668888888888866
8888899888888886888886665668686886888 88
68888999888888888886888665688888888866
688889999988888888688888655688888888866
6888899988668666888688865656688888888 6
88888888886668888888888656558888888888 6
6888888866656688888889888555555688888886
868688686586688686888886555555588886866
6668886646886685556665544555565688886 6
6668865488888686866655555455666666686 5
886886586888888888866666555566866886 65
68888886666888888898888886666665668666 5
66888888845686888999888886666556866655
66688888862456668866666665443126868665 5
68688889888668969666666556553136686886 55
68888898888668998989988853568889866 55
6868888988886689999999986666666689866 55
688888888888866666888886666666688886665 5
56888888888868689986868655566688886555
3666888888888688888686866668668886666 55
26868888888888888888888888666688688865654
28688888888888888888866866666686866665 55
286666888888888888868668668688886666554 8
```

사람의 시각계는 매우 최적화되어 있다.

사람 얼굴처럼 나온 사물의 사진[19]을 보면서 시각계의 얼굴 인식 최적화를 실험할 수 있다.

어쨌든 문제는 이 숫자들과 이미지의 다른 부분을 나누는 경계가 있는 부분을 이해하는 것이다. 이 문제의 인기 있는 접근 방법은 동일한 세그먼트에 속하는 작은 지역regions (슈퍼 픽셀 superpixel)을 찾아서 조금 더 정교한 규칙에 따라 병합하는 것이다.

예를 들어 버클리 분할 데이터셋[20]에 있는 다음 이미지에서 호랑이를 분할한다고 가정해보자.

군집화 알고리즘의 단순 선형 반복 군집화[21]로 이미지 분할을 시작해보자. 사이킷-이미지 라이브러리에서 사용할 수 있다.

```
url = ('http://www.eecs.berkeley.edu/Research/Projects/CS/vision/'
       'bsds/BSDS300/html/images/plain/normal/color/108073.jpg')
tiger = io.imread(url)

from skimage import segmentation

seg = segmentation.slic(tiger, n_segments=30, compactness=40.0,
                        enforce_connectivity=True, sigma=3)
```

---

19 트위터 Faces in Things. https://twitter.com/facespics

20 Berkeley Segmentation Dataset (BSDS)

21 Simple Linear Iterative Clustering (SLIC). 이미지의 색과 평면 공간에서의 위치 차이를 기반으로 조밀하고 균일하게 군집화하는 기법이다. https://ivrl.epfl.ch/research/superpixels

사이킷–이미지 라이브러리는 단순 선형 반복 군집화의 결과를 시각화하는 데 사용하는 분할 표시 기능이 있다.

```
from skimage import color

io.imshow(color.label2rgb(seg, tiger));
```

위 사진은 세 부분의 호랑이 몸과 그 외의 나머지 부분으로 나뉘어져 있다. 지역 근접 그래프는 모든 노드가 위의 이미지 지역 중 하나를 나타내는 그래프다. 에지는 두 노드가 접촉할 때 연결된다. 사이킷–이미지 라이브러리의 show_rag() 함수를 써보자.

```
from skimage.future import graph

g = graph.rag_mean_color(tiger, seg)
graph.show_rag(seg, g, tiger);
```

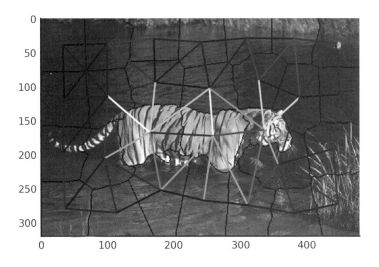

각 세그먼트에 해당하는 노드와 인접한 세그먼트 사이의 에지를 볼 수 있다. 두 노드 간의 색상 차이에 따라 맷플롯립의 YlGnBu(노랑–초록–파랑) 색상맵으로 색상을 지정한다.

위 그림은 분할을 그래프로 표현한 마법을 보여준다. 호랑이 안 노드의 에지가 호랑이 밖 노드의 에지보다 더 밝은 것을 볼 수 있다(높은 값을 갖는다). 이러한 에지를 따라 그래프를 자를 수 있다면 세그먼트를 얻을 수 있다. 색상 기반 분할에 대한 쉬운 예제를 살펴봤지만 더 복잡한 쌍의 관계pairwise relationships가 있는 그래프도 같은 원칙이 적용된다.

3.7 우아한 ndimage : 지역 근접 그래프에서 호랑이 추출하기

넘파이 배열, 이미지 필터링, 제네릭 필터, 그래프 및 지역 근접 그래프에 대해서 살펴봤다. 그림에서 호랑이를 추출해보자.

확실한 접근법은 중첩된 for 문을 사용하여 이미지의 모든 픽셀을 순회하여 이웃하는 픽셀을 확인한 후, 다른 레이블을 확인하는 것이다.

```python
import networkx as nx

def build_rag(labels, image):
    g = nx.Graph()
```

```
    nrows, ncols = labels.shape
    for row in range(nrows):
        for col in range(ncols):
            current_label = labels[row, col]
            if not current_label in g:
                g.add_node(current_label)
                g.node[current_label]['total color'] = np.zeros(3, dtype=np.float)
                g.node[current_label]['pixel count'] = 0
            if row < nrows - 1 and labels[row + 1, col] != current_label:
                g.add_edge(current_label, labels[row + 1, col])
            if col < ncols - 1 and labels[row, col + 1] != current_label:
                g.add_edge(current_label, labels[row, col + 1])
            g.node[current_label]['total color'] += image[row, col]
            g.node[current_label]['pixel count'] += 1
    return g
```

이 코드는 잘 동작하지만 3차원 이미지를 분류하려면 또 다른 코드를 작성해야 한다.

```
import networkx as nx

def build_rag_3d(labels, image):
    g = nx.Graph()
    nplns, nrows, ncols = labels.shape
    for pln in range(nplns):
        for row in range(nrows):
            for col in range(ncols):
                current_label = labels[pln, row, col]
                if not current_label in g:
                    g.add_node(current_label)
                    g.node[current_label]['total color'] = np.zeros(3, dtype=np.float)
                    g.node[current_label]['pixel count'] = 0
                if pln < nplns - 1 and labels[pln + 1, row, col] != current_label:
                    g.add_edge(current_label, labels[pln + 1, row, col])
                if row < nrows - 1 and labels[pln, row + 1, col] != current_label:
                    g.add_edge(current_label, labels[pln, row + 1, col])
                if col < ncols - 1 and labels[pln, row, col + 1] != current_label:
                    g.add_edge(current_label, labels[pln, row, col + 1])
                g.node[current_label]['total color'] += image[pln, row, col]
                g.node[current_label]['pixel count'] += 1
    return g
```

이 코드는 다차원에 대한 확장성이 없다. 인접한 픽셀을 대각선으로 계산한다면 코드가 더 복잡해진다(예 : [row, col]의 인접한 픽셀은 [row + 1, col + 1]이다). 또한 3D 비디오를 분석할 때 또 다른 차원의 중첩 수준이 필요하다. 이 방법은 복잡하다.

이번 장 처음 글상자에서 본 비네시의 통찰력을 사용한다. 사이파이의 generic_filter() 함수는 이미 이러한 반복을 수행한다. 넘파이 배열 모든 요소의 이웃에 대해 임의로 복잡한 함수를 계산하는 데 이 함수를 사용했다. 함수에서 필터링된 이미지를 제외한 그래프를 얻고자 한다. generic_filter() 함수의 필터 함수에 추가 인수를 전달하여 그래프를 작성할 수 있다.

```python
import networkx as nx
import numpy as np
from scipy import ndimage as ndi

def add_edge_filter(values, graph):
    center = values[len(values) // 2]
    for neighbor in values:
        if neighbor != center and not graph.has_edge(center, neighbor):
            graph.add_edge(center, neighbor)
    # 반환값은 사용되지 않지만, generic_filter() 함수에서 필요하다.
    return 0.0

def build_rag(labels, image):
    g = nx.Graph()
    footprint = ndi.generate_binary_structure(labels.ndim, connectivity=1)
    _ = ndi.generic_filter(labels, add_edge_filter, footprint=footprint,
                    mode='nearest', extra_arguments=(g,))
    for n in g:
        g.node[n]['total color'] = np.zeros(3, np.double)
        g.node[n]['pixel count'] = 0
    for index in np.ndindex(labels.shape):
        n = labels[index]
        g.node[n]['total color'] += image[index]
        g.node[n]['pixel count'] += 1
    return g
```

위 코드의 장점은 아래와 같다.

- ndi.generic_filter() 함수는 배열 이웃 요소와 같이 배열 요소를 순회한다(단순한 배열 인덱스를 순회하려면 numpy.ndindex 모듈을 사용한다).
- ndi.generic_filter() 함수의 반환값은 부동소수점이어야 하므로 필터 함수는 "0.0"을 반환한다. 필터 출력(모든 0 값)은 무시되고, 그래프의 에지에 추가된 부수효과(side effect)에서만 사용된다.

- 반복문은 여러 단계로 중첩되지 않는다. 더 적은 코드로 쉽게 처리할 수 있다.

- 1차원, 2차원, 3차원... 또는 8차원 이미지에서도 똑같이 동작한다.

- 대각선 연결을 지원하려면 연결(connectivity) 매개변수를 scipy.ndi.generate_binary_structure 매개변수로 변경한다.

3.8 평균 색상 분할

이미지에서 호랑이를 구분하는 데 이번 장에서 배운 것을 종합하여 사용해보자.

```
g = build_rag(seg, tiger)
for n in g:
    node = g.node[n]
    node['mean'] = node['total color'] / node['pixel count']
for u, v in g.edges():
    d = g.node[u]['mean'] - g.node[v]['mean']
    g[u][v]['weight'] = np.linalg.norm(d)
```

각 에지는 각 세그먼트의 평균 색상 차이를 유지한다. 그래프의 임곗값을 설정해보자.

```
def threshold_graph(g, t):
    to_remove = [(u, v) for (u, v, d) in g.edges(data=True)
                if d['weight'] > t]
    g.remove_edges_from(to_remove)
threshold_graph(g, 80)
```

마지막으로 2장에서 본 넘파이의 인덱스와 배열의 트릭을 사용한다.

```
map_array = np.zeros(np.max(seg) + 1, int)
for i, segment in enumerate(nx.connected_components(g)):
    for initial in segment:
        map_array[int(initial)] = i
segmented = map_array[seg]
plt.imshow(color.label2rgb(segmented, tiger));
```

지역 근접 그래프에 대한 예제를 이용해서 사이파이와 NetworkX 라이브러리에 대해서 살펴봤다. NetworkX 라이브러리 함수 중에 많은 함수는 사이킷−이미지 라이브러리에서 사용할 수 있다. 이미지 분석에 관심이 있다면 이 함수에 대해 조금 더 살펴보자.

## CHAPTER 4

주파수와 고속 푸리에 변환

우주의 비밀을 알고 싶다면 에너지, 주파수, 진동을 생각하라.

– 니콜라 테슬라

이번 장은 극초단파microwave 전문가인 피터 반 더 왈트와 공동 집필했다.

이번 장 일부는 다른 장과 다르게 코드가 조금 짧다. 4장에서는 아주 유용한 고속 푸리에 변환Fast Fourier Transform, FFT이라는 우아한 알고리즘을 설명한다. 넘파이 배열로 사이파이에서 구현할 수 있다.

4.1 주파수

먼저 몇 가지 그래프 스타일을 설정하고 넘파이 라이브러리를 임포트한다.

```
# 그래프를 바로 표시하고, 사용자 정의 스타일을 적용한다.
%matplotlib inline
import matplotlib.pyplot as plt
plt.style.use('style/elegant.mplstyle')

import numpy as np
```

이산 푸리에 변환[1]은 시간 또는 공간 데이터를 주파수 도메인 데이터로 변환하는 데 사용하는 수학적 기법이다. 주파수는 일상에서 친숙한 단어다. 헤드폰이 울리는 가장 낮은 음은 약 20Hz며, 피아노의 중간 '도' 음은 약 261.6Hz다. Hz는 문자 그대로 헤드폰 내부 진동판이 앞뒤로 움직이는 초당 횟수를 나타낸다. 진동이 고막에 도달했을 때 같은 주파수에서 진동을 유발하는 압축 공기 파동pulse을 차례로 생성한다. 따라서 간단한 주기 함수 $\sin(10 \times 2\pi t)$를 취하면 이를 파동으로 볼 수 있다.

```python
f = 10  # 주파수. Hz(초당 진동 주기 혹은 헤르츠)
f_s = 100  # 샘플링 속도 혹은 초당 측정 횟수

t = np.linspace(0, 2, 2 * f_s, endpoint=False)
x = np.sin(f * 2 * np.pi * t)

fig, ax = plt.subplots()
ax.plot(t, x)
ax.set_xlabel('시간 [초]')
ax.set_ylabel('신호 진폭');
```

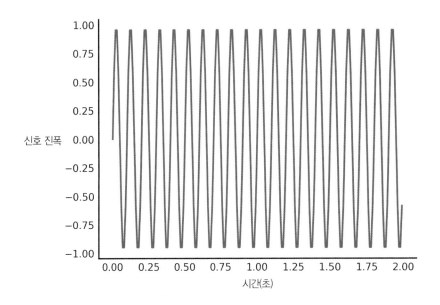

---

1 Discrete Fourier Transform, DFT. 연속 함수에 대해 정의된 표준 푸리에 변환과는 다르게 이산적인 입력 신호에 대한 푸리에 변환이다. 디지털 신호 분석과 같은 분야에 사용된다.

또는 위 그림과 같이 10Hz의 반복 신호로 생각할 수 있다(1/10초마다 한 번 반복된다. 이것은 주기라고 하는 시간의 길이다). 주파수는 시간과 연관되어 있는 것처럼 공간에도 똑같이 적용할 수 있다. 예를 들어 직물 패턴의 사진은 높은 공간 주파수를 나타내는 반면, 하늘과 같은 다른 매끄러운 물체는 낮은 공간 주파수를 갖는다. 이산 푸리에 변환의 적용한 결과인 sin 곡선을 살펴보자.

```python
from scipy import fftpack

X = fftpack.fft(x)
freqs = fftpack.fftfreq(len(x)) * f_s

fig, ax = plt.subplots()

ax.stem(freqs, np.abs(X))
ax.set_xlabel('주파수 [Hz]')
ax.set_ylabel('주파수 도메인 (스펙트럼) 크기')
ax.set_xlim(-f_s / 2, f_s / 2)
ax.set_ylim(-5, 110)
```

(-5, 110)

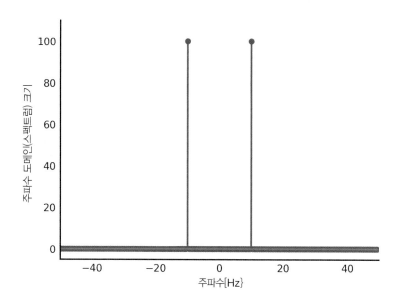

고속 푸리에 변환의 결과는 입력과 같은 모양의 1차원 배열이다. 위 그림의 두 값을 제외한 모든 값은 0이다. 일반적으로 결과 크기는 막대 그래프로 시각화된다. 각 막대의 높이는 기본값에 해당한다.

(132쪽 '이산 푸리에 변환'에서 양수와 음수가 나타나는 이유에 대해서 설명한다. 이에 대한 자세한 내용은 해당 글상자를 참조한다.)

푸리에 변환을 이용하여 시간에서 주파수 영역으로 변환한 많은 애플리케이션이 있다. 고속 푸리에 변환은 이산 푸리에 변환을 계산하는 알고리즘이다. 고속이라는 말이 붙는 이유는 진행 계산 결과를 저장하고 재사용하기 때문이다.

고속 푸리에 변환은 1차원 데이터뿐만 아니라 다차원 데이터 측정에 사용되어 많은 분야에 적용되어 있다. 몇 가지 이산 푸리에 변환의 애플리케이션을 살펴보자.

4.2 새소리 스펙트로그램

시간 경과에 따른 공기압의 변화로 이루어지는 소리 신호를 스펙트로그램^{spectrogram}으로 변환해 보자. 음악 재생 프로그램의 이퀄라이저 뷰 혹은 오래된 오디오에서 스펙트로그램을 봤을 것이다(그림 4-1).

그림 4-1 Numark EQ2600 스트레오 이퀄라이저(http://bit.ly/2s9jRnq)(Sergey Gerasimuk)

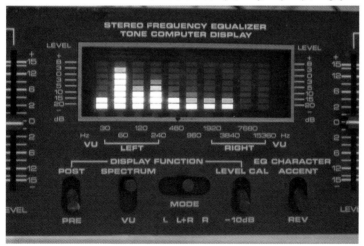

아래의 코드로 나이팅게일nightingale 새소리[2]를 들어보자.

```
from IPython.display import Audio

Audio('data/nightingale.wav')
```

이 소리를 상상해보자. "치-치-우르르르-히-히 휫-후르르-치르르-휘-훼오-훼오-훼오-
훼오-훼오"와 같은 소리다.

새에 대해서 모르는 사람이 많기 때문에 '신호'라는 알려진 측정값을 시각화하면 가장 좋다.

샘플링 속도(초당 측정 횟수)를 제공하는 오디오 파일을 불러온다. 오디오 데이터는 스테레오
녹음이므로 두 열을 갖는 (N, 2) 모양의 배열이다.

```
from scipy.io import wavfile

rate, audio = wavfile.read('data/nightingale.wav')
```

왼쪽과 오른쪽 채널의 평균을 구하여 모노로 변환한다.

```
audio = np.mean(audio, axis=1)
```

오디오 길이를 계산하고 그래프로 나타낸다.

```
N = audio.shape[0]
L = N / rate

print(f'오디오 길이 : {L:.2f} 초')

f, ax = plt.subplots()
ax.plot(np.arange(N) / rate, audio)
```

....

2 http://bit.ly/2s9Pq0b . 크리에이티브 커먼즈 라이선스 4.0

```
ax.set_xlabel('시간 [초]')
ax.set_ylabel('진폭');
```

오디오 길이 : 7.67 초

그림 4-2 나이팅게일 새 소리의 오디오 파형

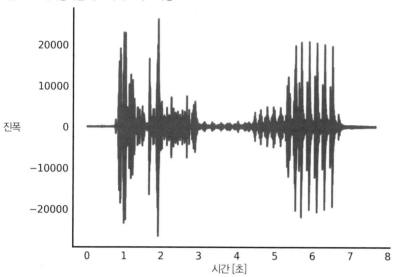

만족스러운 결과가 나왔다. 이 전압^{voltage}을 스피커에 보낸다면 새가 노래하는 소리를 들을 수도 있지만, 이것이 어떻게 들릴지 상상할 수 없다. 어떻게 이 새 소리를 잘 표현할 수 있을까?

이산 푸리에 변환을 이용해보자. 이산 푸리에 변환은 시간 간격의 소리 측정으로 구성된 녹음을 의미한다. 자기 테이프(카세트)와 같은 연속 녹음과는 대조적이다. 이산 푸리에 변환은 이산 푸리에 변환 자신을 참조하는 데 비공식적으로 사용되는 이름인 고속 푸리에 변환 알고리즘을 사용해 계산한다. 그리고 신호에서 어떤 주파수 또는 음^{note}이 나올 것인지 알려준다.

새는 노래 전반에 걸쳐 많은 음을 낸다. 각 음들은 언제 나올까? 푸리에 변환은 시간 영역의 신호(시간 경과에 따른 일련의 측정치)를 취하여 스펙트럼으로 전환한다. 스펙트럼은 신호값(복소수[3])에 해당하는 주파수셋이다. 스펙트럼에는 시간에 대한 정보가 포함되어 있지 않다[4].

음이 불려지는 빈도와 시간을 찾으려면 다소 영리한 전략을 세워야 한다. 오디오 신호를 취해서 작고 겹치는 조각으로 나눈 후, 각각 고속 푸리에 변환을 적용한다.

신호를 1024개의 샘플 조각으로 나눈다. 한 조각은 약 0.02초다. 1000개가 아닌 1024개를 선택한 이유는 성능 검사를 할 때 잠깐 설명한다. 샘플 조각은 다음 그림과 같이 100개의 샘플 조각으로 겹쳐 있다.

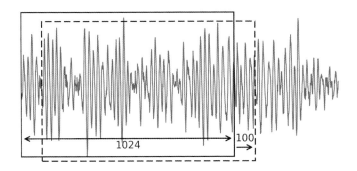

신호를 1024개의 샘플 조각으로 잘라서 시작한다. 각 조각은 이전 100개의 샘플과 겹쳐 있다. slice 변수는 행당 하나의 조각을 포함한다.

```
from skimage import util

M = 1024

slices = util.view_as_windows(audio, window_shape=(M,), step=100)
print(f'오디오 모양: {audio.shape}, 조각된 오디오 모양: {slices.shape}')
```

```
오디오 모양: (338081,), 조각된 오디오 모양: (3371, 1024)
```

---

3 푸리에 변환은 다양한 주파수의 sin 곡선 집합을 결합하여 입력 신호를 형성하는 방법을 알려준다. 스펙트럼은 복소수(complex numbers. 실수와 허수의 합의 꼴로 나타내는 수)로 구성되고, 각 sin 곡선은 하나의 복소수다. 복소수는 크기와 각도 두 가지를 인코딩한다. 크기는 신호의 sin 곡선의 강도이며, 각도는 시간에 따른 이동 거리를 나타낸다. 이 장에서는 넘파이의 np.abs() 함수를 사용하여 계산한 크기를 사용한다.

4 주파수와 음의 발생 시간을 계산하는 기술에 대한 자세한 내용은 웨이블릿(wavelet) 분석을 검색해본다.
https://ko.wikipedia.org/wiki/웨이블릿

윈도우 함수(137쪽 '윈도윙' 참조)를 만들어 신호와 곱한다.

```
win = np.hanning(M + 1)[:-1]
slices = slices * win
```

열마다 조각이 하나여야 편하므로 전치를 취한다.

```
slices = slices.T
print('조각(slices) 모양 :', slices.shape)
```

```
조각(slices) 모양 : (1024, 3371)
```

각 슬라이스에 대해서 양수와 음수의 주파수를 반환하는 이산 푸리에 변환을 계산한다(4.6.1 절 '주파수와 순서' 참조). 양의 M2 주파수를 슬라이스한다.

```
spectrum = np.fft.fft(slices, axis=0)[:M // 2 + 1:-1]
spectrum = np.abs(spectrum)
```

사이파이의 scipy.fftpack.fft() 함수와 넘파이의 np.fft.fft() 함수를 바꿔 사용할 수 있다. 넘 파이는 기본적인 fft() 함수를 제공하고, 사이파이는 더 확장된 함수를 제공한다. 두 라이브러 리의 함수는 포트란 FFTPACK에 기반한 fft() 함수를 포함한다.

스펙트럼에는 매우 큰 값과 작은 값이 모두 포함될 수 있어서 log를 취하여 스펙트럼의 범위를 좁힌다.

신호 비율을 최대 신호로 나눈 log 그래프를 그려보자(그림 4-3). 비율에 사용되는 특정 단위 는 데시벨decibel과 20log10(진폭 비율)이다.

```
f, ax = plt.subplots(figsize=(4.8, 2.4))

S = np.abs(spectrum)
S = 20 * np.log10(S / np.max(S))

ax.imshow(S, origin='lower', cmap='viridis',
          extent=(0, L, 0, rate / 2 / 1000))
ax.axis('tight')
```

```
ax.set_ylabel('주파수 [kHz]')
ax.set_xlabel('시간 [초]');
```

그림 4-3 새소리 스펙트로그램

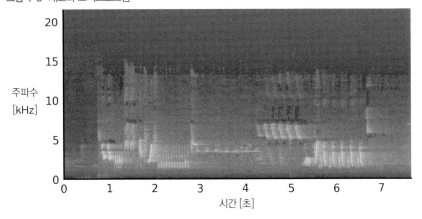

훨씬 더 좋아졌다. 이제 주파수가 시간에 따라 변하는 것을 볼 수 있다. 그리고 스펙트로그램은 오디오가 소리내는 방식과 일치한다. "치-치-우르르르-히-히 휫-후르르-치르르-휘-훼오-훼오-훼오-훼오-훼오"가 맞는지 확인해보자(3~5초에 나타나는 또 다른 새소리는 반영하지 않았다).

사이파이는 스펙트로그램을 구현하는 scipy.signal.spectrogram() 함수를 제공한다.

```
from scipy import signal

freqs, times, Sx = signal.spectrogram(audio, fs=rate, window='hanning',
                                        nperseg=1024, noverlap=M - 100,
                                        detrend=False, scaling='spectrum')

f, ax = plt.subplots(figsize=(4.8, 2.4))
ax.pcolormesh(times, freqs / 1000, 10 * np.log10(Sx), cmap='viridis')
ax.set_ylabel('주파수 [kHz]')
ax.set_xlabel('시간 [초]');
```

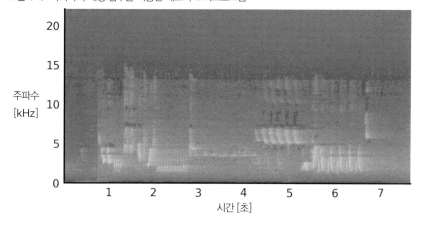

그림 4-4 사이파이 내장 함수를 이용한 새소리 스펙트로그램

수동으로 만든 스펙트로그램과 사이파이의 스펙트로그램의 차이점이 있다. 사이파이는 스펙트럼 크기의 제곱(측정된 전압을 에너지로 변환)을 반환하고, 몇 가지 정규화 요소[5]로 곱한다.

4.3 푸리에 변환 역사

푸리에 변환의 정확한 기원을 추적하는 것은 어렵다. 일부 관련 내용은 바빌로니아 시대까지 거슬러 올라간다. 이것은 소행성의 궤도를 계산하고, 열 (흐름) 방정식을 푸는 인기 있는 주제였다. 열 방정식은 1800년대 몇 가지 돌파구를 이끌었다. 고속 푸리에 변환에 대해서 클레어트, 라그랑주, 오일러, 가우스, 달랑베르 중 누구에게 감사해야 되는지 명확하지 않지만, 가우스는 고속 푸리에 변환(1965년 쿨리와 터키가 대중화 한 이산 푸리에 변환을 계산하는 알고리즘)을 처음으로 설명했다. 이를 푸리에 변환으로 명명한 조제프 푸리에는 먼저 임의의 주기적인[6] 함수가 삼각 함수의 합으로 표현될 수 있다고 주장했다.

---

5 사이파이는 스펙트럼에서 에너지를 보존하기 위해 노력한다. 짝수 N 성분의 절반을 취할 때 첫 번째와 마지막 성분을 제외한 나머지 성분에 2(첫 번째와 마지막 성분은 스펙트럼의 두 절반으로 '공유'된다)를 곱한다. 사이파이는 또한 윈도우를 합계로 나눠서 윈도우를 정규화한다.

6 이 기간은 무한할 수도 있다. 일반적인 연속 푸리에 변환은 이러한 가능성을 제공한다. 이산 푸리에 변환은 일반적으로 유한 간격으로 정의되며, 이것은 암묵적으로 변환되는 시간 영역 함수의 기간이다. 즉, 역 이산 푸리에 변환을 수행하면 항상 주기적인 신호가 출력된다.

4.4 푸리에 변환 구현

사이파이의 이산 푸리에 변환 함수는 scipy.fftpack 모듈에 있다. 다음과 같은 이산 푸리에 변환 함수를 제공한다.

- **fft, fft2, fftn**

  1, 2 혹은 n차원의 고속 푸리에 변환 알고리즘을 사용하여 이산 푸리에 변환을 계산한다.

- **ifft, ifft2, ifftn**

  역 이산 푸리에 변환을 계산한다.

- **dct, idct, dst, idst**

  cos 변환, 역 cos 변환, sin 변환, 역 sin 변환을 계산한다.

- **fftshift, ifftshift**

  0-주파수 성분을 스펙트럼의 중심으로 이동하거나 뒤로 이동한다(이번 장 뒤에서 자세한 내용을 살펴본다).

- **fftfreq**

  이산 푸리에 변환 샘플 주파수를 반환한다.

넘파이의 아래 함수로 위의 사이파이 함수를 보완한다.

- **테이퍼드(Tapered) 윈도우 함수들**

  np.hanning, np.hamming, np.bartlett, np.blackman, np.kaiser

이산 푸리에 변환은 입력이 큰 고속 합성곱을 수행하는데, 이때 scipy.signal.fftconvolve() 함수를 사용한다.

사이파이는 포트란 FFTPACK 라이브러리를 래핑^{wrapping}한다. FFTPACK 라이브러리는 FFTW 패키지와 같은 빠른 속도는 아니지만 퍼미시브 자유 소프트웨어 라이선스다.

4.5 이산 푸리에 변환 길이 선택하기

순수 이산 푸리에 변환의 시간 복잡도는 $O(N^2)$[7]이다. 서로 다른 주파수($2\pi f \times 0$, $2\pi f \times 1$; $2\pi f \times 3$, ..., $2\pi f \times (N - 1)$)의 N 복소수 sin 곡선이 있다고 하자. 한 신호가 각 주파수에 얼마나 강하게 반응하는지 보자. 먼저 신호의 내적을 구한다(신호 자체에 N 곱셈 연산을 수행한다). 이 작업을 N번 반복한 다음, 각 sin 곡선에 대해 N^2 연산을 수행한다.

계산 결과를 영리하게 재사용하는 $O(N \log N)$ 시간 복잡도의 고속 푸리에 변환과는 대조적이다. 그러나 FFTPACK(사이파이에서 사용)에서 구현된 대표적인 쿨리–터키 알고리즘$^{Cooley–Tukey\ algorithm}$은 푸리에 변환을 반복적으로 더 작은 조각(소수 크기)으로 분해하여 '부드러운' 입력 길이에 대해서만 향상된 모습을 보여준다([그림 4-5]처럼 입력 길이는 가장 큰 소수 요소의 크기가 작을 때 부드럽게 간주된다). 소수가 큰 경우 블루–스타인$^{Blue–stein}$ 또는 레이더^{Rader} 알고리즘을 쿨리–터키 알고리즘과 함께 사용할 수 있지만, FFTPACK에는 이에 대한 최적화 구현이 되어 있지 않다[8].

```
import time
from scipy import fftpack
from sympy import factorint

K = 1000
lengths = range(250, 260)

# 모든 입력 길이의 부드러움(smoothness)을 계산한다.
smoothness = [max(factorint(i).keys()) for i in lengths]

exec_times = []
for i in lengths:
    z = np.random.random(i)
```

----

7 컴퓨터 과학에서 알고리즘 계산 비용은 빅오(Big O) 표기법으로 나타낸다. 시간 복잡도는 입력값 개수에 따라 알고리즘의 실행 시간이 어떻게 증가하는지 보여준다. 알고리즘의 시간 복잡도가 $O(N)$인 경우, 실행 시간은 입력값의 개수에 따라 선형적으로 증가한다(예를 들어 정렬되지 않은 리스트에서 주어진 값을 검색하는 시간 복잡도는 $O(N)$이다. 거품 정렬은 $O(N^2)$ 알고리즘의 예다. 알고리즘이 수행되는 연산의 수는 $N + \frac{1}{2}N^2$이라고 가정해보자. 이는 입력값의 수와 함께 제곱으로 증가한다는 것을 의미한다(시간 복잡도를 $O(N^2)$으로 표기한다).

8 이상적으로 기존 알고리즘을 구현하는 것은 어려운 일이다. 하지만 최대한 가능한 실행 속도를 끌어올리는 데 CPython(http://cython.org)과 넘바(http://numba.pydata.org) 같은 도구를 사용한다. CPython은 파이썬을 C로 컴파일한다. 혹은 넘바는 파이썬 코드의 JIT(Just-In-Time) 컴파일을 수행하여 작업을 쉽고 빠르게 처리한다. GPL 라이선스 소프트웨어를 사용할 수 있다면 PyFFTW(https://github.com/hgomersall/pyFFTW)를 사용해보자.

```
# 각 입력 길이 i에 대해서 고속 푸리에 변환을 K번 실행하고
# 실행 시간을 저장한다.
times = []
for k in range(K):
    tic = time.monotonic()
    fftpack.fft(z)
    toc = time.monotonic()
    times.append(toc - tic)

# 각 입력 길이에 대한 '최소' 실행 시간을 추가한다.
exec_times.append(min(times))

f, (ax0, ax1) = plt.subplots(2, 1, sharex=True)
ax0.stem(lengths, np.array(exec_times) * 10**6)
ax0.set_ylabel('실행 시간 (μs)')

ax1.stem(lengths, smoothness)
ax1.set_ylabel('입력 길이의 부드러움\n(작을 수록 부드럽다)')
ax1.set_xlabel('입력 길이');
```

그림 4-5 이산 푸리에 변환 실행 시간 vs 서로 다른 입력 길이에 대한 부드러움

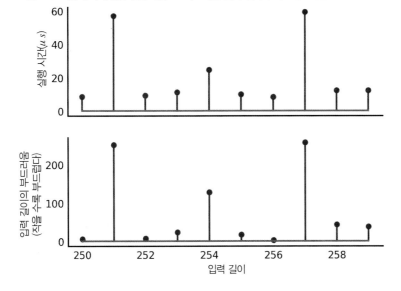

지정한 입력 길이 변수 lengths에 이산 푸리에 변환을 적용하여 여러 작은 조각으로 나눌 수 있어서 직관적이다. 첫 번째 조각에서 푸리에 변환을 계산한 후, 계속되는 계산에서 이 결과

를 다시 사용할 수 있다. 바로 이것이 오디오 조각의 길이를 1,024로 선택한 이유다. N^2 = 1,048,576 대신 $\frac{N}{2} \log_2 N$ = 5,120 복소 곱셈만을 사용한 이산 푸리에 변환을 계산하는 최적화된 '래딕스-2 쿨리-터키' 알고리즘의 결과는 2의 부드러움을 갖는다. $N = 2^m$을 선택하면 항상 최대 부드러운 N을 보장한다(그래서 가장 빠른 고속 푸리에 변환이라 한다).

4.6 기타 이산 푸리에 변환 개념

무거운 푸리에 변환을 수행하기 전에 푸리에 변환의 몇 가지 공통 개념을 살펴보자. 그런 다음 레이더 데이터에서 목표물 탐지를 분석하는 현실 문제를 풀어보자.

4.6.1 주파수와 순서

일반적으로 대부분의 구현은 주파수가 낮은 곳에서 높은 곳, 또 낮은 곳으로 변하는 배열을 반환한다(주파수에 대한 자세한 설명은 132쪽 '이산 푸리에 변환'을 참조한다). 예를 들어 어떤 한 신호의 실수 푸리에 변환을 수행할 때 편차가 없는 상수 푸리에 성분(직류$^{DC : Direct Current}$ 성분 – '신호의 평균'에 대한 전자 용어)이 먼저 등장한다.

```
from scipy import fftpack

N = 10
fftpack.fft(np.ones(N))  # 첫 번째 요소(성분)는 np.mean(x) * N이다.
```

```
array([ 10.+0.j,   0.+0.j,   0.+0.j,   0.+0.j,   0.+0.j,   0.+0.j,
         0.-0.j,   0.-0.j,   0.-0.j,   0.-0.j])
```

빨리 변하는 신호에서 고속 푸리에 변환을 수행하면 고주파 성분이 나타난다.

```
z = np.ones(10)
z[::2] = -1

print(f'고속 푸리에 변환 적용 : {z}')
fftpack.fft(z)
```

```
고속 푸리에 변환 적용 : [-1.  1. -1.  1. -1.  1. -1.  1. -1.  1.]
array([  0.+0.j,   0.+0.j,   0.+0.j,   0.+0.j,   0.+0.j, -10.+0.j,
         0.-0.j,   0.-0.j,   0.-0.j,   0.-0.j])
```

고속 푸리에 변환은 실수 입력의 경우 공액 대칭^{conjugate symmetry}(여기서는 실수부에서 대칭이고 허수부에서 비대칭이다)인 복소수 스펙트럼을 반환한다.

```
x = np.array([1, 5, 12, 7, 3, 0, 4, 3, 2, 8])
X = fftpack.fft(x)

np.set_printoptions(precision=2)

print("실수부 : ", X.real)
print("허수부 : ", X.imag)

np.set_printoptions()
```

```
실수부 : [ 45.    7.09 -12.24  -4.09 -7.76  -1.    -7.76  -4.09 -12.24   7.09]
허수부 : [  0.  -10.96  -1.62  12.03   6.88   0.   -6.88 -12.03   1.62  10.96]
```

첫 번째 요소는 np.mean(x) * N이라는 것을 명심한다.

fftfreq() 함수는 주파수를 구체적으로 알려준다.

```
fftpack.fftfreq(10)
```

```
array([ 0. ,  0.1,  0.2,  0.3,  0.4, -0.5, -0.4, -0.3, -0.2, -0.1])
```

최대 성분은 샘플당 0.5주기의 주파수에서 발생한다. 이것은 −1, +1주기가 두 번째 샘플마다 반복되는 입력과 일치한다.

때때로 높은 음수에서 낮은 양수로, 낮은 양수에서 높은 음수로(현재 음의 주파수에 대한 개념에 대해 깊이 다루지 않는다. 실제 sin 함수파는 양수와 음수의 조합으로 생성된다.) 약간 다르게 구성된 스펙트럼을 보는 것이 편하다. reshuffle() 함수를 사용하여 스펙트럼을 재구성한다.

이산 푸리에 변환

이산 푸리에 변환은 같은 자리의 실수 N 시퀀스 또는 복소수 샘플 $x_0, x_1, ... x_{N-1}$에 대한 시간 함수 $x(t)$ 또는 애플리케이션에 의존하는 또 다른 변수를 다음과 같이 수식된 요약에 의해 N 복소수 시퀀스 X_k로 변환한다.

$$X_k = \Sigma_{n=0}^{N-1} x_n e^{-j2\pi kn/N}, \ k = 0, 1, ... > N - 1$$

역 이산 푸리에 변환은 위에서 구한 X_k값을 활용하여 샘플값 x_n을 복구한다.

$$x_n = \frac{1}{N} \Sigma_{k=0}^{N-1} X_k e^{j2\pi kn/N}$$

$e^{j\theta} = cos\ \theta + j\ sin\ \theta$ 공식을 염두에 두자. 마지막 방정식은 이산 푸리에 변환이 시퀀스 x_n을 계수 X_k가 있는 복소수의 이산 푸리에 급수로 분해했다는 것을 보여준다. 이산 푸리에 변환과 연속 복소수 푸리에 급수를 비교해보자.

$$x(t) = \Sigma_{n=-\infty}^{\infty} c_n e^{jn\omega_0 t}$$

이산 푸리에 변환은 0을 포함하고 2π를 제외한 $[0, 2\pi)$ 구간에서 $(\omega_0 t_n) = 2\pi \frac{K}{N}$ 각도의 연속되지 않은 같은 자리의 경우에서 N항이 정의된 유한 급수다. $[0, 2\pi)$ 구간은 변환 혹은 역변환에서 시간이 명시적으로 나타나지 않아서 이산 푸리에 변환을 자동으로 정규화한다.

만약 원본 $x(t)$ 함수가 샘플링 주파수의 절반 이하의 주파수로 제한된다면(나이퀴스트^{Nyquist} 주파수라고 함) 역 이산 푸리에 변환에 의해 생성된 샘플값 사이의 보간^{interpolation}을 이용해서 신뢰할 만한 재구성된 $x(t)$ 함수를 얻을 수 있다. $x(t)$ 함수가 이와 같이 제한되지 않는다면, 역 이산 푸리에 함수는 일반적으로 보간법에 의한 $x(t)$ 함수를 재구성하는 데 사용할 수 없다. 이 제한은 이러한 재구성을 수행할 수 있는 방법이 없다는 것을 의미하지는 않는다(압축 감지 기술 또는 유한 갱신율^{finite rate of innovation} 샘플링 예제를 참고한다).

$e^{j2\pi k/N} = (e^{j2\pi/N})^k = w^k$ 함수는 복소 평면의 원 단위에서 0과 $2\pi \frac{N-1}{N}$ 사이의 별개의(이산) 값을 취한다. $e^{j2\pi kn/N} = w^{kn}$ 함수는 원점을 $n\frac{N-1}{N}$번을 둘러싸서 $n = 1$인 기본 sin 곡선의 고조파^{harmonics}를 생성한다.

이 책에서 이산 푸리에 변환을 정의한 방식은 N이 짝수이고 $n > \frac{2}{N}$일 때 몇 가지 미묘한 점이 있다⁹. $e^{j2\pi kn/N}$ 함수는 [그림 4-6]에서 $N = 16$이고 $n = 1$에서 $n = N - 1$인 경우, k의 증갓값을 그

---

9 N이 홀수인 경우의 상황은 연습문제로 남겨둔다. 이번 장에서의 모든 예제는 짝수−차원(even-order)의 이산 푸리에 변환을 사용한다.

린다. k가 k에서 $k + 1$로 증가할 때 각도는 $\frac{2\pi n}{N}$ 만큼 증가한다. $n = 1$일 때 각도는 $\frac{2\pi n}{N}$ 증가한다. $n = N - 1$일 때 각도는 $2\pi \frac{N-1}{N} = 2\pi - \frac{2\pi}{N}$ 만큼 증가한다. 2π는 정확히 한 번 원을 그리기 때문에 증갓값^{step}은 $\frac{2\pi}{N}$와 같다. 즉, 이것은 음의 주파수 방향이다. $\frac{N}{2}$ 까지의 성분은 양의 주파수 성분을 나타내며, $\frac{N}{2}$ 이상 $N - 1$까지의 성분은 음의 주파수를 나타낸다. N이 짝수일 때 $\frac{N}{2}$ 성분의 각도 증가는 각 k의 증가에 대해 정확한 반원을 그린다. 따라서 이 각도의 증가는 양 또는 음의 주파수로 해석할 수 있다. 이러한 이산 푸리에 변환의 성분은 나이퀴스트 주파수(샘플링 주파수의 절반)를 나타내며, 이산 푸리에 변환의 그림을 볼 때 성분 자신의 방향 위치를 아는 데 유용하다.

고속 푸리에 변환은 이산 푸리에 변환을 계산하는 간단하고 효율적인 알고리즘이다. 순수 이산 푸리에 변환의 시간 복잡도는 $O(N^2)$이지만, 고속 푸리에 변환의 시간 복잡도는 $O(N \log N)$이다. 고속 푸리에 변환은 실시간 애플리케이션에서 이산 푸리에 변환을 광범위하게 사용하는 핵심적인 기술이었고, 2000년의 전기 전자 기술자 협회^{IEEE} 학술지 『사이언스 & 엔지니어링의 컴퓨팅$^{\text{Computing in Science \& Engineering}}$』에서 선정한 20세기 상위 10대 알고리즘에 포함되었다.

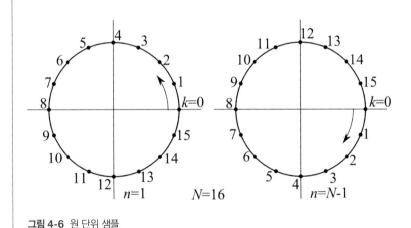

그림 4-6 원 단위 샘플

잡음이 많은 이미지의 주파수 성분을 살펴보자(그림 4-7). 정적 이미지는 시간이 변하는 성분이 없지만 그 성분 값은 공간에 따라 다르게 변한다. 이산 푸리에 변환은 두 경우 모두 동일하게 적용된다.

먼저 이미지를 불러온다.

```
from skimage import io

image = io.imread('images/moonlanding.png')
M, N = image.shape
f, ax = plt.subplots(figsize=(4.8, 4.8))

ax.imshow(image)

print((M, N), image.dtype)
```

```
(474, 630) uint8
```

그림 4-7 달 착륙 잡음 이미지

위 이미지가 선명하지 않다. 측정 혹은 전송 장비에 의해 분명히 왜곡되어 있지만, 위 그림은 실제 사진이다.

고속 푸리에 변환을 계산하는 fftn() 함수를 사용해 이미지 스펙트럼을 살펴보자(1차원보다 크기 때문에 fft() 함수 대신 사용한다). 2차원 고속 푸리에 변환은 행 전체의 1차원 고속 푸리에 변환을 취한 후, 열 전체의 고속 푸리에 변환을 취하는 것과 같다. 그 반대의 경우도 마찬가지다.

```
F = fftpack.fftn(image)

F_magnitude = np.abs(F)
F_magnitude = fftpack.fftshift(F_magnitude)
```

다시 말하면 그림을 표시하기 전에 값의 범위를 압축하고자 스펙트럼에 log를 취한다.

```
f, ax = plt.subplots(figsize=(4.8, 4.8))

ax.imshow(np.log(1 + F_magnitude), cmap='viridis',
          extent=(-N // 2, N // 2, -M // 2, M // 2))
ax.set_title('스펙트럼 크기');
```

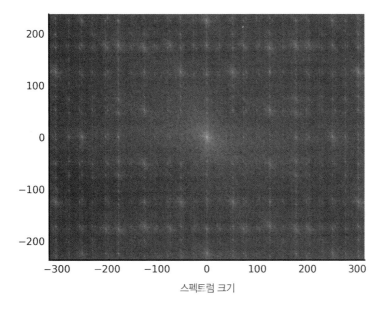

스펙트럼 크기

스펙트럼의 원점(가운데) 주변의 높은 값을 살펴보자. 이 계수coefficient는 이미지의 저주파 또는 부드러운 부분, 사진의 희미한 캔버스를 나타낸다. 스펙트럼 전반에 퍼져있는 고주파 성분은 가장자리와 세부 내용을 채운다. 고주파 주변의 정점peak은 주기적인 잡음에 속한다.

사진에서 잡음(측정물)이 매우 주기적임을 볼 수 있다. 스펙트럼의 정점 부분을 0으로 만들어 잡음을 제거할 수 있다(그림 4-8).

정점 부분이 억제된 이미지는 전혀 다른 것처럼 보인다.

```
# 스펙트럼 중심 주변 부분의 블록을 0으로 설정한다.
K = 40
F_magnitude[M // 2 - K: M // 2 + K, N // 2 - K: N // 2 + K] = 0

# 98번째 백분위 수보다 높은 모든 정점을 찾는다.
peaks = F_magnitude < np.percentile(F_magnitude, 98)

# 원본 스펙트럼에 맞게 정점을 이동한다.
peaks = fftpack.ifftshift(peaks)

# 원본(복소수) 스펙트럼의 복사본을 만든다.
F_dim = F.copy()

# 정점 계수를 0으로 설정한다.
F_dim = F_dim * peaks.astype(int)

# 역 푸리에 변환을 실행하여 다시 이미지로 돌아간다.
# 시작한 이미지의 실제 결과 부분만 본다.
image_filtered = np.real(fftpack.ifft2(F_dim))

f, (ax0, ax1) = plt.subplots(2, 1, figsize=(4.8, 7))
ax0.imshow(np.log10(1 + np.abs(F_dim)), cmap='viridis')
ax0.set_title('잡음 억제 후의 스펙트럼')

ax1.imshow(image_filtered)
ax1.set_title('재구성된 이미지');
```

그림 4-8 필터링된 달 착륙 사진과 스펙트럼

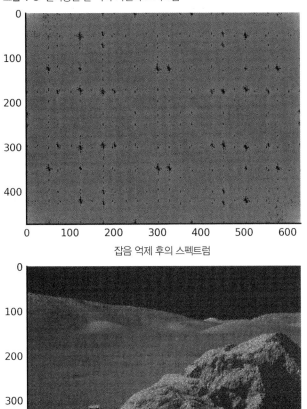

잡음 억제 후의 스펙트럼

재구성된 이미지

4.6.2 윈도윙

사각형의 펄스pulse의 푸리에 변환을 살펴보면 스펙트럼의 측엽side lobe을 볼 수 있다.

```
x = np.zeros(500)
x[100:150] = 1
```

```
X = fftpack.fft(x)

f, (ax0, ax1) = plt.subplots(2, 1, sharex=True)

ax0.plot(x)
ax0.set_ylim(-0.1, 1.1)

ax1.plot(fftpack.fftshift(np.abs(X)))
ax1.set_ylim(-5, 55);
```

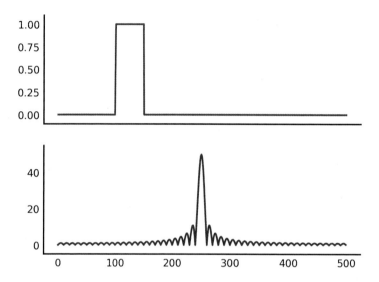

이론상으로 곡선의 급격한 변화를 나타내려면 무한히 많은 sin 곡선(주파수)을 조합해야 한다. 계수는 전형적으로 위에서 보여지는 그림과 같이 측엽 구조다.

이산 푸리에 변환의 중요한 점은 입력 신호가 주기적이라고 가정한다. 만약, 입력 신호가 주기적이지 않다면 신호가 끝날 때 바로 시작값으로 점프한다고 간단히 가정한다. 아래와 같은 $x(t)$ 함수를 생각해보자.

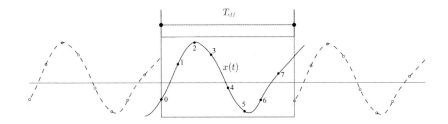

T_{eff}라고 표시된 짧은 시간 동안만 신호를 측정한다. 푸리에 변환은 $x(8) = x(0)$이라고 가정하고, 신호는 실선이 아닌 파선으로 계속된다. 신호는 스펙트럼에서 예상된 진동과 함께 가장자리에서 급격히 변화한다.

```
t = np.linspace(0, 1, 500)
x = np.sin(49 * np.pi * t)

X = fftpack.fft(x)

f, (ax0, ax1) = plt.subplots(2, 1)

ax0.plot(x)
ax0.set_ylim(-1.1, 1.1)

ax1.plot(fftpack.fftfreq(len(t)), np.abs(X))
ax1.set_ylim(0, 190);
```

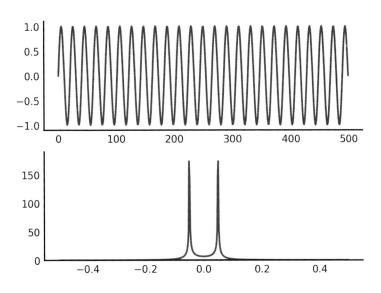

예상했던 두 줄 대신 정점이 스펙트럼에 퍼져 있다.

윈도윙이라는 방법으로 이 효과에 대응할 수 있다. 원본 함수는 $K(N, \beta)$의 카이저[Kaiser] 윈도우와 같은 윈도우 함수로 곱해진다. 카이저 윈도우 함수로 0에서 100까지의 범위의 β에 대해서 시각화해보자.

```python
f, ax = plt.subplots()

N = 10
beta_max = 5
colormap = plt.cm.plasma

norm = plt.Normalize(vmin=0, vmax=beta_max)

lines = [
    ax.plot(np.kaiser(100, beta), color=colormap(norm(beta)))
    for beta in np.linspace(0, beta_max, N)
    ]

sm = plt.cm.ScalarMappable(cmap=colormap, norm=norm)

sm._A = []

plt.colorbar(sm).set_label(r'카이저(Kaiser) $\beta$');
```

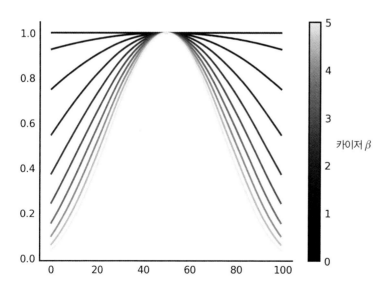

β 매개변수를 변경하여 윈도우 모양을 바꿀 수 있다. 윈도우 모양은 직사각형 윈도우(β = 0, 윈도윙 없음)에서 0부터 부드럽게 증가하다가 샘플 간격 끝점의 0으로 감소하는 신호를 만드는 윈도우(매우 낮은 측엽, 일반적으로 β는 5~10 사이)로 바꿀 수 있다[10].

여기에 카이저 윈도우를 적용하면 주엽이 약간 넓어지는 대신 측엽이 크게 줄어든다.

앞의 예제를 윈도윙하는 결과는 눈에 띄게 다르다.

```
win = np.kaiser(len(t), 5)
X_win = fftpack.fft(x * win)

plt.plot(fftpack.fftfreq(len(t)), np.abs(X_win))
plt.ylim(0, 190);
```

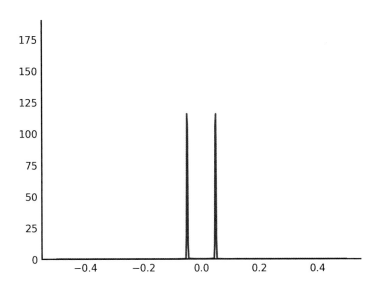

---

10 전통적인 윈도우 함수는 Hann, Hamming, Blackman 함수를 포함한다. 이들은 푸리에 영역에서 측엽(side lobe) 레벨과 주엽(main lobe)의 확장된 부분이 다르다. 대부분의 현대 애플리케이션에 최적화된 유연한 윈도우 함수는 카이저 윈도우다. 카이저 윈도우는 주엽에 가장 많은 에너지를 집중시키는 최적의 장축 타원체(prolate spheroid) 윈도우의 좋은 근사값이다. 본문에 나와있는 것처럼 β 매개변수를 조정하여 특정 애플리케이션에 맞게 카이저 윈도우를 조정할 수 있다.

4.7 실전 레이더 데이터 분석

선형 변조 FMCW^{Frequency-Modulated Continuous-Wave} 레이더는 신호처리에 고속 푸리에 변환 알고리즘을 광범위하게 사용하며 고속 푸리에 변환의 다양한 애플리케이션 예제를 제공한다. FMCW 레이더의 실제 데이터를 사용하여 표적 탐지^{target detection} 애플리케이션을 살펴본다.

FMCW 레이더는 대략 다음과 같이 동작한다.

1 주파수가 변하는 한 신호가 생성된다. 이 신호는 안테나에 의해 전송된 후, 레이더에서 멀어지면서 밖으로 이동한다. 신호가 한 물체에 부딪칠 때 신호의 일부는 레이더로 반사되어 수신되고, 송신된 신호의 사본이 곱해져서 샘플링되어 배열 형태의 압축된 숫자로 바뀐다. 이 숫자를 의미 있는 결과로 해석하는 것이 중요하다.

2 위의 곱셈 절차는 중요하다. 학교에서 배운 삼각법의 공식을 떠올려보자.

$$\sin(xt)\sin(yt) = \frac{1}{2}\left[\sin\left((x-y)t + \frac{\pi}{2}\right) - \sin\left((x+y)t + \frac{\pi}{2}\right)\right]$$

3 따라서 수신된 신호에 전송된 신호를 곱하면 스펙트럼에 두 개의 주파수 성분이 스펙트럼으로 나타날 것이다. 하나는 수신된 신호와 송신된 신호 간의 주파수 차이이고, 다른 하나는 주파수의 합이다.

4 신호가 레이더로 다시 반사되는 데 걸리는 시간(물체가 얼마나 멀리 떨어져 있는지 걸리는 시간)을 알 수 있는데, 이것은 송신된 신호와 수신된 신호 간의 주파수 차이로 알 수 있기 때문에 위의 첫 번째 주파수 성분이 중요하다. 신호에 저주파 통과 필터^{low-pass filter}(고주파를 버리는 필터)를 적용하여 다른 필터를 버린다.

단순한 FMCW 레이더 시스템

[그림 4-9]는 분리된 송신 및 수신 안테나를 사용하는 단순한 FMCW 레이더 블록 다이어그램이다.

레이더는 송신 주파수 주변 범위에서 주파수가 선형으로 변하는 사인파 모양의 신호를 생성하는 파형 생성기로 구성된다. 생성된 신호는 송신 증폭기에 의해 필요한 전력 레벨로 증폭되고, 송신 신호의 사본을 떼는 연결기 회로를 통해 송신 안테나로 전송된다. 송신 안테나는 송신 신호를 좁은 빛 줄기의 전자기파^{electromagnetic wave}로 검출 대상을 향해 내뿜는다. 전자기파가 반사되는 한 물체에 부딪칠 때 조사 대상의 에너지 일부는 수신기로 다시 반사된다. 이것은 레이더 시스템 방향으로 전파하는 두 번째의 전자기파다. 이 전자기파가 수신 안테나에 도달하면 안테나는 파동 에너지의 에너지를 수집하고 전동 전압으로 변환하여 믹서에 공급한다. 믹서는 수신된 신호를 송신 신호의 복사본과 곱하고, 송신된 신호와 수신된 신호 간의 주파수 차이와 동일한 주파수를 갖는 사인파 모양의 신호를 생성한다. 저주파 통과 필터는 수신 신호가 대역 제한(여기서 불필요한 주파수를 포함하지 않음)을 보장하고, 수신 증폭기는 컴퓨터에 데이터를 제공하는 아날로그-디지털 변환기analog-to-digital converter, ADC를 위해서 신호를 적합한 진폭amplitude으로 강화시킨다.

그림 4-9 단순한 FMCW 레이더 시스템의 블록 다이어그램

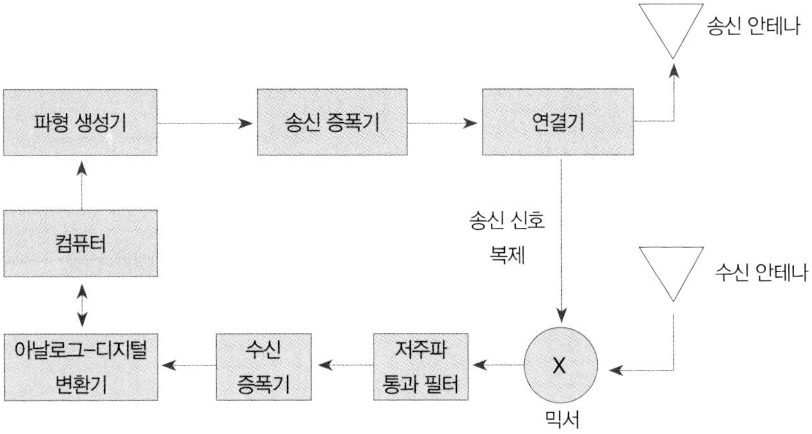

FMCW 시스템을 3줄로 요약하면 다음과 같다.

- 컴퓨터에 도달하는 데이터는 f_s 샘플 주파수에서 (필터링된 신호로 곱해진) 샘플링된 N개의 샘플로 구성된다.
- 반환된 신호의 진폭은 반사 강도(대상 물체의 특성 및 물체와 레이더 사이의 거리)에 따라 달라진다.
- 측정된 주파수는 레이더로부터 대상 물체까지의 거리를 나타낸다.

레이더 데이터 분석하려면 일부 합성 신호를 생성한 후, 실제 레이더의 결과에 초점을 두자.

레이더가 S Hz/s 속도로 송신될 때 주파수가 증가하고 있음을 상기해야 한다. 일정 시간 t가 지나면 주파수는 tS만큼 높아진다(그림 4-10). 같은 시간대에 레이더 신호는 $d = t/v$미터로 이동한다. 여기서 v는 공기를 통과하는 전송파 속도다(약 3×10^8 m/s 속도와 같다).

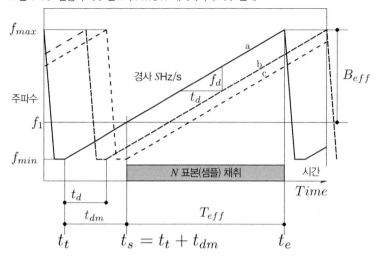

그림 4-10 선형 주파수 변조와 FMCW 레이더의 주파수 관계

[그림 4-10]을 보면 신호의 이동 시간, 물체에 대한 반응[bounce off] 시간, 거리 R 만큼의 대상으로부터 복귀 시간을 알 수 있다.

$$t_R = 2R/v$$

```
pi = np.pi

# 레이더 매개변수
fs = 78125          # 샘플링 주파수(Hz)
                    # 초당 78125 샘플

ts = 1 / fs         # 샘플링 시간
                    # ts초마다 하나의 샘플을 취한다.

Teff = 2048.0 * ts  # 초당 2048 샘플의 총 샘플링 시간
                    # 유효 스윕11 지속 기간(effective sweep duration)

Beff = 100e6        # 레이더 샘플링 시간 동안의 송신 신호 주파수 범위(Hz)
                    # 유효 대역폭(effective bandwidth)


S = Beff / Teff     # 주파수 스윕율(Hz/s)
```

---

11 일정 시간 동안 주파수를 연속적으로 변화하게 하는 것. 일반적으로 주파수 대역을 낮은 쪽에서 높은 쪽으로 변화시킨다(업스윕). 그 반대는 다운스윕이라고 한다.

```
# 대상(target) 내용
# 대상은 레이더에 의해 지정된 범위와 크기로 보이는 물체라고 가정한다.

R = np.array([100, 137, 154, 159, 180])  # 범위 (m)
M = np.array([0.33, 0.2, 0.9, 0.02, 0.1])  # 대상의 크기
P = np.array([0, pi / 2, pi / 3, pi / 5, pi / 6])  # 무작위로 선택한 대상의 오프셋

t = np.arange(2048) * ts        # 샘플 시간

fd = 2 * S * R / 3E8            # 대상의 주파수 차이

# 5개의 대상을 생성한다.
signals = np.cos(2 * pi * fd * t[:, np.newaxis] + P)

# 후행 검사를 위해서 첫 번째 대상에 관련된 신호를 저장한다.
v_single = signals[:, 0]

# 레이더에 포착된 결합 신호를 생성하기 위해서
# 대상의 크기와 합계에 따라 신호의 무게를 측정한다.
v_sim = np.sum(M * signals, axis=1)

## 위의 코드는 다음과 같이 쓸 수 있다.
#
# v0 = np.cos(2 * pi * fd[0] * t)
# v1 = np.cos(2 * pi * fd[1] * t + pi / 2)
# v2 = np.cos(2 * pi * fd[2] * t + pi / 3)
# v3 = np.cos(2 * pi * fd[3] * t + pi / 5)
# v4 = np.cos(2 * pi * fd[4] * t + pi / 6)
#
## 모두 결합한다.
# v_single = v0
# v_sim = (0.33 * v0) + (0.2 * v1) + (0.9 * v2) + (0.02 * v3) + (0.1 * v4)
```

위의 코드에서 한 대상을 볼 때 수신되는 v_{single} 합성 신호를 생성했다(그림 4-11). 주어진 시간 주기에서 보이는 사이클 수를 셈으로써 신호의 주파수를 계산하여 대상까지의 거리를 알아 낼 수 있다.

그러나 실제 레이더는 한 방향 신호만 받는 경우가 거의 없다. 시뮬레이션된 신호 v_{sim}은 서로 다른 범위(154m와 159m짜리 가까운 두 범위를 포함)의 5개 대상으로 레이더 신호가 어떻게 보이는지 보여준다. 그리고 $v_{actual}(t)$는 실제 레이더로 얻은 결과 신호를 보여준다. 여러 반향이

같이 추가된다면 이산 푸리에 변환을 통해서 대상을 더 자세히 관찰할 때까지 결과를 직관적으로 예상할 수 없다(그림 4-11).

그림 4-11 수신기 출력 신호. (a) 단일 시뮬레이션 대상, (b) 5개 시뮬레이션 대상, (c) 실제 레이더 데이터

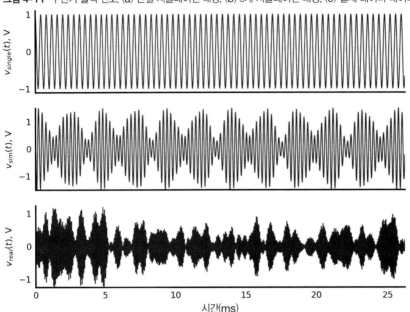

실제 레이더 데이터는 넘파이 형식의 .npz 파일(크로스-플랫폼, 크로스-버전 간 호환 가능한 가벼운 저장 형식)로 읽는다. 이 파일은 np.savez() 또는 np.savez_compressed() 함수를 이용해 저장할 수 있다. 사이파이의 io 하위 모듈은 매트랩과 NetCDF 파일과 같은 다른 형식을 쉽게 읽을 수 있다.

```
data = np.load('data/radar_scan_0.npz')

# radar_scan_0.npz 파일에서 scan 변수를 불러온다.
scan = data['scan']

# 데이터셋에는 여러 측정값이 포함되어 있다.
# 각 측정값마다 다른 방향을 가리키는 레이더가 사용된다.
# 여기에서는 지정된 방위각(좌우 위치)과 고도(상하 위치)를 사용한다.
# 측정값은 (2048,) 모양이다.
```

```
v_actual = scan['samples'][5, 14, :]

# 신호 진폭의 범위는 -2.5V에서 +2.5V다.
# 레이더의 14비트 아날로그-디지털 변환기의 범위는 -8192에서 8192다.
# (2.5 / 8192)를 곱하여 전압으로 다시 변환한다.

v_actual = v_actual * (2.5 / 8192)
```

.npz 파일은 여러 변수를 저장할 수 있어서 data['scan']의 자료형을 선택해야 한다. 선택된 다음 필드의 구조화된 넘파이 배열을 반환한다.

- **time**

  부호화되지 않은 64비트(8바이트) 정수(np.uint64)

- **size**

  부호화되지 않은 32비트(4바이트) 정수(np.uint32)

- **position**

  - az : 32비트 부동소수점(np.float32)

  - el : 32비트 부동소수점(np.float32)

  - region_type : 부호화되지 않은 8비트(1바이트) 정수(np.uint8)

  - region_ID : 부호화되지 않은 16비트(2바이트) 정수(np.uint16)

  - gain : 부호화되지 않은 8비트(1바이트) 정수(np.uin8)

  - samples : 2,048 부호화되지 않은 16비트(2바이트) 정수(np.uint16)

넘파이 배열의 모든 요소의 자료형은 동일하지만 이 경우에는 상황에 따라 배열의 자료형이 다르다.

딕셔너리 구문을 사용하여 개별 필드에 접근한다.

```
azimuths = scan['position']['az']  # 모든 방위각의 측정값을 얻는다.
```

요약하자면 위에서 본 측정값(v_{sim}과 v_{actual})은 여러 각 객체에 의해서 반영된 sin 곡선 신호의 합계다. 여기서 복합 레이더 신호의 성분을 결정해야 하는데, 여기에 고속 푸리에 변환을 사용한다.

4.7.1 주파수 영역의 신호 속성

먼저 신호 3개(합성 단일 대상, 합성 다중 대상, 실제 대상)에 고속 푸리에 변환을 취한 다음, 양의 주파수 성분(0 성분에서 $N/2$ 성분, [그림 4–12] 참조)을 표시한다. 이 신호들은 레이더 용어로 범위 추적range traces이라고 부른다.

```python
fig, axes = plt.subplots(3, 1, sharex=True, figsize=(4.8, 2.4))

# 3개의 신호에 고속 푸리에 변환을 취한다.
# 고속 푸리에 변환과 함께 사용되는 대문자 변수에 주의한다.

V_single = np.fft.fft(v_single)
V_sim = np.fft.fft(v_sim)
V_actual = np.fft.fft(v_actual)

N = len(V_single)

with plt.style.context('style/thinner.mplstyle'):
    axes[0].plot(np.abs(V_single[:N // 2]))
    axes[0].set_ylabel("$|V_\mathrm{single}|$")
    axes[0].set_xlim(0, N // 2)
    axes[0].set_ylim(0, 1100)

    axes[1].plot(np.abs(V_sim[:N // 2]))
    axes[1].set_ylabel("$|V_\mathrm{sim} |$")
    axes[1].set_ylim(0, 1000)

    axes[2].plot(np.abs(V_actual[:N // 2]))
    axes[2].set_ylim(0, 750)
    axes[2].set_ylabel("$|V_\mathrm{actual}|$")

    axes[2].set_xlabel("고속 푸리에 변환 성분 $n$")

    for ax in axes:
        ax.grid()
```

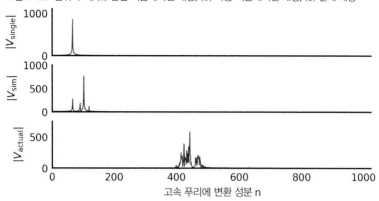

그림 4-12 범위 추적. (a) 단일 시뮬레이션 대상, (b) 다중 시뮬레이션 대상, (c) 실제 대상

[그림 4-12] 정보는 의미 있다.

$|V_0|$ 그래프는 성분 67에서 대상을 명확하게 보여주고 $|V_{sim}|$ 시간 영역에서 해석할 수 없는 신호를 생성하는 대상을 보여준다. 실제 레이더 신호 $|V_{actual}|$은 성분 400과 500 사이에 많은 수의 대상을 보여주며 성분 433에서 절정이다. 이것은 노천 광산의 높은 벽을 비추는 레이더의 반향일 수 있다.

그래프에서 유용한 정보를 얻으려면 범위를 선택해야 한다. 수식은 다음과 같다.

$$R_n = \frac{nv}{2B_{eff}}$$

각 이산 푸리에 변환의 성분은 레이더 용어인 레인지 빈^{range bin}이다.

또한 이 방정식은 레이더의 거리 분해능^{range resolution}을 정의한다. 거리 분해능은 레이더에서 같은 방향으로 떨어져 있는 두 물체를 한 물체가 아닌 두 물체로 식별할 수 있는 최소 거리다. 수식은 다음과 같다.

$$\Delta R > \frac{1}{B_{eff}}$$

위의 수식은 모든 유형의 레이더 기본 속성이다.

그래프 결과는 만족스럽지만 동적 범위가 너무 커서 일부 정점을 아주 쉽게 놓칠 수 있다. 이전과 같이 스펙트로그램으로 로그를 살펴보자.

```
c = 3e8 # 대략적인 공기 중의 빛과 전자기파의 속도

fig, (ax0, ax1, ax2) = plt.subplots(3, 1)

def dB(y):
    """y / max(y)의 log 비율을 데시벨 단위로 계산한다."""
    y = np.abs(y)
    y /= y.max()
    return 20 * np.log10(y)

def log_plot_normalized(x, y, ylabel, ax):
    ax.plot(x, dB(y))
    ax.set_ylabel(ylabel)
    ax.grid()

rng = np.arange(N // 2) * c / 2 / Beff

with plt.style.context('style/thinner.mplstyle'):
    log_plot_normalized(rng, V_single[:N // 2], "$|V_0|$ [dB]", ax0)
    log_plot_normalized(rng, V_sim[:N // 2], "$|V_5|$ [dB]", ax1)
    log_plot_normalized(rng, V_actual[:N // 2], "$|V_{\mathrm{actual}}|$ [dB]", ax2)

ax0.set_xlim(0, 300)  # 정점 모양을 더 잘 보기 위해서
ax1.set_xlim(0, 300)  # x축 상한값을 변경한다.
ax2.set_xlim(0, len(V_actual) // 2)
ax2.set_xlabel('범위')
```

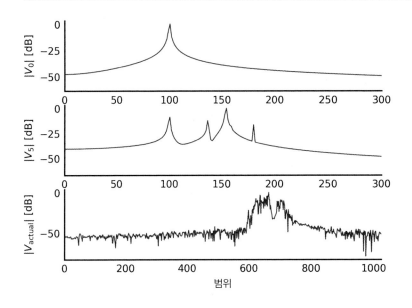

그래프에서 관찰할 수 있는 동적 범위가 훨씬 넓어진다. 다시 말하면 실제 레이더 신호에서 레이더의 잡음을 볼 수 있다(예를 들어 시스템 내의 전자 잡음 강도에 따라서 대상을 탐지하는 레이더의 능력을 떨어뜨린다).

4.7.2 윈도우 적용하기

레이더는 대상에 도달하고 있지만, 모의 실험된 신호의 스펙트럼에서 여전히 154m와 159m의 정점을 구분할 수 없다. 실제 신호에서 이렇게 누락된 부분을 쉽게 알 수 없다. 윈도우를 적용해 정점을 선명하게 만들자.

이전 예제에서 사용했던 신호에 매개변수 $\beta = 6.1$을 설정하여 카이저 윈도우를 적용한다.

```
f, axes = plt.subplots(3, 1, sharex=True, figsize=(4.8, 2.8))

t_ms = t * 1000  # 샘플 시간 (ms)
w = np.kaiser(N, 6.1)  # 카이저 윈도우 (beta = 6.1)

for n, (signal, label) in enumerate([(v_single, r'$v_0 [V]$'),
                                     (v_sim, r'$v_5 [V]$'),
                                     (v_actual, r'$v_{\mathrm{actual}} [V]$')]):
    with plt.style.context('style/thinner.mplstyle'):
        axes[n].plot(t_ms, w * signal)
        axes[n].set_ylabel(label)
        axes[n].grid()

axes[2].set_xlim(0, t_ms[-1])
axes[2].set_xlabel('시간 [ms]');
```

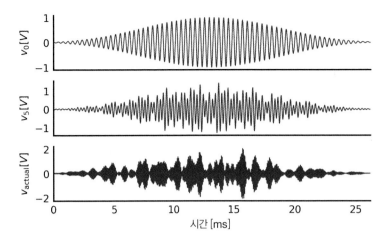

레이더 용어인 범위 추적 또는 고속 푸리에 변환을 적용한다.

```
V_single_win = np.fft.fft(w * v_single)
V_sim_win = np.fft.fft(w * v_sim)
V_actual_win = np.fft.fft(w * v_actual)

fig, (ax0, ax1,ax2) = plt.subplots(3, 1)

with plt.style.context('style/thinner.mplstyle'):
    log_plot_normalized(rng, V_single_win[:N // 2],
                 r"$|V_{0,\mathrm{win}}|$ [dB]", ax0)
    log_plot_normalized(rng, V_sim_win[:N // 2],
                 r"$|V_{5,\mathrm{win}}|$ [dB]", ax1)
    log_plot_normalized(rng, V_actual_win[:N // 2],
                 r"$|V_\mathrm{actual,win}|$ [dB]", ax2)

ax0.set_xlim(0, 300)  # 정점 모양을 더 잘 보기 위해서
ax1.set_xlim(0, 300)  # x축 상한값을 변경한다.

ax1.annotate("이전 그림에서 못 본 새 정점", (160, -35), xytext=(10, 15),
        textcoords="offset points", color='red', size='x-small',
        arrowprops=dict(width=0.5, headwidth=3, headlength=4,
                    fc='k', shrink=0.1));
```

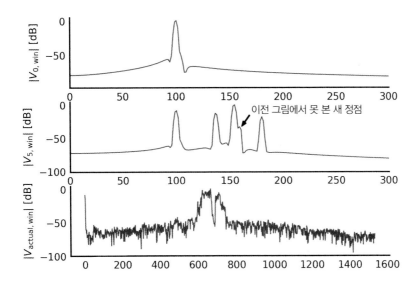

위 그림을 이전 범위 추적과 비교해보자. 측엽 수준은 극적으로 낮아졌지만 정점이 덜 뾰족해지고 모양이 넓어지면서 레이더 해상도가 낮아졌다. 이로 인해서 레이더가 밀접하게 떨어진 두 대상을 구분할 수 있다. 윈도우의 선택은 측엽 수준과 해상도 간의 절충안이다. 그렇지만 Vsim에 대한 추적을 참조하는 윈도윙은 큰 대상과 작은 대상을 구분할 수 있는 능력을 크게 향상시켰다.

또한 실제 레이더 데이터 범위 추적에서 윈도윙은 측엽을 줄여준다. 윈도윙은 두 대상 그룹 간의 그래프 표시 깊이를 잘 보여준다.

4.7.3 레이더 이미지

단일 추적을 분석하는 방법을 알면 레이더 이미지를 볼 수 있다.

데이터는 접시형 반사기 안테나parabolic reflector antenna가 있는 레이더에 의해 생성된다. 반–전력점 사이의 2도의 퍼짐각spreading angle으로 매우 지시적인 원형 펜슬 빔pencil beam[12]을 생성한다. 레이더는 비행기에서 수직 입사normal incidence를 지시할 때 60m 거리에서 직경 약 2m 지점을 밝힌다. 전력은 이 지점 밖에서 매우 빠르게 떨어지지만 지점 밖에서 강한 반향을 볼 수 있다.

---

12 역주_ 공중으로 방출된 레이더 전자파를 원뿔 모양으로 모은 것

팬슬 빔의 방위각(좌우 위치)과 고도(상하 위치)를 변경하여 관심 대상 영역을 살펴볼 수 있다. 반사가 감지되면 반사경(레이더 신호에 부딪힌 물체)까지의 거리를 계산할 수 있다. 이 거리는 현재 팬슬 빔의 방위각과 고도와 함께 반사체의 위치를 3차원으로 정의한다.

바위의 경사면은 수 천개의 반사면으로 이루어져 있다. 레인지 빈은 거친 선을 따라 경사면과 교차하는 그 중심에서 레이더가 있는 큰 구체로 생각할 수 있다. 이 선의 산란체scatterer는 레인지 빈에서 반사된다. 레이더의 파장(전송된 파동이 1진동oscillation 초당 이동한 거리)은 약 30mm다. 약 7.5mm 범위의 ¼파장의 홀수 배수로 분리된 산란체의 반사는 부정적으로 간섭하는 경향이 있는 반면, ½파장의 배수로 분리된 산란체의 반사는 레이더에서 긍정적으로 간섭하는 경향이 있다. 반사가 결합되어 강한 반사의 뚜렷한 점을 생성한다. 이 특정 레이더는 0.5도마다 20도의 방위각과 30도의 고도로 작은 영역을 스캔하여 안테나를 움직인다.

레이더 데이터 결과의 윤곽 그래프를 그려보자. [그림 4-13]에서 서로 다른 슬라이스를 참조한다. 고정된 범위의 첫 번째 슬라이스는 고도와 방위각에 대한 반향의 강도를 보여준다. 고정된 고도와 방위각의 또 다른 두 슬라이스는 각각 기울기를 보여준다(그림 4-13, 4-14 참조). 노천 광산에서 만날 수 있는 높은 벽의 계단식 구조는 방위각 평면에서 볼 수 있다.

그림 4-13 데이터 볼륨의 방위각, 고도, 범위 슬라이스를 보여주는 그림

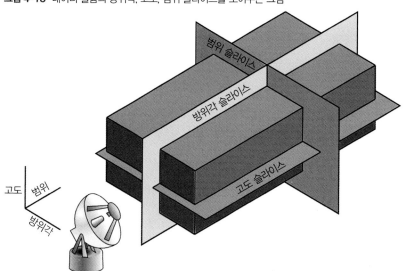

```python
data = np.load('data/radar_scan_1.npz')
scan = data['scan']

# 신호 진폭 범위 : -2.5V ~ +2.5V
# 레이더의 아날로그-디지털 변환기 범위 : -8192 ~ 8192
# (2.5 / 8192)를 곱하여 전압으로 다시 변환한다.

v = scan['samples'] * 2.5 / 8192
win = np.hanning(N + 1)[:-1]

# 각 측정치에 대해서 고속 푸리에 변환을 취한다.
V = np.fft.fft(v * win, axis=2)[::-1, :, :N // 2]

contours = np.arange(-40, 1, 2)

# MPL 레이아웃의 경고를 무시한다.
import warnings
warnings.filterwarnings('ignore', '.*Axes.*compatible.*tight_layout.*')

f, axes = plt.subplots(2, 2, figsize=(6, 4.8), tight_layout=True)

labels = ('범위', '방위각', '고도')

def plot_slice(ax, radar_slice, title, xlabel, ylabel):
    ax.contourf(dB(radar_slice), contours, cmap='magma_r')
    ax.set_title(title)
    ax.set_xlabel(xlabel)
    ax.set_ylabel(ylabel)
    ax.set_facecolor(plt.cm.magma_r(-40))

with plt.style.context('style/thinner.mplstyle'):
    plot_slice(axes[0, 0], V[:, :, 250], 'Range=250', 'Azimuth', 'Elevation')
    plot_slice(axes[0, 1], V[:, 3, :], 'Azimuth=3', 'Range', 'Elevation')
    plot_slice(axes[1, 0], V[6, :, :].T, 'Elevation=6', 'Azimuth', 'Range')
    axes[1, 1].axis('off')
```

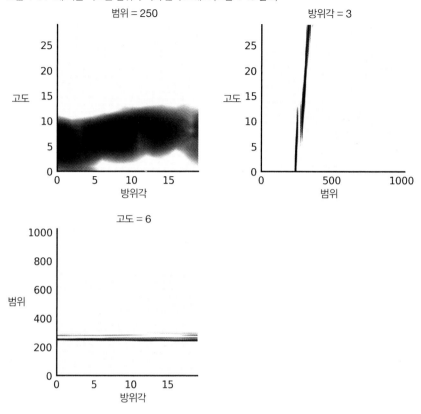

그림 4-14 세 축을 따르는 범위 추적의 윤곽 그래프 (그림 4-13 참조)

3D 시각화

또한 데이터의 볼륨을 3차원으로 시각화할 수 있다([그림 4-15] 참조).

먼저 범위 방향에서 argmax(최대 값의 인덱스)를 계산한다. argmax는 레이더 빔이 암벽 경사면에 부딪히는 범위를 알려준다. 각 argmax 인덱스는 3차원(고도-방위각-범위) 좌표로 변환된다.

```
r = np.argmax(V, axis=2)

el, az = np.meshgrid(*[np.arange(s) for s in r.shape], indexing='ij')
```

```
axis_labels = ['방위각', '범위', '고도']
coords = np.column_stack((az.flat, r.flat, el.flat))
```

위 코드의 좌표를 취해 방위각-고도(범위 좌표 제외)에 투영하고 델로네 테셀레이션Delaunay tessellation을 수행한다. 테셀레이션은 삼각형(또는 단순형)을 정의하는 좌표로 인덱스 집합을 반환한다. 엄밀히 말하면 삼각형은 투영된 좌표에 정의되어 있지만 원본 좌표를 재구성하여 범위 요소를 다시 추가한다.

```
from scipy import spatial

d = spatial.Delaunay(coords[:, :2])
simplexes = coords[d.vertices]
```

이제 맷플롯립의 plot_trisurf() 함수를 사용하여 결과를 시각화할 수 있다.

```
# 맷플롯립의 3D 머신을 초기화한다.
from mpl_toolkits.mplot3d import Axes3D

# 3D 축을 설정한다.
f, ax = plt.subplots(1, 1, figsize=(6, 4.8),
                     subplot_kw=dict(projection='3d'))

with plt.style.context('style/thinner.mplstyle'):
    ax.plot_trisurf(*coords.T, triangles=d.vertices, cmap='magma_r')

    ax.set_xlabel(axis_labels[0])
    ax.set_ylabel(axis_labels[1])
    ax.set_zlabel(axis_labels[2], labelpad=-3)
    ax.set_xticks([0, 5, 10, 15])

# 다이어그램의 카메라 위치를 조정한다.
ax.view_init(azim=-50);
```

그림 4-15 추정된 암벽 경사면 위치의 3D 시각화

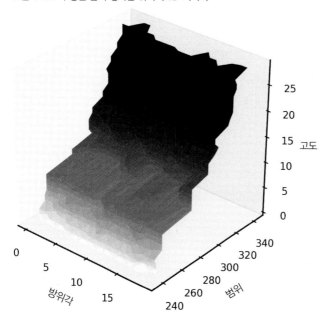

4.7.4 기타 고속 푸리에 변환 응용

위 예제는 레이더에서 고속 푸리에 변환을 사용하는 방법 중 하나를 보여준다. 운동(도플러
Doppler) 측정과 대상 인식과 같은 많은 다른 예제가 존재한다. 고속 푸리에 변환은 널리 알려져
있어서 MRI부터 통계까지 모든 곳에서 볼 수 있다. 이번 장에서 배운 기본 기술로 고속 푸리에
변환을 잘 응용해보자.

4.7.5 기타 참고 자료

푸리에 변환

- Athanasios Papoulis, 『푸리에 적분과 응용 The Fourier Integral and Its Applications 』(
  McGraw-Hill, 1960)

- Ronald A. Bracewell, 『푸리에 변환과 응용 The Fourier Transform and Its Applications』
  (McGraw-Hill, 1986)

레이더 신호 프로세싱

- Mark A. Richards, James A. Scheer, and William A. Holm, eds, 『현대 레이더 원리 : 기본 원칙 Principles of Modern Radar : Basic Principles』(SciTech, 2010)
- Mark A. Richards, 『레이더 신호 처리의 기본 사항 Fundamentals of Radar Signal Processing』 (McGraw–Hill, 2014)

4.7.6 연습문제 : 이미지 합성곱

고속 푸리에 변환은 이미지 합성곱^{Convolution}의 속도를 높이는 데 많이 사용된다(합성곱은 슬라이딩 필터의 애플리케이션이다). 넘파이의 np.ones((5, 5))와 같이 np.convolve() 함수 (a)와 np.fft.fft2() 함수(b)를 사용하여 이미지 합성곱의 결과가 같은지 확인한다.

- x, y 합성곱은 ifft2(X * Y) 함수와 같다. X와 Y는 각각 x와 y의 고속 푸리에 변환 결과다.
- X와 Y를 곱하려면 둘 다 같은 크기여야 한다. np.pad() 함수를 사용하여 고속 푸리에 변환을 사용하기 전에 x와 y를 0(오른쪽과 아래쪽)으로 확장한다.
- 일부 에지 효과를 볼 수 있다. x와 y는 'shape(x) + shape(y) − 1'차원으로 패딩^{padding} 크기를 늘려서 일부 에지 효과를 제거할 수 있다.

연습문제 정답은 부록 '이미지 합성곱'에 있다.

희소행렬과 혼동행렬

나는 희소성sparseness을 좋아한다. 희소성은 즉각적인 감흥을 주는 단순한 느낌에 대한 뭔가가 있고 그 뭔가를 독특하게 해준다. 아마 항상 희소성을 생각하며 음악을 할 것이다. 단지 방법을 모를 뿐...

— 브릿 대니얼, 스푼 리드 싱어

실제 많은 행렬은 대부분 값이 0인 희소행렬이다.

넘파이 배열로 희소행렬을 계산할 때 0을 곱하는 데 대부분 시간을 쓴다. 사이파이의 sparse 모듈을 사용해서 0이 아닌 값을 검사하면 이 문제를 효율적으로 해결할 수 있다. 이뿐만 아니라 sparse 모듈은 희소행렬과 관련이 없는 문제를 해결하는 데도 사용할 수 있다.

이러한 문제 중 하나는 이미지 분할image segmentation에 대한 비교다(분할의 정의에 대해서는 3장을 참고한다).

아래의 코드 샘플에서 희소행렬을 두 번 사용한다. 먼저 두 분할 간의 레이블 유사도를 파악하는 혼동행렬contingency matrix을 계산한다. 그런 다음, 분할 간 정보 변형variation of information을 계산하는 데 혼동행렬을 사용한다.

```python
def variation_of_information(x, y):
    # 혼동행렬(contingency matrix)를 계산한다.
    # 결합 확률 행렬(joint probability matrix)이라고도 한다.
    n = x.size
    Pxy = sparse.coo_matrix((np.full(n, 1/n), (x.ravel(), y.ravel())),
                            dtype=float).tocsr()

    # 1차원 배열로 변환하여 주변 확률(marginal probabilities)을 계산한다.
    px = np.ravel(Pxy.sum(axis=1))
    py = np.ravel(Pxy.sum(axis=0))

    # 정보 변형(VI)을 계산하는 데 희소행렬 선형 대수를 사용한다.
    # 역 대각행렬(inverse diagonal matrices)을 계산한다.
    Px_inv = sparse.diags(invert_nonzero(px))
    Py_inv = sparse.diags(invert_nonzero(py))

    # 엔트로피(entropy)를 계산한다.
    hygx = px @ xlog1x(Px_inv @ Pxy).sum(axis=1)
    hxgy = xlog1x(Pxy @ Py_inv).sum(axis=0) @ py

    # 엔트로피의 합을 반환한다.
    return float(hygx + hxgy)
```

파이썬 3.5 팁

위 코드에서 @ 기호는 행렬 곱셈 연산자를 나타내며, 2015년 파이썬 3.5에 도입되었다. 이것은 과학자에게 아주 매력적인 기능이다. 수식에 매우 근접한 코드를 사용하여 선형 대수를 계산할 수 있다. 위 코드를 살펴보자.

```python
hygx = px @ xlog1x(Px_inv @ Pxy).sum(axis=1)
```

파이썬 2로 작성하면 다음과 같다.

```python
hygx = px.dot(xlog1x(Px_inv.dot(Pxy)).sum(axis=1))
```

수식에 더 가까운 @ 연산자는 구현 오류를 피하고 가독성을 높여준다.

실제로 사이파이의 개발자는 @ 연산자가 도입되기 훨씬 전에 이것을 사용했다. 입력이 사이파이 행렬인 경우 * 연산자의 의미를 실제로 변경했다. 위와 같은 멋진 코드를 파이썬 2.7에서 사용할 수 있다.

```
hygx = -px * xlog(Px_inv * Pxy).sum(axis=1)
```

파이썬 2에서 * 연산자를 사용할 경우 주의사항이 있다. 이 코드는 px 또는 Px_inv가 사이파이 행렬일 때와 그렇지 않을 때 다르게 동작한다. Px_inv와 Pxy가 넘파이 배열인 경우 * 연산자는 요소 단위로 곱하여 계산하지만, 사이파이 행렬인 경우 행렬곱을 계산한다. 모호한 * 연산자는 많은 오류를 일으키기 때문에 사이파이 커뮤니티의 많은 사람은 가독성이 떨어지지만 모호하지 않은 .dot() 메서드를 사용한다.

파이썬 3.5의 @ 기호는 아주 매력적인 연산자다.

5.1 혼동행렬

먼저 분할^{segmentation}을 시작해보자. 스팸-오-매틱^{Spam-o-matic}이라는 전자 메일 스타트업에서 데이터 과학자로 일한다고 가정한다. 스팸 이메일 탐지기를 구축해야 한다. 탐지기 결과는 숫자이며 0은 정상 메일, 1은 스팸 메일을 나타낸다.

탐지기로 분류할 전자 메일이 10개가 있고 예측 벡터는 다음과 같다.

```
import numpy as np

pred = np.array([0, 1, 0, 0, 1, 1, 1, 0, 1, 1])
```

탐지기가 분류를 잘했는지 확인해보자. 각 전자 메일을 수동으로 분류한 결과는 다음과 같다.

```
gt = np.array([0, 0, 0, 0, 0, 1, 1, 1, 1, 1])
```

탐지기로 스팸 메일을 분류하는 일은 어렵다. 그리고 위의 배열 pred와 배열 gt의 결괏값은 다르다. 두 배열에서 같은 위치의 요솟값이 0(부정)으로 같다면 탐지기는 정상 메일을 잘 예측했으므로 참 부정^{true negative}이다. 반대로 두 배열에서 같은 위치의 요솟값이 1(긍정)로 같다면 탐지기는 스팸 메일을 잘 예측했으므로 참 긍정true positive이다.

여기서 두 가지 오류가 있다. 탐지기가 스팸 메일(배열 gt의 요솟값, 1)을 정상 메일(배열 pred의 요솟값, 0)로 분류한다면 거짓 부정false negative 오류다. 또한 탐지기가 정상 메일(배열 gt의 요솟값, 0)을 스팸 메일(배열 pred의 요솟값, 1)로 분류한다면 거짓 긍정false positive 오류다.

표 5-1 스팸 탐지기에 사용된 혼동행렬

		실젯값	
		부정 (0)	긍정 (1)
예측값	부정 (0)	참 부정	거짓 부정
	긍정 (1)	거짓 긍정	참 긍정

스팸 탐지기가 스팸 메일을 얼마나 잘 측정하는지 알고 싶다면 혼동행렬contingency matrix 또는 confusion matrix을 사용하여 위의 오류를 계산해야 한다. 혼동행렬의 예측값prediction 행과 실젯값ground truth 행이 있다. 혼동행렬에서 해당하는 값의 횟수를 계산한다. 예를 들어 배열 pred와 배열 gt에서 같은 위치의 요솟값이 1인 경우가 4번 있으므로(참 긍정) 행렬 (2, 2)의 위칫값은 4다.

일반화하면 다음과 같다.

$$C_{i,j} = \sum_k \mathbb{I}(p_k = i)\mathbb{I}(g_k = j)$$

다음은 직관적이지만 비효율적인 일반화된 식의 코드다.

```python
def confusion_matrix(pred, gt):
    cont = np.zeros((2, 2))
    for i in [0, 1]:
        for j in [0, 1]:
            cont[i, j] = np.sum((pred == i) & (gt == j))
    return cont
```

스팸 메일 탐지기의 혼동행렬은 다음과 같다.

```python
confusion_matrix(pred, gt)

array([[ 3.,  1.],
       [ 2.,  4.]])
```

5.1.1 연습문제 : 혼동행렬의 계산 복잡성

위의 confusion_matrix() 함수는 왜 비효율적인가?

연습문제 정답은 부록 '혼동행렬의 계산 복잡성'에 있다.

5.1.2 연습문제 : 혼동행렬을 계산하는 대체 알고리즘

배열 pred와 배열 gt로 혼동행렬을 계산하는 다른 코드를 작성해보자.

```
def confusion_matrix1(pred, gt):
    cont = np.zeros((2, 2))
    # 여기에 코드 작성
    return cont
```

연습문제 정답은 부록 '혼동행렬을 계산하는 대체 알고리즘'에 있다.

스팸 메일 탐지기를 좀 더 응용할 수 있다. 스팸 메일뿐만아니라 소식지, 판매, 홍보, 메일링 리스트, 개인 메일을 분류할 수 있다. 이것은 5개의 범주로 0에서 4까지 레이블을 붙인다. 혼동행렬은 5 x 5가 되고 행렬 대각선을 통해 범주를 계산한다. 행렬의 대각선이 아닌 항목에서는 오류를 계산한다.

5 x 5 혼동 배열을 사용해야 되기 때문에 위의 confusion_matrix() 함수는 행렬 크기에 대한 확장성이 없다. 이 문제는 소셜 미디어 알림과 같은 이메일 카테고리들을 추가할수록 커진다.

5.1.3 연습문제 : 다중 혼동행렬 계산

이전 연습문제와 같이 혼동행렬을 계산하는 함수를 작성한다. 단, 고정으로 두 범주(클래스)를 사용하는 대신 범주의 개수를 입력하여 혼동행렬을 계산하자.

```
def general_confusion_matrix(pred, gt):
    n_classes = None  # None 대신 범주의 개수를 입력한다.
    # 여기에 코드 작성
    return cont
```

다중 혼동행렬을 위한 코드는 범주의 개수에 따라서 확장된다. 그러나 for 문은 파이썬 인터프리터에서 실행되기 때문에 범주의 개수가 많을수록 속도가 느려진다. 또한 일부 범주는 다른 범주와 혼동되기 쉽고, 값이 0인 요소가 많은 희소행렬이 될 것이다. 범주의 개수가 증가함에 따라 혼동행렬에 많은 0인 요소들이 메모리 공간에 할당되어 자원을 낭비한다. 사이파이의 sparse 모듈을 사용하여 이 문제를 해결할 수 있다. sparse 모듈은 희소행렬을 효율적으로 다루는 객체를 제공한다.

5.2 scipy.sparse 데이터 형식

1장에서 넘파이 배열의 내부 데이터 형식을 살펴봤다. N차원 배열 데이터를 다중 for 문으로 처리하는 것은 어떤 의미에서 상당히 직관적이고 피할 수 없는 형식일 수 있다. 희소행렬은 다양한 형식이 있는데 '올바른' 형식은 해결하려는 문제마다 다르다. 이번 장에서는 가장 일반적으로 사용되는 두 가지 형식을 다룬다. 전체 형식의 목록을 보려면 5.2.3절에 있는 비교표(170쪽)와 scipy.sparse 문서[1]를 참조한다.

5.2.1 COO 형식

가장 직관적인 COO(좌표^{COOrdinate}) 형식이다. 다음 예제와 같이 3개의 1차원 배열을 사용하여 2차원 행렬(A)을 나타낸다. 각 배열의 길이는 행렬에서 0이 아닌 항목의 개수와 같다. 그리고 배열은 0이 아닌 모든 항목의 좌표(i, j, value)를 나열한다.

- **데이터 배열** – 0이 아닌 항목의 값을 차례로 나열한다.
- **행과 열 배열** – 0이 아닌 항목의 위치를 지정한다(각 행과 열의 인덱스).

행과 열 배열에 없는 모든 부분은 0이 된다. 그래서 훨씬 더 효율적이다. 다음 행렬을 예로 들어보자.

```
s = np.array([  [ 4,  0, 3],
                [ 0, 32, 0]], dtype=float)
```

---

1 https://docs.scipy.org/doc/scipy/reference/sparse.html

행렬의 COO 형식은 다음과 같다.

```
from scipy import sparse

data = np.array([4, 3, 32], dtype=float)
row = np.array([0, 0, 1])
col = np.array([0, 2, 1])

s_coo = sparse.coo_matrix((data, (row, col)))
```

scipy.sparse 모듈에서 모든 형식의 .toarray() 메서드는 희소행렬의 넘파이 배열을 반환한다. 이 메서드를 사용하여 변수(s_coo)가 똑바로 입력되었는지 확인할 수 있다.

```
s_coo.toarray()
```

```
array([ [ 4.,  0.,  3.],
        [ 0., 32.,  0.]])
```

.toarray() 메서드와 동일하게 .A 속성을 사용할 수 있지만 .A 속성은 실제로 함수를 호출한다. .A 속성은 잠재적으로 매우 큰 작업을 숨길 수 있기 때문에 위험한 속성일 수 있다. 그리고 밀도가 높은 희소행렬은 원본 행렬보다 크기가 커져서 비효율적이다.

```
s_coo.A
```

```
array([[ 4.,  0.,  3.],
       [ 0., 32.,  0.]])
```

수학 방정식을 구현하는 경우 .A 속성을 사용하여 코드를 더 쉽게 읽을 수 있다. 그러나 코드의 가독성을 손상시키지 않은 곳에서 toarray() 메서드를 사용하기 바란다.

5.2.2 연습문제 : COO 형식 표현

다음 행렬을 COO 형식으로 작성해보자.

```
s2 = np.array([  [0, 0, 6, 0, 0],
                 [1, 2, 0, 4, 5],
                 [0, 1, 0, 0, 0],
                 [9, 0, 0, 0, 0],
                 [0, 0, 0, 6, 7]])
```

불행하게도 COO 형식은 직관적이고 중복 정보를 쉽게 식별할 수 있지만 최소 메모리를 사용하거나 계산 중에 가능한 빨리 배열을 탐색하는 데 최적화되어 있지는 않다(데이터 지역성locality은 효율적으로 계산을 처리하는 데 매우 중요하다). 그러나 위 코드의 COO 형식은 중복 정보를 쉽게 식별할 수 있다. 배열 row에서 반복되는 인덱스 1을 주목하자.

5.2.3 CSR 형식

COO 형식을 사용하여 0이 아닌 항목을 행 단위로 열거하면 행 배열에 여러 개의 연속된 값이 반복된다. 행 인덱스를 반복적으로 쓰는 대신 다음 행이 시작되는 열에서 인덱스를 표시하여 압축할 수 있다. 이것은 압축된 희소 행Compressed Sparse Row, CSR 형식의 기본 개념이다.

5.2.2절 '연습문제 : COO 형식 표현'의 예를 들어보자. CSR 형식에서 배열 data와 col은 변경되지 않지만 배열 col의 이름은 indices로 바뀐다. 그러나 배열 row는 행을 나타내는 대신 각 행이 시작하는 열의 위치를 나타낸다. 그리고 배열 row의 이름은 인덱스 포인터를 나타내는 indptr로 바뀐다.

COO 형식의 배열 data를 제외한 배열 row와 col을 살펴보자.

```
row = [0, 1, 1, 1, 1, 2, 3, 4, 4]
col = [2, 0, 1, 3, 4, 1, 0, 3, 4]
```

각 새 행은 행이 변경되는 인덱스에서 시작한다. 0번째 행은 인덱스 0에서 시작하고, 첫 번째 행은 인덱스 1에서 시작하지만, 두 번째 행은 숫자 2가 처음 나타나는 인덱스 5에서 시작한다. 세 번째, 네 번째 행은 인덱스를 1씩 증가하여 각각 인덱스 6, 7이 된다. 행렬의 끝을 나타내는 마지막 인덱스는 총 항목의 개수 9를 나타낸다. 배열 indptr은 다음과 같다.

```
indptr = [0, 1, 5, 6, 7, 9]
```

수작업으로 작성한 배열을 사용하여 CSR 형식의 행렬을 구현해보자. [5.2.2 연습문제]에서 정의한 넘파이 배열 s2에 COO, CSR 형식을 적용하여 .A 속성의 결과를 비교해보자.

```
data = np.array([6, 1, 2, 4, 5, 1, 9, 6, 7])

coo = sparse.coo_matrix((data, (row, col)))
csr = sparse.csr_matrix((data, col, indptr))

print('COO와 CSR의 배열은 같다 : ',
    np.all(coo.A == csr.A))
print('CSR과 넘파이 배열은 같다 : ',
    np.all(s2 == csr.A))
```

결과는 다음과 같다.

```
COO와 CSR의 배열은 같다 :    True
CSR과 넘파이 배열은 같다 :    True
```

큰 희소행렬을 저장하고 계산을 수행하는 능력은 매우 강력하여 많은 분야에 CSR 형식을 적용할 수 있다.

예를 들어 전체 웹을 N x N의 큰 희소행렬이라고 생각해보자. 각 항목 X_{ij}는 웹 페이지 i가 웹 페이지 j에 링크되는 여부를 나타낸다. 이 행렬을 정규화하고 지배적 고유벡터dominant eigenvector를 풀면 검색 엔진에서 소위 말하는 페이지랭크PageRank를 얻는다. 페이지랭크는 구글 검색 엔진에서 사용하는 기술이다(자세한 내용은 다음 장을 참고한다).

또 다른 예를 들면 인간의 두뇌를 큰 m x m 그래프로 나타낼 수 있다. 그래프에서 MRI 스캐너를 사용하여 두뇌 활동을 측정하는 m 노드(위치)가 있다. 특정 시간 동안 측정한 후, 노드의 연관성을 계산하여 행렬 C_{ij}에 입력할 수 있다. 이 행렬을 임계처리thresholding하면 1과 0의 희소행렬이 생성된다. 이 행렬의 두 번째로 작은 고윳값eigenvalue에 해당하는 고유벡터는 m개의 뇌 영역을 하위 그룹으로 분할한다. 이 하위 그룹은 뇌의 기능 영역과 관련되어 있다[2].

이름	내용	사례	단점
bsr_matrix 블록 공간 행	CSR과 유사함	• 밀도가 높은 행렬 저장 • 유한 요소, 미분 방정식 등 부분적으로 이산화된 문제 이수지 해석	–
coo_matrix 좌표	희소행렬을 구성하는 데만 추가 작업을 이후에 추가 작업을 하려면 CSC 또는 CSR 형식으로 변환해야 한다.	• 빠르고 직관적인 희소행렬 구성 • 희소행렬을 구성하는 동안 중복 좌표가 합산된다 (유한 요소 분석에 유용하다).	• 산술 연산 불가 • 분할 불가
csc_matrix 압축된 희소 열	–	• 산술 연산(사칙 연산 및 거듭 제곱 지원) • 효율적인 열 분할 • 빠른 행렬-벡터 곱 • 느린 행렬-벡터 곱 (문제에 따라 CSR, BSR 형식이 더 빠를 수 있다)	• 행 분할이 느림 (CSR 참조) • 희소행렬 구조 변경에 대한 비용이 비쌈(LIL, DOK 참조)
csr_matrix 압축된 희소 행	–	• 산술 연산 • 효율적인 열 분할 • 빠른 행렬-벡터 곱	• 열 분할이 느림 (CSC 참조) • 희소행렬 구조 변경에 대한 비용이 비쌈(LIL, DOK 참조)
dia_matrix 대각	–	• 산술 연산	• 대각선의 값으로 제한된 희소행렬 구조
dok_matrix 키의 딕셔너리	희소행렬을 점진적으로 구성하는 데 사용된다.	• 희소행렬 구조 변경에 대한 비용이 쌈 • 산술 연산 • 개별 항목의 빠른 접근 • 효율적으로 COO 전환 기능(중복 허용X)	• 산술 연산에 대한 비용이 비쌈 • 느린 행렬-벡터 곱
lil_matrix 행 기반의 연결리스트	희소행렬을 점진적으로 구성하는 데 사용된다.	• 희소행렬 구조 변경에 대한 비용이 쌈 • 유연한 분할	• 산술 연산에 대한 비용이 비쌈 • 느린 열 분할 • 느린 행렬-벡터 곱

---

2 M. E. J. Newman, 「네트워크의 모듈화 및 공동체 구조 Modularity and Community Structure in Networks」 (http://dx.doi. org/DOI:10.1073/pnas.0601602103), PNAS 103, no. 23 (2006):8577 – 8582.

5.3 희소행렬 애플리케이션 : 이미지 변환

사이킷–이미지와 사이파이 같은 라이브러리는 이미지를 효과적으로 변환(회전 및 뒤틀림)하는 알고리즘을 포함한다. 그러나 수백만 개의 이미지를 처리한다면 어떻게 해야 할까?

이러한 경우 컴퓨터의 모든 성능을 끌어내야 한다. 동일한 변환을 반복적으로 적용한다면 사이파이의 ndimage에서 최적화된 C 코드보다 훨씬 더 효율적으로 처리할 수 있다.

예제 데이터로 사이킷–이미지의 사진사 테스트 이미지를 사용한다.

```
# 그래프를 바로 표시하고 사용자 정의 스타일을 적용한다.
%matplotlib inline
import matplotlib.pyplot as plt
plt.style.use('style/elegant.mplstyle')

from skimage import data

image = data.camera()
plt.imshow(image);
```

이미지를 30도 회전해보자. 먼저 입력 이미지가 [r, c, 1] 좌표로 곱해질 때 대응하는 출력 이미

지 [r′, c′, 1] 좌표를 주는 변환행렬 H를 정의한다(동차 좌표corresponding coordinate를 사용한다[3]).

```python
angle = 30
c = np.cos(np.deg2rad(angle))
s = np.sin(np.deg2rad(angle))
H = np.array([[c, -s,  0],
              [s,  c,  0],
              [0, 0, 1]])
```

변환행렬 H에 점 $(1, 0)$을 곱하여 30도 회전하는지 확인해보자. 원점 $(0, 0)$을 중심으로 반시계 방향으로 30도 회전하면 점 $(\frac{\sqrt{3}}{2}, \frac{1}{2})$이 된다.

```python
point = np.array([1, 0, 1])
print(np.sqrt(3) / 2)
print(H @ point)
```

```
0.866025403784
[ 0.8660254  0.5        1.       ]
```

마찬가지로 30도 회전을 세 번 적용하면 점$(0, 1)$의 열 축에 도달해야 한다. 일부 근사한 음숫값의 부동 소수점 오류가 있지만 이 작업을 확인한 결과는 다음과 같다.

```python
print(H @ H @ H @ point)
```

```
[ 2.77555756e-16  1.00000000e+00  1.00000000e+00]
```

이제 '희소 연산자sparse operator'를 정의하는 함수를 작성해보자. 희소 연산자의 목표는 출력 이미지의 모든 픽셀을 가져와서, 이 출력 이미지의 픽셀들이 입력 이미지의 어느 픽셀에서 왔는지 알아낸다. 그리고 적절한 이중 선형 보간법bilinear interpolation을 수행하여 값을 계산한다(그림 5-1). 이중선형 보간법은 이미지 값에 대한 행렬 곱을 사용해서 매우 빠르다[4].

---

3 N차원의 사영 공간을 N+1개의 좌표로 나타내어 선형 변환을 정의할 때 더 큰 유연성을 제공한다.
https://ko.wikipedia.org/wiki/동차좌표

4 선형 보간법. 두 점의 사이에 위치한 값을 추정하기 위한 방법을 보간법이라고 하며, 2차원으로 확장하여 평면에 적용한 것을 이중 선형 보간법이라고 한다.

그림 5-1 이중 선형 보간법을 설명하는 다이어그램. 점 P의 값은 Q_{11}, Q_{12}, Q_{21}, Q_{22} 값의 가중 합으로 추정된다.

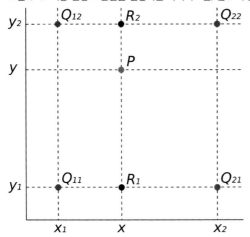

희소 연산자 함수를 살펴보자.

```
from itertools import product

def homography(tf, image_shape):
    """선형 연산자로 호모그래피 변환 및 보간법을 나타낸다.

    매개변수
    ----------
    tf : (3, 3) ndarray
        변환행렬
    image_shape : (M, N)
        입력 회색 이미지 모양

    반환값
    -------
    A : (M * N, M * N) 희소행렬
        변환 + 이중 선형 보간법을 나타내는 선형 연산자

    """
    # 역행렬
    # 각 출력 픽셀의 해당 입력 픽셀을 찾아서 알려준다.
    H = np.linalg.inv(tf)

    m, n = image_shape
```

```
# COO 행렬을 생성한다(또는 IJK 행렬이라고 부른다).
# 행 좌표(I), 열 좌표(J), 값(K)
row, col, values = [], [], []

# 각 출력 이미지에 대한 픽셀을 처리한다.
for sparse_op_row, (out_row, out_col) in \
        enumerate(product(range(m), range(n))):

    # 입력 이미지에서 나온 값을 계산한다.
    in_row, in_col, in_abs = H @ [out_row, out_col, 1]
    in_row /= in_abs
    in_col /= in_abs

    # 좌표가 원본 이미지 밖에 있는 경우 이 좌표를 무시한다.
    # 이 좌표는 0이다.
    if (not 0 <= in_row < m - 1 or
            not 0 <= in_col < n - 1):
        continue

    # 4개의 주변 픽셀을 찾아서 그 값을 보간하여
    # 출력 픽셀값을 정확하게 추정할 수 있다.
    # 왼쪽 위 구석부터 시작한다. 각 방향의 주변 픽셀은
    # 거리 1만큼 떨어져 있다.

    top = int(np.floor(in_row))
    left = int(np.floor(in_col))

    # 입력 이미지에서 선택된 픽셀 4개에
    # 매핑된 출력 픽셀의 위치를 계산한다.
    # https://commons.wikimedia.org/wiki/File:BilinearInterpolation.svg
    t = in_row - top
    u = in_col - left

    # 희소 연산자 행렬의 현재 행은
    # 변수(sparse_op_row)를 포함한 조정된 출력 픽셀 좌표다.
    # 4개의 열에 해당하는 4개의 주변 입력 픽셀의 가중 평균을 취한다.
    # 따라서 행 인덱스를 4번 확장한다.
    row.extend([sparse_op_row] * 4)

    # 이중 선형 보간 알고리즘을 사용하여
    # 실제 가중치를 계산한다.
    # https://en.wikipedia.org/wiki/Bilinear_interpolation
    sparse_op_col = np.ravel_multi_index(
            ([top,  top,     top + 1, top + 1 ],
```

```
                    [left, left + 1, left,     left + 1]), dims=(m, n))
        col.extend(sparse_op_col)
        values.extend([(1-t) * (1-u), (1-t) * u, t * (1-u), t * u])

    operator = sparse.coo_matrix((values, (row, col)),
                                 shape=(m*n, m*n)).tocsr()
    return operator
```

희소 연산자를 적용하는 함수는 다음과 같다.

```
def apply_transform(image, tf):
    return (tf @ image.flat).reshape(image.shape)
```

희소 연산자를 적용한 이미지를 출력해보자.

```
tf = homography(H, image.shape)
out = apply_transform(image, tf)
plt.imshow(out);
```

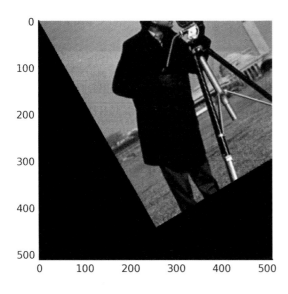

이미지가 회전됐다!

5.3.1 연습문제 : 이미지 회전

위 그림에서 원점 $(0, 0)$을 중심으로 이미지가 회전됐다. 그렇다면 이미지의 중심을 기준으로 이미지를 회전할 수 있을까?

> **HINT_** 변형(translation)에 사용할 변환행렬(위/아래 또는 왼쪽/오른쪽 이미지 슬라이딩)은 다음과 같다.
>
> $$H_{tr} = \begin{bmatrix} 1 & 0 & t_r \\ 0 & 1 & t_c \\ 0 & 0 & 1 \end{bmatrix}$$

t_r 픽셀을 아래로, t_c 픽셀을 오른쪽으로 이동해보자.

앞서 말했듯이 이미지 변환에 대한 희소 선형 연산자는 빠르다. ndimage와 비교하여 성능을 측정해보자. 공정한 비교를 위해서 ndimage에 선형 보간을 적용한다(order = 1). 그리고 원본 모양 밖의 픽셀은 무시한다(reshape = False).

```
%timeit apply_transform(image, tf)

100 loops, average of 7: 3.35 ms +- 270 μs per loop (using standard deviation)

from scipy import ndimage as ndi
%timeit ndi.rotate(image, 30, reshape=False, order=1)

100 loops, average of 7: 19.7 ms +- 988 μs per loop (using standard deviation)
```

결과에서 약 10배의 속도 향상을 볼 수 있다. 위 예제는 이미지를 회전하는 작업이지만 왜곡된 이미지를 보정하는 더 복잡한 뒤틀림warping 작업이 있다. 일단 변환이 계산되면 희소행렬로 동일한 변환을 반복적으로 적용하는 것이 빠르다.

사이파이 희소행렬의 '표준' 사용법을 살펴봤다. 이제 희소행렬의 '응용' 사용법을 살펴보자.

5.4 (다시) 혼동행렬

5장 맨 처음 scipy.sparse 데이터 형식을 사용한 혼동행렬(결합 확률 행렬)에 대해서 잠깐 살펴봤다. COO 형식은 희소행렬의 데이터를 3개의 배열로 저장한다. 3개의 배열은 0이 아닌 항목의 행과 열 좌표 및 해당 항목의 값이다. 그리고 COO 형식의 함수를 사용하여 행렬을 빠르게 얻을 수 있다.

```
row = [0, 0, 2]
col = [1, 1, 2]
dat = [5, 7, 1]
S = sparse.coo_matrix((dat, (row, col)))
```

(행, 열) 위치에서 (0, 1) 위치가 두 번 나타난다. 첫 번째 항목값은 5, 두 번째는 7이다. (0, 1) 위치의 값은 무엇일까? 이 값은 가장 오래된 혹은 최신 항목값이 될 수도 있지만 실제로는 합계로 계산된다.

```
print(S.toarray())
```

```
[[ 0 12  0]
 [ 0  0  0]
 [ 0  0  1]]
```

COO 형식은 같은 위치의 항목을 합산한다. 그럼 이제 혼동행렬을 만들어보자. 배열 pred를 행으로 설정하고 배열 gt를 열로 설정한다. 그리고 값은 1로 설정한다. 두 배열을 순서대로 나열하여 행렬의 위치(i, j)를 생성한다. 이 위치를 모두 합산하여 혼동행렬을 만든다. 다음 코드를 보자.

```
import numpy as np
from scipy import sparse

def confusion_matrix(pred, gt):
    cont = sparse.coo_matrix((np.ones(pred.size), (pred, gt)))
    return cont
```

단순하게 행렬을 출력하는 것이라면 .toarray( ) 메서드를 사용한다.

```
pred = np.array([0, 1, 0, 0, 1, 1, 1, 0, 1, 1])
gt = np.array([0, 0, 0, 0, 0, 1, 1, 1, 1, 1])
cont = confusion_matrix(pred, gt)
print(cont)
```

```
  (0, 0)    1.0
  (1, 0)    1.0
  (0, 0)    1.0
  (0, 0)    1.0
  (1, 0)    1.0
  (1, 1)    1.0
  (1, 1)    1.0
  (0, 1)    1.0
  (1, 1)    1.0
  (1, 1)    1.0
```

```
print(cont.toarray())
```

```
[[ 3.  1.]
 [ 2.  4.]]
```

잘 동작한다!

5.4.1 연습문제 : 메모리 사용량 줄이기

1장에서 넘파이의 브로드캐스팅을 사용하여 배열을 연산하는 방법을 살펴봤다. 혼동행렬을 계산할 때 메모리 사용량을 어떻게 줄일 수 있을까?

HINT_ 넘파이의 np.broadcast_to( ) 함수 문서를 참조한다.

5.5 분할과 혼동행렬

스팸 메일 탐지기와 같은 분류 문제와 같은 방식으로 이미지 분할을 생각할 수 있다. 각 픽셀의 세그먼트 레이블은 픽셀이 속하는 부류class에 대한 예측이다. 다차원의 배열을 1차원으로 반환하는 넘파이의 .ravel() 메서드를 사용하여 분류 작업을 투명하게 처리할 수 있다.

아래의 작은 3 x 3 이미지 분할 예제를 살펴보자.

```
seg = np.array([[1, 1, 2],
                [1, 2, 2],
                [3, 3, 3]], dtype=int)
```

다음은 이미지를 분할하는 데 사용할 실젯값(ground truth, gt)이다.

```
gt = np.array([[1, 1, 1],
               [1, 1, 1],
               [2, 2, 2]], dtype=int)
```

다음과 같이 두 가지로 분류할 수 있다. 모든 픽셀은 다른 예측이다.

```
print(seg.ravel())
print(gt.ravel())
```

```
[1 1 2 1 2 2 3 3 3]
[1 1 1 1 1 1 2 2 2]
```

COO 형식을 적용하면 다음과 같다.

```
cont = sparse.coo_matrix((np.ones(seg.size),
                          (seg.ravel(), gt.ravel())))
print(cont)
```

```
(1, 1)    1.0
(1, 1)    1.0
(2, 1)    1.0
```

```
(1, 1)    1.0
(2, 1)    1.0
(2, 1)    1.0
(3, 2)    1.0
(3, 2)    1.0
(3, 2)    1.0
```

일부 인덱스는 2번 이상 나타난다. COO 형식의 합산 기능을 사용하여 혼동행렬을 살펴보자.

```
print(cont.toarray())
```

```
[[ 0.  0.  0.]
 [ 0.  3.  0.]
 [ 0.  3.  0.]
 [ 0.  0.  3.]]
```

분할 seg은 실젯값 gt를 얼마나 잘 나타내는지 어떻게 알 수 있을까? 분할은 어려운 문제다. 그래서 사람이 수동으로 생성한 '실젯값' 분할과 비교하여 분할 알고리즘이 잘 수행되고 있는지 측정하는 것이 중요하다.

그러나 실젯값 분할 비교조차도 쉬운 일이 아니다. 자동 분할이 어떻게 실젯값에 '근접'하는지 어떻게 정의할까? 이 문제를 해결하는 방법인 정보 변형(VI)[5]에 대해서 알아보자. 정보 변형(VI)은 다음 질문에 대한 답으로 정의된다. 임의의 픽셀에 대한 분할에서 세그먼트 식별자segement ID가 주어지면 다른 분할에서 세그먼트 식별자를 판단하는 데 필요한 정보가 평균적으로 얼마나 되는가?

직관적으로 두 분할이 아주 비슷할 때 한 세그먼트 식별자를 알면 다른 세그먼트 식별자를 알 수 있다. 그러나 두 분할이 다를 때는 아무런 정보 없이 한 세그먼트 식별자의 특성을 안다고 해서 다른 세그먼트 식별자의 특성을 알 수 있는 건 아니다.

---

5 Variation of Information, VI (Meila, 2005)

5.6 정보 이론 요약

정보 변형(VI)을 이해하려면 정보 이론에 대한 간단한 기초 지식이 필요하다. 여기서는 정보 이론을 간단하게 요약하지만 정보 이론에 대해서 더 많이 알고 싶다면 크리스토퍼 올라즈 스텔라의 블로그 글[6]을 참고하기 바란다.

정보의 기본 단위는 비트이며 일반적으로 0과 1로 표현한다. 비트는 두 가지 선택사항 중에서 동일한 확률을 나타낸다. 비트는 간단하다. 동전을 던져서 앞면 또는 뒷면이 나왔는지의 다른 사람에게 알려주고 싶다면 1비트가 필요하다. 그리고 다양한 형태의 신호로 동전의 앞뒤면을 알려줄 수 있다. 예를 들어 모스 부호와 같이 전선을 통과하는 길고 짧은 펄스^{pulse}를 사용하거나, 두 색상으로 빛을 깜빡이거나, 0과 1로 동전의 앞뒤면 결과를 알려줄 수 있다. 그리고 동전의 앞뒤면 결과가 무작위로 나오기 때문에 1비트가 필요하다.

이 개념을 조금 덜 무작위적인 사건에서 단편적인 비트로 확장할 수 있다. 예를 들어 로스앤젤레스에서 오늘 비가 내렸는지 여부를 어떤 곳에 전송한다고 가정한다. 언뜻보기에는 전송하는 데 1비트가 필요하다(0은 비가 안 내렸고, 1은 비가 내렸다). 그러나 로스앤젤레스에서의 비는 드물기 때문에 시간이 지나면서 훨씬 더 작은 정보를 전송할 수 있다. 가끔씩 의사 소통이 제대로 되는지 확인하기 위해서 0을 전송한다. 전송이 오지 않을 때는 0이라고 가정하고 비가 내리는 드문 경우에만 1을 전송한다.

따라서 두 사건이 똑같이 발생할 가능성이 없다면 이 사건을 표현하는 데 1 이하의 비트가 필요하다. 일반적으로 엔트로피^{entropy} 함수 H를 사용하여 2개 이상의 가능한 값을 가질 수 있는 임의의 변수 X에 대한 사건을 측정한다.

$$H(X) = \sum_x p_x \log_2\left(\frac{1}{p_x}\right)$$
$$= -\sum_x p_x \log_2\left(p_x\right)$$

여기서 x는 X가 될 가능성이 있는 값이고, p_x는 X가 x를 가질 확률이다. 따라서 동전을 던질 때 앞면 h와 뒷면 t가 나올 확률의 엔트로피 함수 T는 다음과 같다.

6 시각 정보 이론(Virtual Information Theory) . https://colah.github.io/posts/2015-09-Visual-Information/

$$H(T) = p_h \log_2(1/p_h) + p_t \log_2(1/p_t)$$
$$= 1/2 log_2(2) + 1/2 \log_2(2)$$
$$= 1/2 \cdot 1 + 1/2 \cdot 1$$
$$= 1$$

로스앤젤레스에서 특정 장기간 비오는 날의 확률은 1/6 정도이므로, 로스앤젤레스에서 비오는 날 r과 맑은 날 s의 엔트로피 함수 R은 다음과 같다.

$$H(R) = p_r \log_2(1/p_r) + p_s \log_2(1/p_s)$$
$$= 1/6 \log_2(6) + 5/6 \log_2(6/5)$$
$$\approx 0.65 \text{ bits}$$

특별한 종류의 엔트로피는 조건부^{conditional} 엔트로피다. 조건부 엔트로피는 변수의 기타 사항을 알고 있다고 가정할 때의 변수 엔트로피다. 예를 들어 비가 오는 달을 알고 있다면 엔트로피 함수는 어떻게 작성하는가? 엔트로피 함수는 다음과 같다.

$$H(R|M) = \Sigma_{m=1}^{12} p(m)H(R|M = m)$$

그리고 다음과 같이 쓸 수 있다.

$$H(R|M = m) = p_{r|m} \log_2 \left(\frac{1}{p_{r|m}} \right) + p_{s|m} \log_2 \left(\frac{1}{p_{s|m}} \right)$$
$$= \frac{p_{rm}}{p_m} \log_2 \left(\frac{p_m}{p_{rm}} \right) + \frac{p_{sm}}{p_m} \log_2 \left(\frac{p_m}{p_{sm}} \right)$$
$$= -\frac{p_{rm}}{p_m} \log_2 \left(\frac{p_{rm}}{p_m} \right) - \frac{p_{sm}}{p_m} \log_2 \left(\frac{p_{sm}}{p_m} \right)$$

이제 정보 변형(VI)을 이해하는 데 필요한 이론에 대해서 살펴봤다. 위의 예제에서 사건은 비오는 날과 맑은 날이고, 두 가지 속성이 있다.

- 비 / 맑음
- 월

스팸 탐지기와 같은 분류 예제와 같이, 여러 날을 관찰하여 혼동행렬을 만들 수 있다. 각 월별로 비가 내렸는지의 여부를 측정한다. 측정을 위해서 로스앤젤레스의 날씨를 알 수 있는

WeatherSpark 사이트[7]의 데이터를 사용한다.

월	P(비)	P(맑음)
1	0.25	0.75
2	0.27	0.73
3	0.24	0.76
4	0.18	0.82
5	0.14	0.86
6	0.11	0.89
7	0.07	0.93
8	0.08	0.92
9	0.10	0.90
10	0.15	0.85
11	0.18	0.82
12	0.23	0.77

로스앤젤레스의 월별 강수 엔트로피 함수는 다음과 같다.

$$H(R|M) = -\frac{1}{12}\left(0.25\log_2(0.25) + 0.75\log_2(0.75)\right) - \frac{1}{12}\left(0.27\log_2(0.27) + 0.73\log_2(0.73)\right)$$

$$-... - \frac{1}{12}\left(0.23\log_2(0.23) + 0.77\log_2(0.77)\right)$$

$$\approx 0.626 \text{ bits}$$

날짜 단위를 달로 함으로써 신호의 무작위성을 줄였다.

또한 위의 표에서 조건부 엔트로피를 계산할 수 있다. 조건부 엔트로피는 비가 오면 그 달의 강우량을 결정하는 데 필요한 정보를 측정한다. 로스앤젤레스는 겨울철에 비가 올 가능성이 많다는 것을 알 수 있다.

---

7 http://bit.ly/2sXj4D9

5.6.1 연습문제 : 조건부 엔트로피 계산

위의 표에서 조건부 엔트로피를 계산해보자. 월 변수의 엔트로피는 무엇인가? 각 월의 다른 날의 수는 무시한다. 몇 월달의 엔트로피가 높은가?

> **HINT_** 표의 확률은 월별로 주어진 비가 올 조건부 확률이다.

```
prains = np.array([25, 27, 24, 18, 14, 11, 7, 8, 10, 15, 18, 23]) / 100
pshine = 1 - prains
p_rain_g_month = np.column_stack([prains, pshine])
# 'None'을 무조건(nonconditional) 혼동행렬의 표현식으로 대체한다.
# (힌트 : 행렬값의 합은 1이어야 한다.)
p_rain_month = None
# 아래에 H(M¦R)과 H(M)을 계산하는 코드를 작성한다.
```

아래의 두 값은 정보 변형(VI)을 정의한다.

$$VI(A, B) = H(A|B) + H(B|A)$$

5.7 분할의 정보 이론 : 정보 변형

이미지 분할로 돌아가서 비유하자면 위의 '일'은 '픽셀'이고, '비'와 '월'은 '자동 분할 S'와 '실젯값 T'다. 실젯값 T가 주어진 자동 분할 S의 조건부 엔트로피는 실젯값 T에서 자동 분할 S의 ID를 알려주면 자동 분할 S에서 픽셀의 ID를 결정하는 데 필요한 추가 정보를 측정한다. 예를 들면 모든 실젯값 분할 g가 자동 분할 S에서 2개의 동일한 크기의 분할 a1과 a2로 분할되는 경우의 수식은 H(S|T) = 1이다. 왜냐하면 한 픽셀이 실젯값 분할(g)에 있다는 것을 알고 난 후에도 a1과 a2에 속하는지 알려면 여전히 1비트가 필요하기 때문이다. 그러나 H(T|S) = 0은 픽셀이 a1과 a2에 있는지 여부에 관계없이 실젯값 분할(g) 단위로 보장되기 때문에 자동 분할 S의 세그먼트보다 자세한 정보가 필요하지 않다.

정보 변형(VI) 수식으로 표현하면 다음과 같다.

$$VI(S, T) = H(S|T) + H(T|S) = 1 + 0 = 1\ bit$$

아래의 간단한 예제를 살펴보자.

```
S = np.array([[0, 1],
              [2, 3]], int)
T = np.array([[0, 1],
              [0, 1]], int)
```

두 변수(S, T)는 4픽셀(2x2 행렬)의 이미지 분할이다. 자동 분할 변수 S는 모든 픽셀을 자체 세그먼트에 넣는다. 실젯값 변수 T는 세그먼트의 왼쪽 두 픽셀에 0을 넣고 오른쪽 두 픽셀에 1을 넣는다. 스팸 탐지기 예제와 같이 픽셀도 혼동행렬로 만들어보자. 스팸 탐지기와 픽셀 예제의 차이점은 1차원 배열 대신 2차원 배열을 사용하는 것이다. 실제로 배열의 차원은 중요하지 않다. 넘파이 배열은 실제로 모양과 기타 메타 데이터가 첨부된 '1차원' 데이터 청크chunk다. 이전 예제와 같이 .ravel() 메서드를 사용하여 다차원 배열을 1차원으로 만든다.

```
S.ravel()
```

```
array([0, 1, 2, 3])
```

이제 스팸 메일을 예측할 때와 같은 방법으로 혼동행렬을 만들 수 있다.

```
cont = sparse.coo_matrix((np.broadcast_to(1., S.size),
                          (S.ravel(), T.ravel())))
cont = cont.toarray()
cont
```

```
array([ [ 1.,  0.],
        [ 0.,  1.],
        [ 1.,  0.],
        [ 0., 1.]])
```

픽셀의 개수 대신 확률 행렬을 만들려면 다음과 같이 총 픽셀 수로 나눈다.

```
cont /= np.sum(cont)
```

마지막으로 확률 행렬로 자동 분할 변수 S 또는 실젯값 T 중 하나의 확률 레이블을 계산하는
데 확률 행렬 cont를 사용한다.

```
p_S = np.sum(cont, axis=1)
p_T = np.sum(cont, axis=0)
```

파이썬 코드로 엔트로피를 계산할 때 주의 사항이 있다. $0 \log (0)$은 0과 같지만 파이썬에서
는 숫자가 아닌 값$^{\text{Not a Number, NaN}}$이 된다.

```
print('log (0) 결과 : ', np.log2(0))
print('0 x log (0) 결과 : ', 0 * np.log2(0))

log (0) 결과 :  -inf
0 x log (0) 결과 :  nan
```

따라서 넘파이 인덱스를 사용하여 0값으로 처리해야 한다. 또한 입력이 넘파이 배열인지 사이
파이의 희소행렬인지에 따라서 다른 처리가 필요하다. 위의 log 문제를 처리하는 함수를 작성
하자.

```
def xlog1x(arr_or_mat):
    """배열 또는 행렬 요소의 엔트로피 함수를 계산한다.

    매개변수
    ----------
    arr_or_mat : 넘파이 배열 또는 사이파이 희소행렬
        입력값은 확률 배열이다.
        희소행렬의 경우 'data' 속성이 있는 경우에만 지원한다.

    반환값
    -------
    out : 배열 또는 희소행렬 (매개변수 자료형과 같음)
        매개변수의 항목이 0이면 0으로 유지한다.
        그 외 다른 모든 항목은 밑(base)이 2인 log와 음수로 곱한다.
    """

    out = arr_or_mat.copy()
```

```
    if isinstance(out, sparse.spmatrix):
        arr = out.data
    else:
        arr = out
    nz = np.nonzero(arr)
    arr[nz] *= -np.log2(arr[nz])

    return out
```

잘 동작하는지 확인해보자.

```
a = np.array([0.25, 0.25, 0, 0.25, 0.25])
xlog1x(a)
```

```
array([ 0.5,  0.5,  0. ,  0.5,  0.5])
```

```
mat = sparse.csr_matrix([[0.125, 0.125, 0.25,    0],
                         [0.125, 0.125,    0, 0.25]])
xlog1x(mat).A
```

```
array([[ 0.375,  0.375,  0.5 ,  0.  ],
       [ 0.375,  0.375,  0.  ,  0.5 ]])
```

실젯값 변수 T가 주어진 자동 분할 변수 S의 조건부 엔트로피는 다음과 같다.

```
H_ST = np.sum(np.sum(xlog1x(cont / p_T), axis=0) * p_T)
H_ST
```

```
1.0
```

그 반대의 경우는 다음과 같다.

```
H_TS = np.sum(np.sum(xlog1x(cont / p_S[:, np.newaxis]), axis=1) * p_S)
H_TS
```

```
0.0
```

5.8 희소행렬을 위한 넘파이 배열

위 예제에 넘파이 배열과 브로드캐스팅을 사용했다. 이 책에서는 넘파이 배열과 브로드캐스팅을 여러 번 사용한다. 데이터를 분석하는 강력한 도구이기 때문이다. 하지만 수천 개의 분할을 포함하는 복잡한 이미지 분할에는 비효율적이다. 대신 계산 과정에서 희소행렬을 사용하고 넘파이 배열을 선형 대수 연산으로 재구성할 수 있다. 스택오버플로에서 워렌 웨커서[Warren Weckesser]가 이 방법을 제안했다[8].

선형 대수를 사용하면 우아하고 간결한 코드로 매우 양이 많은 데이터(수십억 개의 픽셀)의 혼동행렬도 효율적으로 계산할 수 있다.

```python
import numpy as np
from scipy import sparse

def invert_nonzero(arr):
    arr_inv = arr.copy()
    nz = np.nonzero(arr)
    arr_inv[nz] = 1 / arr[nz]

    return arr_inv

def variation_of_information(x, y):
    # 혼동행렬을 계산한다.
    # 결합 확률 행렬(joint probability matrix)이라고도 한다.
    n = x.size
    Pxy = sparse.coo_matrix((np.full(n, 1/n), (x.ravel(), y.ravel())),
                    dtype=float).tocsr()

    # 1차원 배열로 변환하여 주변 확률(marginal probability)을 계산한다.
    px = np.ravel(Pxy.sum(axis=1))
    py = np.ravel(Pxy.sum(axis=0))

    # 정보 변형(VI)을 계산하는 데 희소행렬 선형 대수를 사용한다.
    # 먼저 역 대각행렬을 계산한다.
    Px_inv = sparse.diags(invert_nonzero(px))
    Py_inv = sparse.diags(invert_nonzero(py))

    # 다음, 엔트로피를 계산한다.
```

---

8 스택오버플로 질문 페이지. http://bit.ly/2trePTS

```
hygx = px @ xlog1x(Px_inv @ Pxy).sum(axis=1)
hxgy = xlog1x(Pxy @ Py_inv).sum(axis=0) @ py

# 엔트로피의 합을 반환한다.
return float(hygx + hxgy)
```

자동 분할 S와 실젯값 T의 정보 변형(VI)에 대해서 올바른 값 1을 부여하는지 확인할 수 있다.

```
variation_of_information(S, T)
```

```
1.0
```

희소 혼동행렬은 엔트로피를 효율적으로 계산하는 데 3가지 유형의 희소행렬(COO, CSR, 대각행렬)을 사용할 수 있다. 여기서 넘파이는 비효율적이다(실제로 위의 접근법은 파이썬의 MemoryError에서 영감을 받았다).

5.9 정보 변형 사용하기

자동 이미지 분할을 잘 예측하는 정보 변형(VI)의 예제를 살펴보자. 3장에서 이미지 분할에 호랑이 사진을 사용했다(그림 5-2). 3장을 건너 뛰었다면 3장으로 돌아가서 이미지 분할에 대해서 살펴보자. 3장에서 배운 기법을 사용하여 호랑이 그림을 분할하는 여러 방법을 생성한 후, 최적의 이미지를 찾아보자.

```
from skimage import io

url = ('http://www.eecs.berkeley.edu/Research/Projects/CS/vision/bsds'
       '/BSDS300/html/images/plain/normal/color/108073.jpg')
tiger = io.imread(url)

plt.imshow(tiger);
```

그림 5-2 호랑이 사진(BSDS, 108073)

이미지를 분할하려면 실젯값이 필요하다. 일반적으로 사람은 눈으로 호랑이를 잘 구분한다. 이 실험을 진행하려면 사람들이 사진에서 호랑이를 찾도록 해야 한다. 버클리 대학교의 연구자는 수십 명의 사람들에게 호랑이 사진을 보고 수동으로 호랑이를 찾게 했다[9].

버클리 분할 데이터셋과 벤치마크[10]에서 분할 이미지 중 하나를 가져왔다(그림 5-3). 참고로 사람이 수행한 분할에는 상당한 차이가 있다. 사람이 분할한 호랑이 이미지를 살펴보면[11] 어떤 사람은 갈대 주위를 조금 더 자세하게 분할하는 반면, 어떤 사람은 호랑이와 물에 비친 호랑이를 분할했다. 이 예제에서는 갈대와 호랑이를 분할한 이미지를 선택했다(이것은 기호에 맞게 몇 개의 분할 이미지 중 하나를 선택한 것이다. 분할 이미지 선택에 정답은 없다).

```
from scipy import ndimage as ndi
from skimage import color

human_seg_url = ('http://www.eecs.berkeley.edu/Research/Projects/CS/'
                 'vision/bsds/BSDS300/html/images/human/normal/'
                 'outline/color/1122/108073.jpg')
boundaries = io.imread(human_seg_url)
plt.imshow(boundaries);
```

---

9 「윤곽 검출 및 계층적 이미지 분할(Contour Detection and Hierarchical Image Segmentation)」 IEEE TPAMI 33, no. 5 (2011): 898–916 (Pablo Arbelaez, Michael Maire, Charless Fowlkes, and Jitendra Malik)

10 Berkeley Segmentation Dataset and Benchmark . http://bit.ly/2sdHN92

11 http://bit.ly/2sdWtoH

그림 5-3 사람이 분할한 호랑이 이미지

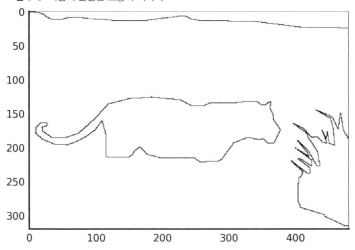

호랑이 이미지를 사람이 분할한 이미지로 오버레이^{overlay}해보면 이 사람은 호랑이를 제대로 식별했다는 것을 알 수 있다(그림 5-4). 이 사람[12]은 호랑이, 강둑, 갈대를 분할했다.

```
human_seg = ndi.label(boundaries > 100)[0]
plt.imshow(color.label2rgb(human_seg, tiger));
```

그림 5-4 사람에 의한 호랑이 이미지 분할 (오버레이)

---

12 http://bit.ly/2sdWtoH . User #1122

3장의 이미지 분할 코드로 호랑이를 인식하는 데 얼마나 효과가 있는지 살펴보자(그림 5-5).

```python
# 지역 근접 그래프(RGA) - 3장 참조
import networkx as nx
import numpy as np
from skimage.future import graph

def add_edge_filter(values, graph):
    current = values[0]
    neighbors = values[1:]
    for neighbor in neighbors:
        graph.add_edge(current, neighbor)
    return 0. # 반환값은 사용되지 않지만, generic_filter() 함수에서 필요하다.

def build_rag(labels, image):
    g = nx.Graph()
    footprint = ndi.generate_binary_structure(labels.ndim, connectivity=1)
    for j in range(labels.ndim):
        fp = np.swapaxes(footprint, j, 0)
        fp[0, ...] = 0  # 각 축 footprint 상단을 0으로 처리한다.
    _ = ndi.generic_filter(labels, add_edge_filter, footprint=footprint,
                  mode='nearest', extra_arguments=(g,))
    for n in g:
        g.node[n]['total color'] = np.zeros(3, np.double)
        g.node[n]['pixel count'] = 0
    for index in np.ndindex(labels.shape):
        n = labels[index]
        g.node[n]['total color'] += image[index]
        g.node[n]['pixel count'] += 1
    return g

def threshold_graph(g, t):
    to_remove = [(u, v) for (u, v, d) in g.edges(data=True)
              if d['weight'] > t]
    g.remove_edges_from(to_remove)



# 베이스라인 분할(Baseline segmentation)
from skimage import segmentation
seg = segmentation.slic(tiger, n_segments=30, compactness=40.0,
                          enforce_connectivity=True, sigma=3)
plt.imshow(color.label2rgb(seg, tiger));
```

그림 5-5 호랑이 이미지의 베이스라인 SLIC 분할

3장에서 그래프 임곗값를 80으로 설정했다. 여기에서 임곗값이 어떻게 분할에 영향을 미치는지 자세히 살펴보자. 위의 분할 코드를 아래의 함수에 추가한다.

```python
def rag_segmentation(base_seg, image, threshold=80):
    g = build_rag(base_seg, image)
    for n in g:
        node = g.node[n]
        node['mean'] = node['total color'] / node['pixel count']
    for u, v in g.edges_iter():
        d = g.node[u]['mean'] - g.node[v]['mean']
        g[u][v]['weight'] = np.linalg.norm(d)

    threshold_graph(g, threshold)

    map_array = np.zeros(np.max(seg) + 1, int)
    for i, segment in enumerate(nx.connected_components(g)):
        for initial in segment:
            map_array[int(initial)] = i
    segmented = map_array[seg]
    return(segmented)
```

몇 개의 임곗값을 설정하여 어떤 결과가 나오는지 살펴보자(그림 5-6, 그림 5-7 참조).

```
auto_seg_10 = rag_segmentation(seg, tiger, threshold=10)
plt.imshow(color.label2rgb(auto_seg_10, tiger));
```

그림 5-6 RAG 기반 분할(임곗값 : 10)

```
auto_seg_40 = rag_segmentation(seg, tiger, threshold=40)
plt.imshow(color.label2rgb(auto_seg_40, tiger));
```

그림 5-7 RAG 기반 분할(임곗값 : 40)

실제로 3장에서 다른 임곗값으로 여러 번 분할한 후, 분할이 잘 된 것으로 골랐다(사람의 눈으로 판별이 가능하기 때문에 이렇게 할 수 있다). 이미지 분할에 대한 자동화가 필요하다.

높은 임곗값으로 더 좋게 분할하는 것을 볼 수 있다. 그러나 실젯값을 알고 있기 때문에 분할 결과를 숫자로 나타낼 수 있다. 모든 희소행렬 기술을 사용하여 각 분할별로 정보 변형(VI)을 계산할 수 있다.

```
variation_of_information(auto_seg_10, human_seg)
```

```
3.44884607874861
```

```
variation_of_information(auto_seg_40, human_seg)
```

```
1.0381218706889725
```

높은 임곗값은 더 작게 정보 변형(VI)이 이루어지기 때문에 분할 결과가 더 좋다. 이제 가능한 임곗값의 범위에 대한 정보 변형(VI)을 계산하고, 어떤 값이 사람의 실젯값에 가장 가까운 분할을 제공하는지 살펴보자(그림 5-8).

```python
# 임곗값 실험
def vi_at_threshold(seg, tiger, human_seg, threshold):
    auto_seg = rag_segmentation(seg, tiger, threshold)
    return variation_of_information(auto_seg, human_seg)

thresholds = range(0, 110, 10)
vi_per_threshold = [vi_at_threshold(seg, tiger, human_seg, threshold)
                    for threshold in thresholds]

plt.plot(thresholds, vi_per_threshold);
```

그림 5-8 임곗값 함수에 따른 분할 정보 변형(VI)

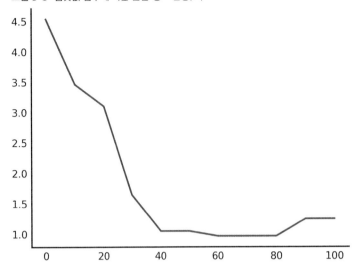

임곗값 80이 가장 좋은 분할을 만든다. 이제 어떤 이미지에 대해서도 이 과정을 자동화할 수 있다.

```
auto_seg = rag_segmentation(seg, tiger, threshold=80)
plt.imshow(color.label2rgb(auto_seg, tiger));
```

그림 5-9 정보 변형(VI) 곡선에 기반한 최적의 호랑이 분할

추가 작업 : 분할 실전

버클리 분할 데이터셋과 벤치마크[13]의 다른 이미지에서 최상의 임곗값을 찾아보자[14]. 임곗값의 평균값이나 중간값을 사용하여 다른 이미지를 분할해보자. 분할이 잘 되었는가?

이번 장에서 희소행렬에 대해서 살펴봤다. 희소행렬은 많은 간격이 있는 데이터를 효율적으로 표현한다. 이번 장 이후에서도 희소행렬을 사용한다.

희소행렬이 매우 유용하게 사용되는 특정 상황은 희소 선형 대수에 있다. 자세한 내용은 다음 장에서 살펴본다.

---

13 http://bit.ly/2sdHN92

14 「윤곽 검출 및 계층적 이미지 분할 Contour Detection and Hierarchical Image Segmentation」 IEEE TPAMI 33, no. 5 (2011): 898-916 (Pablo Arbelaez, Michael Maire, Charless Fowlkes, and Jitendra Malik)

CHAPTER 6

사이파이 선형대수학

매트릭스가 무엇인지 말해줄 순 없네. 직접 봐야 하지.

— 모피어스, 영화 〈매트릭스〉 등장인물

이번 장에서는 선형대수학의 우아한 사용법을 소개한다. 사이파이 패키지에서 컴퓨터 과학의 기초를 형성하는 선형대수학을 사용해보자.

6.1 선형대수학 기초

이 책은 독자가 선형대수학 개념에 익숙하다고 가정한다. 선형대수학은 벡터(숫자가 정렬된 집합)를 포함한다는 것과 벡터와 행렬(벡터의 집합)을 곱하여 변형시킨다는 것을 알아야 한다. 이 개념에 대해서 익숙하지 않다면 이 장을 읽기 전에 선형대수학에 대한 기초 서적이나 인터넷 자료를 읽어야 한다. 『선형대수학과 그 응용Linear Algebra and Its Applications』(경문사, 2013)을 강력히 추천한다. 선형대수학을 어느 정도 알고 있다면 이 책의 내용으로도 충분하다. 선형대수학 연산을 상대적으로 단순하게 유지하면서 선형대수학의 힘을 코드에 전달해보자.

먼저 선형대수학의 규칙을 고려해서 파이썬의 명명 규칙naming convention을 깨뜨린다. 파이썬에서 변수 이름은 일반적으로 소문자로 시작한다. 그러나 선형대수학에서 행렬은 대문자로 나타내고, 벡터와 스칼라scalar 값은 소문자로 나타낸다. 행렬과 벡터를 처리하는 과정에서 선형대수학

명명 규칙을 따르면 조금 더 가독성에 도움을 준다. 따라서 행렬을 나타내는 변수는 대문자로 벡터와 숫자는 소문자로 시작한다.

```python
import numpy as np

m, n = (5, 6)  # 스칼라
M = np.ones((m, n))  # 행렬
v = np.random.random((n,))  # 벡터
w = M @ v  # 다른 벡터
```

수학 표기법에서 벡터는 일반적으로 v와 w와 같이 굵게 쓰는 반면, 스칼라는 그냥 m과 n으로 쓴다. 파이썬 코드에서 굵기를 다르게 하지는 못하지만 변수명은 수학 표기법을 따른다.

6.2 그래프의 라플라시안 행렬

3장에서 이미지 지역을 노드로 표현하고, 노드 사이의 에지로 연결된 그래프를 살펴봤다. 그래 프의 임곗값을 설정하고, 특정 값을 갖는 노드 간의 모든 에지를 제거하는 다소 간단한 분석 방 법을 사용했다. 임곗값은 그래프가 단순한 경우에는 잘 동작하지만 복잡한 경우에는 임곗값을 잘못 설정하여 실패하기 쉽다.

예를 들어 전쟁이 일어나 적군이 강 건너편에서 야영을 하고 있다고 가정해보자. 강의 모든 다 리를 없애 적군의 침입을 차단하기로 결정했다. 각 다리를 없애는 데 $t$kg의 고성능 폭약^{TNT}을 사용하기로 한다. 현재, 아군의 영토에 있는 다리는 $(t + 1)$kg의 고성능 폭약을 견딜 수 있다. 모든 다리의 지휘관에게 고성능 폭약 $t$kg을 설치하라고 명령할 수 있다. 그러나 한 다리에 대 한 정보가 잘못되었다면, 그 다리는 폭파되지 않을 것이고 적군이 해당 다리를 이용해 침입할 것이다.

이번 장에서는 선형대수학을 기반으로 하는 그래프 분석에 대한 몇 가지 대안을 살펴본다. 노 드가 0에서 $n-1$까지 있는 인접 그래프 G가 있다. 그래프의 노드 i와 노드 j에 에지가 있을 때 마다 행렬 i와 행렬 j에 1을 설정한다. 즉, 인접행렬 A가 있고, 인접 그래프 G의 에지 (i, j)가 존재하면 A_{ij} = 1이다. 선형대수학을 이용하여 인접행렬을 살펴볼 수 있다.

노드의 차수^{degree}는 노드에 닿는 에지 수다. 예를 들어 그래프에서 한 노드가 다른 노드 5개에 연결되어 있다면 이 노드의 차수는 5다(에지가 방향이 있을 때 진입차수$^{\text{in-degree}}$과 출력 차수$^{\text{out-degree}}$을 구분한다). 차수는 행렬의 행 또는 열의 합계에 해당한다.

그래프의 라플라시안^{Laplacian} 행렬(이하 '라플라시안')은 대각선에서 각 노드의 차수를 포함하는 차수행렬[1] D와 인접행렬 A를 뺀 것으로 정의한다.

$$L = D - A$$

라플라시안의 특징을 이해하는 데 필요한 모든 선형대수학 이론에 모두 부합할 수 없지만, 라플라시안은 훌륭한 특징을 가지고 있다. 이제부터 자세히 살펴보자.

먼저 라플라시안 L의 고유벡터를 살펴보자. 행렬 M의 고유벡터^{eigenvector} v는 어떤 고윳값^{eigenvalue} λ에 대해서 $Mv = \lambda v$를 만족하는 벡터다. 즉, Mv는 방향을 바꾸지 않고 벡터의 크기를 간단하게 변경하기 때문에 고유벡터 v는 행렬 M과 연관된 특별한 벡터다. 고유벡터는 많은 유용한 속성을 가진다.

예를 들어 3x3 행렬 R은 3차수 벡터 p로 곱할 때 z축을 중심으로 30도 회전한다. 3x3 행렬 R은 z축에 있는 벡터를 제외한 모든 벡터를 회전시킨다. 이 벡터들은 아무런 영향을 받지 않는 $Rp = p$가 된다(즉 $\lambda = 1$, $Rp = \lambda p$).

6.2.1 연습문제 : 회전 행렬

아래의 회전^{rotation} 행렬이 있다.

$$R = \begin{bmatrix} \cos\theta & -\sin\theta & 0 \\ \sin\theta & \cos\theta & 0 \\ 0 & 0 & 1 \end{bmatrix}$$

회전 행렬 R에 3차수 열-벡터 $p = [x\,y\,z]^T$를 곱하면, 결과 벡터 Rp는 z축을 중심으로 θ도 회전한다.

> **1** $\theta = 45°$이면 회전 행렬 R이 z축을 중심으로 임의의 벡터를 회전시키는지 확인해보자(몇 가지 임의의 벡터를 테스트한다). 파이썬에서 행렬 곱셈은 @이다.

....

1 역주_ degree matrix. 그래프 이론의 수학 분야에서 차원 행렬은 각 정점(vertex)의 차원에 대한 정보를 포함하는 대각 행렬이다. 이때 정보는 각 정점에 연결되어 있는 에지(edge) 수다.

2 행렬 $S = RR$은 무엇인가? 파이썬에서 결과를 확인해보자.

3 회전 행렬 R에 의한 곱셈은 벡터 $[0, 0, 1]^T$를 변형시키지 않는다는 것을 확인해보자. 다시 말하면 $Rp = 1p$다. p는 고윳값 λ가 1인 회전 행렬 R의 고유벡터다.

4 넘파이의 np.linalg.eig() 함수를 사용하여 회전 행렬 R의 고윳값과 고유벡터를 찾아보자. 그리고 벡터 $[0, 0, 1]^T$가 실제로 고유벡터에 있고, 고윳값이 1인지 확인해보자.

다시 라플라시안으로 돌아간다. 네트워크 분석의 일반적인 문제는 시각화다. [그림 6-1]과 같은 노드와 에지를 어떻게 그릴 수 있을까?

그림 6-1 위키피디아 구조 시각화 (크리스 데비스[Chris Davis], CC-B Y−SA−3.0 라이선스[2]

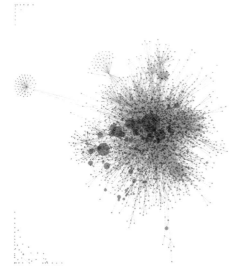

노드와 에지를 시각화하는 한 가지 방법은 많은 에지를 서로 공유하는 노드를 같이 배치하는 것이다. 또는 작은 라플라시안 행렬의 고윳값과, 이에 대응하는 고유벡터를 사용하여 위 그림을 그릴 수 있다. 이 두 번째 방법을 피들러 벡터[Fiedler vector][3]라고 한다.

피들러 벡터를 구현하는 작은 네트워크를 사용해보자. 다음과 같은 인접행렬을 생성한다.

```
import numpy as np

A = np.array([[0, 1, 1, 0, 0, 0],
```

---

2 https://ko.wikipedia.org/wiki/크리에이티브_커먼즈_라이선스
3 http://bit.ly/2tji13N

```
                                [1, 0, 1, 0, 0, 0],
                                [1, 1, 0, 1, 0, 0],
                                [0, 0, 1, 0, 1, 1],
                                [0, 0, 0, 1, 0, 1],
                                [0, 0, 0, 1, 1, 0]], dtype=float)
```

NetworkX 라이브러리를 사용하여 그래프를 그릴 수 있다.

```
# 그래프를 바로 표시하고, 사용자 정의 스타일을 적용한다.
%matplotlib inline
import matplotlib.pyplot as plt
plt.style.use('style/elegant.mplstyle')
```

이제 노드와 에지를 시각화할 수 있다.

```
import networkx as nx

g = nx.from_numpy_matrix(A)
layout = nx.spring_layout(g, pos=nx.circular_layout(g))
nx.draw(g, pos=layout,
        with_labels=True, node_color='white')
```

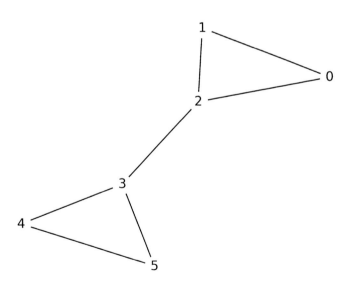

노드가 0, 1, 2와 3, 4, 5 두 그룹으로 나뉘는 것을 볼 수 있다. 피들러 벡터로 그래프를 시각화해보자. 차수행렬과 라플라시안을 계산해야 한다. 먼저 변수 A의 각 축(행)을 합산하여 차수를 얻는다. 변수 A는 대칭이기 때문에 축(행렬의 대각선)을 사용한다.

```
d = np.sum(A, axis=0)
print(d)
```

```
[ 2. 2. 3. 3. 2. 2.]
```

그리고 넘파이의 np.diag() 함수를 사용하여 변수 A 모양과 같은 대각 행렬에 합산한 차수 d를 넣는다(차수행렬).

```
D = np.diag(d)
print(D)
```

```
[[ 2. 0. 0. 0. 0. 0.]
 [ 0. 2. 0. 0. 0. 0.]
 [ 0. 0. 3. 0. 0. 0.]
 [ 0. 0. 0. 3. 0. 0.]
 [ 0. 0. 0. 0. 2. 0.]
 [ 0. 0. 0. 0. 0. 2.]]
```

라플라시안의 정의에 의해 라플라시안을 구한다.

```
L = D - A
print(L)
```

```
[[ 2. -1. -1. 0. 0. 0.]
 [-1. 2. -1. 0. 0. 0.]
 [-1. -1. 3. -1. 0. 0.]
 [ 0. 0. -1. 3. -1. -1.]

 [ 0. 0. 0. -1. 2. -1.]
 [ 0. 0. 0. -1. -1. 2.]]
```

변수 L은 대칭이기 때문에 np.linalg.eigh() 함수를 사용하여 고윳값과 고유벡터를 계산할 수 있다.

```
val, Vec = np.linalg.eigh(L)
```

반환값이 고윳값과 고유벡터의 정의를 충족시키는지 확인할 수 있다. 예를 들어 고윳값 중에 3이 있는지 다음과 같이 확인한다.

```
np.any(np.isclose(val, 3))
```

```
True
```

그리고 변수 L에 대응하는 고유벡터를 곱하면 실제로 벡터에 3을 곱한다는 것을 확인할 수 있다.

```
idx_lambda3 = np.argmin(np.abs(val - 3))
v3 = Vec[:, idx_lambda3]

print(v3)
print(L @ v3)
```

```
[ 0.         0.37796447 -0.37796447 -0.37796447  0.68898224 -0.31101776]
[ 0.         1.13389342 -1.13389342 -1.13389342  2.06694671 -0.93305329]
```

앞서 말했듯이 피들러 벡터는 변수 L의 두 번째로 작은 고윳값에 해당하는 벡터다. 고윳값을 정렬하여 두 번째로 작은 값을 살펴보자.

```
plt.plot(np.sort(val), linestyle='-', marker='o');
```

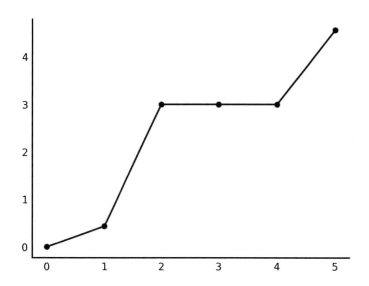

두 번째로 작은 고윳값은 0.4에 가깝다. 피들러 벡터는 고윳값에 대응하는 고유벡터다(그림 6-2 참조).

```
f = Vec[:, np.argsort(val)[1]]
plt.plot(f, linestyle='-', marker='o');
```

그림 6-2  L의 피들러 벡터

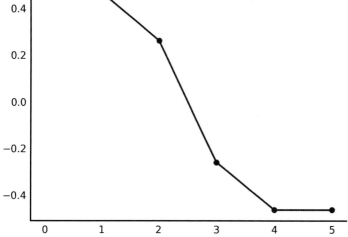

[그림 6-2]에서 피들러 벡터 요소의 부호를 보면 노드를 두 그룹으로 분리할 수 있다(그림 6-3 참조).

```
colors = ['orange' if eigv > 0 else 'gray' for eigv in f]
nx.draw(g, pos=layout, with_labels=True, node_color=colors)
```

그림 6-3 L의 피들러 벡터 : 부호에 따라 노드 색이 다르다.

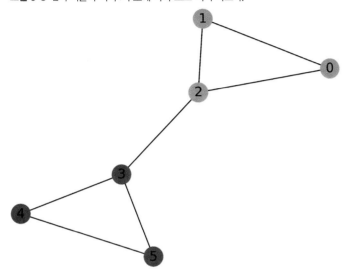

6.3 뇌 데이터와 라플라시안

웜worm의 뇌 신경세포를 3.5절에서 한 차례 언급한 바가 있는 바시니 외 여러 사람이 쓴 논문[4]에 실린 그림(Figure 2)과 같은 그래프로 표현해보자(웜의 뇌 신경세포를 그래프로 표현하는 방법에 대한 정보는 논문의 보충 자료[5]에 있다). 웜의 뇌 신경세포neuron의 레이아웃을 얻는 데 바시니 외 여러 사람은 차수 라플라시안degree-normalized Laplacian이라는 관계 행렬을 사용했다.

----

4 http://bit.ly/2s9unuL
5 http://bit.ly/2sdZLIK

웜의 뇌 신경세포를 그래프로 표현하려면 신경세포의 순서가 중요하다. 이 장에서는 미리 정렬된 데이터를 사용한다. 정렬된 데이터는 이 책에서 제공하는 자료의 data/ 디렉터리에 있다.

먼저 데이터를 불러보자. 데이터는 네 가지 구성 요소가 있다.

- 사전 시냅스(pre-synaptic) 신경세포를 통해 사후 시냅스(post-synaptic) 신경세포로 화학 신호를 보내는 화학 시냅스 네트워크
- 신경세포 사이의 직접적인 전기 접촉을 포함하는 간극 결합 네트워크(gap junction network)
- 신경세포 식별자(이름)
- 세 가지 신경세포 유형
  - 감각(Sensory)신경세포 : 외부에서 오는 신호를 감지하는 세포(0으로 인코딩)
  - 운동(Motor)신경세포 : 근육을 활성화시켜 웜을 움직이게 해주는 세포(2로 인코딩)
  - 사이신경세포(Interneurons) : 감각신경세포와 운동신경세포 사이의 복잡한 신호 처리를 담당하는 세포(1로 인코딩)

```
import numpy as np

Chem = np.load('data/chem-network.npy')
Gap = np.load('data/gap-network.npy')
neuron_ids = np.load('data/neurons.npy')
neuron_types = np.load('data/neuron-types.npy')
```

두 종류의 연결을 같이 추가하고 신경세포의 안쪽 연결과 바깥쪽 연결의 평균을 취한다. 그 후 네트워크의 방향성을 제거하여 네트워크를 단순화한 신경세포의 레이아웃 그래프를 그린다. 다음 코드의 결과 행렬은 인접행렬의 다른 종류인 연결행렬 C이다.

```
A = Chem + Gap
C = (A + A.T) / 2
```

라플라시안 행렬 L을 구하려면 차수행렬 D가 필요하다. 차수행렬의 요솟값은 [i, i]에 있는 노드 i의 차수를 제외하고는 모두 0으로 되어 있다.

```
degrees = np.sum(C, axis=0)
D = np.diag(degrees)
```

이제 이전과 같이 라플라시안을 얻을 수 있다.

```
L = D - C
```

논문의 그림[6]에서 수직 좌표는 평균적으로 신경세포가 하위 이웃의 '바로 윗' 노드까지 최대한 가깝게 노드를 배치한다. 바시니 외 여러 사람은 이 방법을 '처리 깊이$^{processing\ depth}$'라고 불렀다. 이것은 라플라시안이 포함된 선형 방정식을 풀어서 구할 수 있다. 이 선형 방정식을 푸는 데 의사역행렬[7]인 scipy.linalg.pinv() 함수를 사용한다.

```
from scipy import linalg

b = np.sum(C * np.sign(A - A.T), axis=1)
z = linalg.pinv(L) @ b
```

(@ 기호는 파이썬 3.5에서 도입된 행렬 곱셈 연산이다. 서문과 5장에서 말했듯이 파이썬 3.5 이전 버전에서는 넘파이의 np.dot() 함수를 사용해야 한다.)

차수 정규화 라플라시안 행렬 Q를 구하려면 차수행렬 D의 역 제곱근이 필요하다.

```
Dinv2 = np.diag(1 / np.sqrt(degrees))
Q = Dinv2 @ L @ Dinv2
```

마지막으로 신경세포의 x 좌표를 추출해 아주 가깝게 연결된 신경세포를 확인할 수 있다. 라플라시안 행렬 Q의 고유벡터는 차수에 의해 정규화된 두 번째로 작은 고윳값에 해당한다.

```
val, Vec = linalg.eig(Q)
```

다음은 넘파이 numpy.linalg.eig() 함수 문서에 나오는 문장이다.

> 고윳값은 순서대로 정렬되어 있지 않다.

---

6 Figure 2. http://bit.ly/2s9unuL

7 역행렬은 기본적으로 정방행렬일 때만 구할 수 있다. 행렬이 직사각형 행렬이면 역행렬을 구할 수 없다. 대신 의사역행렬을 구한다. pseudoinverse 혹은 Moore–Penrose inverse라고 한다. http://bit.ly/2tqOJQY

사이파이 eig() 함수 문서에는 위와 같은 경고가 없지만 사이파이 eig() 함수도 마찬가지다. 따라서 고윳값과 대응하는 고유벡터 열을 따로 정렬해야 한다.

```
smallest_first = np.argsort(val)
val = val[smallest_first]
Vec = Vec[:, smallest_first]
```

이제 유사도^affinity 좌표를 계산하는 데 필요한 고유벡터를 찾을 수 있다.

```
x = Dinv2 @ Vec[:, 1]
```

고유벡터 x를 사용하는 이유는 위 논문의 링크된 보충 자료에 나와있다. 간단히 말해서 고유벡터를 선택하면 신경세포 간 링크의 총 길이가 최소화된다.

웜의 뇌 신경세포 레이아웃을 그래프로 그리기 전에 해결해야 할 작은 문제가 있다. 고유벡터는 곱셈의 상수까지만 정의된다. 이것은 고유벡터의 정의를 따른다. v는 고윳값 λ와 대응하는 행렬 M의 고유벡터라고 가정한다. 그러면 $Mv = \lambda v$는 $M(av) = \lambda(av)$를 의미하기 때문에 av는 스칼라 수 a에 대한 행렬 M의 고유벡터이기도 하다. 따라서 소프트웨어 패키지가 행렬 M의 고유벡터를 요구할 때 고유벡터(v 또는 $-v$)를 임의로 반환한다.

바시니 외 여러 사람의 논문에 있는 웜의 뇌 신경세포 레이아웃을 재현하려면 벡터가 반대 방향이 아닌 같은 방향을 가리키고 있는지 확인해야 한다. 논문의 그림(Figure 2)에서 임의의 신경세포를 선택하고, 선택된 신경세포의 위치에서 x의 부호를 확인한다. 논문의 그림에서 신경세포의 부호와 일치하지 않으면 부호를 변경한다.

```
vc2_index = np.argwhere(neuron_ids == 'VC02')
if x[vc2_index] < 0:
    x = -x
```

이제 노드와 에지를 그리면 된다. 'colorblind' 팔레트[8]를 사용하여 변수 neuron_types에 저장된 신경세포 유형에 따라 색상을 지정한다.

---

8 https://chrisalbon.com/python/data_visualization/seaborn_color_palettes/

```
from matplotlib.colors import ListedColormap
from matplotlib.collections import LineCollection


def plot_connectome(x_coords, y_coords, conn_matrix, *,
                    labels=(), types=None, type_names=('',),
                    xlabel='', ylabel=''):
    """점을 선으로 연결하여 신경세포 그래프를 그린다.

    신경세포는 다른 유형(최대 6가지 색상)을 가질 수 있다.

    매개변수
    ----------
    x_coords, y_coords : 부동소수점 배열, 모양 (N,)
        신경세포의 x 좌표와 y 좌표
    conn_matrix : 배열 또는 부동소수점 희소행렬, 모양 (N, N)
        노드 i와 노드 j가 연결된 경우, (i, j) 항목이 0이 아닌 연결행렬
    labels : 문자열 배열, 모양 (N,), 선택적 매개변수
        노드 이름
    types : 정수 배열, 모양 (N,), 선택적 매개변수
        노드 유형 (예 : 감각신경세포, 사이신경세포)
    type_names : 문자열 배열, 선택적 매개변수
        유형 이름
        예를 들어 0은 감각신경세포를 말한다.
        type_names[0]은 '감각신경세포'다.
    xlabel, ylabel : 문자열, 선택적 매개변수
        축 레이블
    """

    if types is None:
        types = np.zeros(x_coords.shape, dtype=int)
    ntypes = len(np.unique(types))
    colors = plt.rcParams['axes.prop_cycle'][:ntypes].by_key()['color']
    cmap = ListedColormap(colors)

    fig, ax = plt.subplots()

    # 신경세포의 위치를 그린다.
    for neuron_type in range(ntypes):
        plotting = (types == neuron_type)
        pts = ax.scatter(x_coords[plotting], y_coords[plotting],
                    c=cmap(neuron_type), s=4, zorder=1)
        pts.set_label(type_names[neuron_type])
```

```
# 텍스트 레이블을 추가한다.
for x, y, label in zip(x_coords, y_coords, labels):
    ax.text(x, y, '  ' + label,
            verticalalignment='center', fontsize=3, zorder=2)

# 에지를 그린다.
pre, post = np.nonzero(conn_matrix)
links = np.array([[x_coords[pre], x_coords[post]],
                  [y_coords[pre], y_coords[post]]]).T
ax.add_collection(LineCollection(links, color='lightgray',
                                 lw=0.3, alpha=0.5, zorder=0))

ax.legend(scatterpoints=3, fontsize=6)

ax.set_xlabel(xlabel, fontsize=8)
ax.set_ylabel(ylabel, fontsize=8)

plt.show()
```

이제 plot_connectome() 함수로 신경세포 그래프를 그려보자.

```
plot_connectome(x, z, C, labels=neuron_ids, types=neuron_types,
                type_names=['감각신경세포', '사이신경세포', '운동신경세포'],
                xlabel='유사 고유벡터 1', ylabel='처리 깊이')
```

웜 뇌 신경세포 그래프를 그렸다. 논문에 언급한 바와 같이 사이신경세포의 네트워크를 통해서 감각신경세포에서 운동신경세포에 이르는 하향식top-down 처리 과정을 볼 수 있다. 또한 운동신경세포에서 별개의 두 그룹을 볼 수 있다. 이 두 그룹은 웜의 신체 부위인 목(왼쪽)과 몸(오른쪽)에 해당한다.

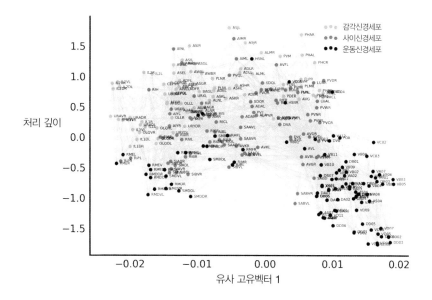

6.3.1 연습문제 : 유사도 보기

논문의 그림(Figure 2B)에서 유사도 보기[affinity view]를 표시하도록 위 코드를 수정해보자.

6.3.2 도전 과제 : 희소행렬과 선형대수학

웜의 뇌 신경세포 그래프를 그리는 코드는 넘파이 배열을 사용하여 필요한 만큼의 행렬로 계산을 수행한다. 노드 수가 300개 미만인 작은 그래프를 그리기 때문에 위의 코드가 동작했지만 노드가 많은 큰 그래프의 경우에는 실패할 것이다.

예를 들어 100,000개 이상의 패키지가 포함된 파이썬 패키지 인덱스[Python Package Index, PyPI]에서 라이브러리 간의 관계를 분석한다고 가정해보자. 이 그래프의 라플라시안 행렬을 사용하면 램에서 $8 \times (100 \times 10^3)^2 = 8 \times 10^{10}$바이트(80GB)의 용량을 차지한다. 행렬을 계산할 때 인접성, 대칭 인접성, 의사역행렬에서 2개의 임시 행렬을 사용한다고 가정한다면, 대부분의 데스크톱 컴퓨터가 계산하지 못하는 최대 480GB까지의 용량을 차지할 수 있다.

512GB 램의 데스크톱 컴퓨터가 있다면 위의 분석 작업을 처리할 수 있을 것이다. 소위 '큰' 그래프에서 짧은 단위의 작업을 만들어서 처리할 것이다.

그러나 2,000,000개가 넘는 학술 연구 및 참고 문헌의 컴퓨터 학회Association for Computing Machinery, ACM에서 인용한 그래프를 분석한다고 가정해보자. 라플라시안에서 32TB 램을 차지할 것이다.

하지만 위의 두 분석의 경우 의존성과 참조 그래프가 희소하다는 것을 알고 있다. 패키지는 일반적으로 파이썬 패키지 인덱스 전체가 아니라, 몇 개의 다른 패키지에만 의존한다. 논문과 책도 마찬가지로 보통 몇 가지 다른 것들을 참조한다. 따라서 scipy.sparse(5.2절 참조) 모듈의 희소 자료 구조를 사용하여 위의 분석에서 사용하는 큰 행렬을 저장하고, 선형대수의 scipy. sparse.linalg 모듈을 사용하여 필요한 값을 계산할 수 있다.

사이파이의 scipy.sparse.linalg 모듈 문서를 살펴보고 위의 계산에서 희소한 부분을 생각해보자.

> **NOTE_** 희소행렬의 의사역행렬은 일반적으로 희소하지 않으므로 여기에서 사용하지 않는다. 희소행렬의 모든 고유벡터가 함께 모여서 밀집행렬dense matrix을 구성하기 때문에 희소행렬의 모든 고유벡터를 얻을 수 없다.

연습문제 정답은 부록에 있다. 희소 반복 알고리즘에 대한 다음 설명에 연습문제의 힌트가 있지만 스스로 이 문제를 풀어보기 바란다.

희소 반복 알고리즘

사이파이는 몇 가지 희소 반복 알고리즘을 제공한다. 언제 어떤 알고리즘을 사용해야 할까? 불행하게도 정답은 없다. 알고리즘마다 속도, 안정성, 정확도 및 메모리 사용면에서 다른 장점을 가진다. 또한 입력 데이터를 보고 어떤 알고리즘이 잘 수행되는지 예측할 수 없다.

scipy.sparse.linalg 모듈의 희소 반복 알고리즘 선택에 대한 대략적인 지침은 다음과 같다.

- 입력 행렬 A가 대칭이고 양의 값이면 켤레기울기법(conjugate gradient method)의 cg() 함수를 사용한다. 입력 행렬 A가 대칭이지만 음수에 가깝거나 값이 일정하지 않다면 최소 잔여 반복 방법(minimum residual iteration method)의 minres() 함수를 사용한다.
- 입력 행렬 A가 비대칭이면 이중켤레 안정된 기울기법(biconjugate gradient stabilized method, bicgstab)의 bicgstab() 함수를 사용한다. 켤레기울기 제곱법(conjugate gradient squared method)의 cgs() 함수는 조금 더 빠르지만 불규칙적으로 수렴한다.
- 많은 유사한 시스템을 처리해야 하는 경우 LGMRES 알고리즘의 lgmres() 함수를 사용한다.
- 입력 행렬 A가 정방행렬이 아닌 경우 최소제곱(least squares) 알고리즘의 lsmr() 함수를 사용한다.

추가 참고 자료는 다음과 같다.

- Noël M. Nachtigal, Satish C. Reddy, and Lloyd N. Trefethen, 「비대칭 행렬의 반복은 얼마나 빠른가? How Fast Are Non-symmetric Matrix Iterations?」 SIAM Journal on Matrix Analysis and Applications13, no. 3 (1992): 778-95. 778-795.
- Jack Dongarra, 「크릴로브 방법 조사 Survey of Recent Krylov Methods」 November 20, 1995[9].

6.4 페이지랭크 알고리즘 : 평판과 중요도를 위한 선형대수학

선형대수학과 고유벡터의 또 다른 애플리케이션은 구글의 페이지랭크[PageRank] 알고리즘이다. 페이지랭크의 페이지는 웹 페이지와 구글의 공동 창업자인 래리 페이지[Larry Page] 모두를 지칭한다.

중요도에 따라 웹 페이지의 순위를 매기려면 다른 웹 페이지에 연결되는 웹 페이지 수를 세야 한다. 많은 웹 페이지가 특정 웹 페이지에 연결되어 있다면 이 특정 웹 페이지의 중요도가 높을까? 이 방법은 너무 단순하다. 자신의 웹 페이지 순위를 올리려면 자신의 웹 페이지를 링크하는 많은 다른 웹 페이지를 만들면 된다.

초기 구글의 성공을 이끌었던 페이지랭크 알고리즘의 핵심은 다음과 같다. 중요한 웹 페이지는 단지 다른 웹 페이지에서 많이 링크(참조)된 웹 페이지가 아니라, 중요한 웹 페이지와 링크되어 있다는 것이다. 그렇다면 다른 웹 페이지가 중요하다는 것을 어떻게 알 수 있을까? 다른 웹 페이지 역시 중요한 웹 페이지와 연결되어 있다(반복…).

이 재귀적 정의에서 페이지 중요도는 웹 페이지 간의 링크가 포함된 전이행렬의 고유벡터에 의해 측정될 수 있음을 의미한다. 중요도 벡터 r과 링크 행렬 M이 있다고 가정한다. 아직 중요도 벡터 r을 모르지만, 페이지의 중요도는 링크된 페이지의 중요도의 합에 비례한다는 것을 알고 있다. 고윳값의 정의는 $r = \alpha Mr$ 또는 $\lambda = 1/\alpha$에 대해서 $Mr = \lambda r$이다.

전이행렬에 충족되는 일부 특수 속성을 확인하여 요구된 고윳값이 1이라는 것을 알 수 있다. 그리고 이것은 링크 행렬 M의 가장 큰 고윳값이다.

전이행렬을 웹 서핑하는 사람(웹스터[Webster]라고 부른다)이라고 생각하자. 웹스터가 방문할 웹

---

9 http://www.netlib.org/linalg/html_templates/node50.html

페이지에서 임의로 한 링크를 클릭했을 때 주어진 방문할 웹 페이지에서 그 링크가 나올 확률은 얼마일까? 이 확률을 페이지랭크라고 한다.

구글이 등장하고 나서 연구원들은 페이지랭크를 모든 종류의 네트워크에 적용해왔다. 이 책에서는 스테파노 알레시나와 메르세데스 파스쿠알이 PLoS^{Public Library of Science} 컴퓨터 생명 공학^{Computational Biology}에서 출간한 논문[10]을 예제로 사용한다. 이들은 종^{specie}과 이 종들이 먹는 것을 연결하는 네트워크의 생태 먹이그물^{food web}에서 페이지랭크 알고리즘을 적용했다.

단순히 종들이 생태계에 얼마나 악랄한지를 알고 싶다면 얼마나 많은 종이 얼마나 많은 다른 종을 먹는지 보면 된다. 만약 특정 종을 먹는 포식자가 많다면 해당 특정 종은 사라졌을 것이다. 또한 이 특정 종과 '의존적인' 종들도 사라졌을 것이다. 네트워크에서 진입차수^{in-degree}이 종의 생태학적 중요도를 결정한다고 말할 수 있다.

페이지랭크 알고리즘을 사용하여 생태계의 중요도를 잘 측정할 수 있을까?

알레시나 교수는 친절하게 몇 가지 실험할 수 있는 먹이그물 예제를 제공한다. 이번 장의 예제는 그래프 마크업 언어^{Graph Markup Language} 형식으로 플로리다 주, 세인트 마크스 야생동물 보호구역^{St. Marks National Wildlife Refuge}의 먹이그물 예제를 사용한다. 이 논문[11]은 1999년에 로버트 R. 크리스찬과 조셉 J. 루크조비치가 기술했다. 데이터셋에서 종 i가 종 j를 먹는다면 노드 i는 노드 j에 대한 에지를 갖는다.

먼저 NetworkX 라이브러리로 데이터를 부른다.

```
import networkx as nx
stmarks = nx.read_gml('data/stmarks.gml')
```

다음은 그래프에 해당하는 희소행렬을 저장한다. 행렬은 수치 정보만 저장하기 때문에 행렬의 행과 열에 해당하는 별도의 패키지 이름 목록을 저장한다.

```
species = np.array(stmarks.nodes()) # 다중인덱싱을 위한 배열
Adj = nx.to_scipy_sparse_matrix(stmarks, dtype=np.float64)
```

---

10 https://doi.org/10.1371/journal.pcbi.1000494

11 Robert R. Christian and Joseph J. Luczovich. http://bit.ly/2sdWJEc

인접행렬에서 전이확률행렬을 도출할 수 있다. 전이확률행렬의 모든 에지는 한 종(노드)에서 나가는 종 수에 대해서 1의 확률로 대체한다. 먹이그물에서는 먹이 확률행렬이라고 부르는 것이 더 적합할 수 있다.

행렬에서 종의 총 수를 n이라고 하자.

```
n = len(species)
```

차수과 대각선상에 각 노드의 출력 차수의 역수를 포함하는 대각행렬이 필요하다.

```
np.seterr(divide='ignore')  # 0으로 나눠서 생기는 오류는 무시한다.

from scipy import sparse

degrees = np.ravel(Adj.sum(axis=1))
Deginv = sparse.diags(1 / degrees).tocsr()

Trans = (Deginv @ Adj).T
```

일반적으로 페이지랭크 점수는 전이행렬의 첫 번째 고유벡터가 된다. 전이행렬 M과 페이지랭크 값 r의 벡터 식은 다음과 같다.

$$r = Mr$$

그러나 np.seterr() 함수 호출은 그렇게 간단하지 않다. 페이지랭크 알고리즘은 전이행렬이 모든 열의 합이 1인 열-확률행렬column-stochastic matrix일 때만 동작한다. 또한 도달할 페이지의 경로가 매우 길더라도 모든 페이지는 다른 모든 페이지에서 도달할 수 있어야 한다.

먹이 그물에서 이것은 문제를 야기한다. 먹이 사슬의 맨 아래에 있는 바다 침전물sea sludge(논문의 먹이 그물 예제에서는 유기물 쓰레기detritus로 부른다)은 자연의 순환에도 불구하고 실제로 아무것도 먹지 않는다. 그러므로 바다 침전물로부터 다른 종에 도달할 수 없다.

> 어린 심바 : 하지만, 우린 들소를 먹고 살잖아요.
>
> 무파사 : 그래 심바야, 하지만 우린 죽어서 풀이되고, 들소는 그 풀을 먹지.
>
> 결국 우린 모두 자연의 섭리 속에 사는 거야.
>
> – 영화 〈라이온 킹〉 중에서

이를 처리하기 위해서 페이지랭크 알고리즘은 감쇠율(댐핑 팩터[damping factor])을 사용한다. 일반적으로 감쇠율은 0.85다. 즉, 페이지랭크 알고리즘에서 전체의 85%는 무작위로 링크를 따라가고, 다른 15%는 무작위로 임의의 페이지로 이동한다. 감쇠율은 모든 페이지가 낮은 확률로 다른 모든 페이지에 대한 링크를 갖는다는 점을 감안한다. 그리고 먹이 그물에서 드물게 새우가 상어류를 먹는 경우가 있을 것이다. 감쇠율은 자연 순환의 수학적 표현이다. 예제에서는 감쇠율을 0.85로 설정한다. 실제로 감쇠율은 이 분석에서 중요하지 않다. 가능한 넓은 범위의 감쇠율을 적용한 분석 결과는 비슷하다.

감쇠율을 d라고 하자. 수정된 페이지랭크의 수식은 아래와 같다.

$$r = dMr + \frac{1-d}{n}\mathbf{1}$$

위 수식은 다음과 같이 쓸 수 있다.

$$(I - dM)r = \frac{1-d}{n}\mathbf{1}$$

위 수식은 scipy.sparse.linalg 모듈의 spsolve() 함수를 사용하여 풀 수 있다. 선형대수학 문제의 구조와 크기에 따라 희소 반복 알고리즘을 사용하는 것이 더 효과적일 수 있다. 자세한 내용은 scipy.sparse.linalg 모듈 문서[12]를 참조한다.

```python
from scipy.sparse.linalg import spsolve

damping = 0.85
beta = 1 - damping

I = sparse.eye(n, format='csc')  # 변수 Trans와 동일한 희소행렬 형식

pagerank = spsolve(I - damping * Trans, np.full(n, beta / n))
```

이제 세인트 마크스 야생동물 보호 구역의 먹이랭크[foodrank]를 분석할 수 있다.

한 종의 먹이랭크는 다른 종이 먹는 먹이 수와 어떻게 비교할 수 있을까?

```python
def pagerank_plot(in_degrees, pageranks, names, *,
                  annotations=[], **figkwargs):
```

---

12 http://bit.ly/2se21Qg

```
"""수동으로 선택한 노드 이름과 진입차수에 대한 노드 페이지랭크 그래프를 그린다."""

fig, ax = plt.subplots(**figkwargs)
ax.scatter(in_degrees, pageranks, c=[0.835, 0.369, 0], lw=0)
for name, indeg, pr in zip(names, in_degrees, pageranks):
    if name in annotations:
        text = ax.text(indeg + 0.1, pr, name)

ax.set_ylim(0, np.max(pageranks) * 1.1)
ax.set_xlim(-1, np.max(in_degrees) * 1.1)
ax.set_ylabel('페이지랭크')
ax.set_xlabel('진입차수')
```

이제 먹이 그물의 그래프를 그려보자. 먹이 그물의 데이터셋에서 몇 가지 흥미로운 노드를 미리 선택했다.

```
interesting = ['detritus', 'phytoplankton', 'benthic algae', 'micro-epiphytes',
               'microfauna', 'zooplankton', 'predatory shrimps', 'meiofauna',
               'gulls']
in_degrees = np.ravel(Adj.sum(axis=0))
pagerank_plot(in_degrees, pagerank, species, annotations=interesting)
```

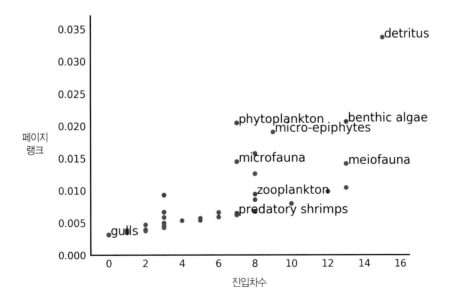

바다 침전물detritus은 종 먹이수(15)와 페이지랭크(>0.003)에서 가장 중요한 요소다. 그러나 두 번째로 중요한 요소는 종 먹이수(13)의 저서 조류benthic algae가 아니라, 종 먹이수(7)의 식물성 플랑크톤phytoplankton이다. 왜냐하면 다른 중요한 종들이 식물성 플랑크톤을 먹기 때문이다. 왼쪽 아래에는 생태계에서 아무것도 하지 않는 갈매기gull가 있다. 포식성 새우predatory shrimps는 식물성 플랑크톤과 같은 종 먹이수를 갖고 있지만, 다른 종에게 덜 필수적이므로 먹이랭크가 낮다.

먹이그물 논문의 저자들은 종의 멸종에 따른 생태계의 영향도를 모델링했다. 실제로 그들은 페이지랭크가 진입차수보다 생태학적 중요성을 더 잘 예측한다는 것을 알게 되었다.

페이지랭크 알고리즘은 다양한 방식으로 계산될 수 있다. 예제에서 살펴본 방법은 누승법[13]이라는 아주 강력한 접근법이다. 누승법은 페론–프로베니우스 정리[14]에 기인한다. 페론–프로베니우스 정리에서 확률행렬stochastic matrix은 가장 큰 고윳값 1을 가진다(고유벡터에 대응하는 벡터는 페이지랭크 벡터다). 이것은 임의의 벡터에 전이행렬 M을 곱할 때 이 주요 고유벡터를 가리키는 구성요소는 동일하게 유지되는 반면, 다른 모든 구성요소는 곱셈으로 축소된다. 결과적으로 임의의 시작 벡터에 전이행렬 M을 곱하면 페이지랭크 벡터를 얻는다.

사이파이의 희소 행렬 모듈은 매우 효율적이다.

```python
def power(Trans, damping=0.85, max_iter=10**5):
    n = Trans.shape[0]
    r0 = np.full(n, 1/n)
    r = r0
    for _iter_num in range(max_iter):
        rnext = damping * Trans @ r + (1 - damping) / n
        if np.allclose(rnext, r):
            break
        r = rnext
    return r
```

---

13 역주_ power method. 정방 행렬의 누승을 구하여, 절댓값이 최대인 고윳값과 고유벡터를 구하는 방법
14 Perron–Frobenius theorem. 위키피디아(영문). http://bit.ly/2seyshv

6.4.1 연습문제 : 댕글링(Dangling) 노드 처리

6.4절의 코드에서 변수 Trans는 열-확률행렬이 아니어서 벡터 r은 각 반복 과정에서 줄어든다. 모든 0번째 열 값을 $1/n$값으로 대체해서 변수 Trans를 확률행렬로 만든다. 이 대체에 대한 비용이 크지만 반복 과정에서는 계산 비용이 저렴하다. 벡터 r이 처음부터 끝까지 확률 벡터로 유지되도록 코드를 어떻게 수정할 수 있을까?

6.4.2 연습문제 : 함수 비교

6.4절에서 위 코드의 power() 함수와, 6.4.1절 연습문제 정답 power2() 함수가 동일한 순위를 반환하는지 확인해보자(힌트 : 넘파이 numpy.corrcoef() 함수를 사용한다).

6.5 마치며

이번 장에서는 넘파이와 사이파이의 강력한 선형대수 알고리즘 함수와 접근법에 대해서 살펴봤다.

## CHAPTER 7

사이파이 함수 최적화

'무엇이 새로운가?'는 흥미롭고도 시야를 넓혀주는 불멸의 질문이기는 하지만, 이 문제에 대한 답을 배타적인 입장에서 추구하는 경우 다만 끊임없이 이어지는 일련의 지엽적이고 하찮은 것들과 유행들, 이를테면 내일의 침전물들밖에 쌓이지 않는다. 대신 폭보다는 깊이와 관련되는 질문, 또한 그 질문에 대한 답으로 인해 침전물을 아래쪽으로 쓸어버릴 수 있는 질문인 '무엇이 최선인가?'에 대해 나는 관심을 갖고자 한다.

— 로버트 M. 피어시그, 『선(禪)과 모터사이클 관리술』 (문학과지성사, 2010)

벽에 액자를 똑바로 거는 일은 어렵다. 액자를 걸고 뒤로 물러나서 수평이 잘 맞는지 확인한 후, 다시 정렬을 반복한다. 액자를 똑바로 정렬하는 일은 최적화 과정이다. 이번 장에서는 사진에서 인물의 수평이 맞을 때까지 방향을 변경하는 예제를 살펴본다.

수학에 비유하자면 인물의 수평을 맞추는 일을 '비용함수cost function'라고 하며, 인물의 방향은 '매개변수parameter'다. 일반적인 최적화 문제에서 비용함수를 최소화할 때까지 매개변수를 변경한다.

예를 들면 이동된 포물선 함수 $f(x) = (x - 3)^2$ 가 있다. 이 비용함수의 최솟값 x를 찾는다고 하자. 미분을 계산하면 $f'(x) = 0$에서 $2(x - 3) = 0$이기 때문에 매개변수 x의 최솟값은 3임을 알 수 있다.

그러나 비용함수가 훨씬 더 복잡한 경우(함수가 비선형이거나, 많은 매개변수에 의존하는 경우 등)에는 수동으로 계산하기가 힘들어진다.

비용함수의 복잡한 예제를 생각해보자. 특정 장소에서 가장 낮은 지대를 찾는다고 하자. 높은 산에 둘러싸인 계곡에 서 있을 때 지금 서 있는 계곡이 지대가 낮은지 어떻게 알 수 있을까?

특정 장소에서 가장 낮은 지대에 갇혀 있는지 어떻게 알 수 있을까? 대부분의 최적화 알고리즘은 이 문제를 해결하려고 몇 가지 방법을 시도한다[1].

NOTE_ [그림 7-1]은 사이파이에서 사용할 수 있는 모든 최적화 알고리즘을 보여주며, 그중 일부만을 사용한다.

그림 7-1 Rosenbrock 알고리즘(맨 위)과 다른 최적화 알고리즘으로 얻은 최적화 경로 비교. Powell 알고리즘은 경사 하강법을 수행하기 전에 첫 번째 차원을 따라 선을 탐색한다. 한편 켤레기울기법[2]은 시작점부터 경사 하강법을 수행한다.

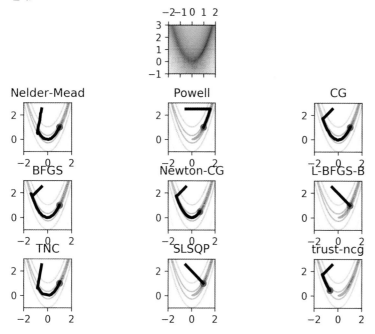

---

1 최적화 알고리즘은 이 문제를 다양한 방법으로 처리한다. 일반적으로 선형 탐색(line search)과 신뢰 영역(trust region)이라는 두 가지 접근법을 사용한다. 선형 탐색을 사용하면 특정 차원을 따라 비용함수의 최솟값을 찾은 다음, 다른 차원을 따라 동일한 값을 연속적으로 시도한다. 신뢰 영역으로 최솟값을 추측한다. 예상대로 최솟값에 가까워졌다는 것을 알게 된다면 조금 더 신뢰할 수 있는 값을 얻을 수 있도록 추측 절차를 반복한다. 최솟값에 가까워지지 않은 경우 신뢰 영역에 벗어나 더 넓은 영역에서 최솟값을 검색한다.

2 역주_Conjugate Gradient, CG라고도 한다.

[그림 7-1]에서 최적화 알고리즘을 선택할 수 있다. 비용함수의 입력값으로 스칼라 또는 벡터를 사용할지 선택할 수 있다(예를 들어 최적화할 매개변수가 한 개 이상인가?). 그리고 비용함수의 기울기가 필요한 경우와 자동으로 추정할 수 있는 경우가 있다. 일부 최적화 알고리즘은 주어진 영역에서 매개변수를 검색하고(제한된 최적화), 일부는 전체 매개변수 영역을 검색한다.

7.1 사이파이 최적화 모듈 : scipy.optimize

사이파이의 최적화 모듈을 사용하여 두 이미지를 정렬^{alignment}한다. 이미지 정렬(또는 등록) 애플리케이션에는 파노라마 촬영, 뇌스캔 결합, 슈퍼-해상도 이미지, 천문학에서 다중 노출 조합을 사용한 물체 잡음 제거(잡음 감소)가 포함된다.

먼저 그래프 환경을 설정한다.

```
# 그래프를 바로 표시하고 사용자 정의 스타일을 적용한다.
%matplotlib inline
import matplotlib.pyplot as plt
plt.style.use('style/elegant.mplstyle')
```

가장 간단한 문제부터 시작해보자. 두 이미지에서 한 이미지는 원본 이미지에서 상대적으로 움직인다. 한 이미지를 정렬하여 원하는 이미지 결과를 얻을 수 있도록 한다.

최적화 함수는 한 이미지를 여러 방향으로 '움직여서' 두 이미지의 비유사성을 감소시킨다. 움직임을 반복하여 올바른 정렬을 찾는다.

7.1.1 예제 : 이미지 이동 최적화 계산

3장에서 본 우주 비행사 아일린 콜린스 이미지를 다시 활용하자. 먼저 원본 이미지를 오른쪽으로 50픽셀 이동한다. 그리고 이 이미지를 움직여서 원본과 가장 잘 일치하는 이미지를 찾을 때까지 비교한다. 원본의 위치를 알고 있기 때문에 뭔가 이상하게 보인다. 그러나 이 작업으로 알고리즘이 어떻게 동작하는지 확인할 수 있다. 원본 이미지와 수정본 이미지는 다음과 같다.

```
from skimage import data, color
    from scipy import ndimage as ndi
    astronaut = color.rgb2gray(data.astronaut())
    shifted = ndi.shift(astronaut, (0, 50))
    fig, axes = plt.subplots(nrows=1, ncols=2)
    axes[0].imshow(astronaut)
    axes[0].set_title('원본')
    axes[1].imshow(shifted)
    axes[1].set_title('수정본');
```

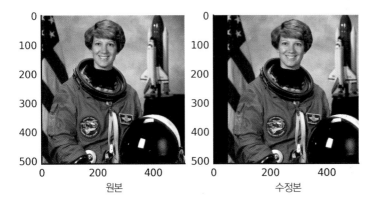

최적화 알고리즘이 작업을 수행하려면 비용함수의 '비유사성'을 정의할 수 있어야 한다. 비유사성을 정의하는 가장 쉬운 방법은 평균 제곱 오차^{mean squared error, MSE}로 단순하게 제곱된 이미지 차이의 평균을 계산하는 것이다.

```
import numpy as np

    def mse(arr1, arr2):
        """두 배열 사이의 평균 제곱 오류를 계산한다."""
        return np.mean((arr1 - arr2)**2)
```

이미지가 원본과 완벽하게 같으면 0이 반환되고, 그렇지 않으면 더 높은 값이 반환된다. mse() 비용함수를 사용하여 두 이미지가 정렬되었는지 확인할 수 있다.

```
ncol = astronaut.shape[1]

# 181개의 항목을 열 길이의 90% 범위(-, +)로 일정하게 채운다.
```

```
shifts = np.linspace(-0.9 * ncol, 0.9 * ncol, 181)
mse_costs = []

for shift in shifts:
    shifted_back = ndi.shift(shifted, (0, shift))
    mse_costs.append(mse(astronaut, shifted_back))

fig, ax = plt.subplots()
ax.plot(shifts, mse_costs)
ax.set_xlabel('이동 (Shift)')
ax.set_ylabel('평균 제곱 오차 (MSE)');
```

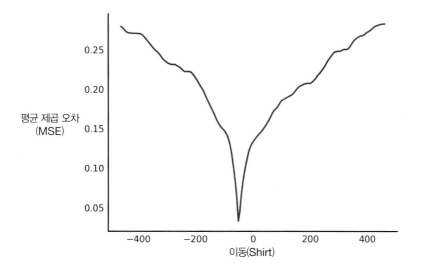

비용함수가 정의되면 scipy.optimize.minimize() 함수로 최적의 매개변수를 검색하도록 요청한다.

```
from scipy import optimize

def astronaut_shift_error(shift, image):
    corrected = ndi.shift(image, (0, shift))
    return mse(astronaut, corrected)

res = optimize.minimize(astronaut_shift_error, 0, args=(shifted,),
                        method='Powell')
print(f'최적화된 이동 픽셀 : {res.x}')
```

결과가 나왔다! 수정본은 약 +50 픽셀만큼 이동됐다. 평균 제곱 오차(MSE) 측정 덕분에 사이파이의 optimize.minimize() 함수는 원본 상태로 되돌릴 정확한 이동량(-50)을 제공한다. 그러나 위 예제는 쉬운 최적화 문제다. 평균 제곱 오차를 잘못 측정하면 이상한 결과를 얻을 수 있다.

수정되지 않은 이미지에서 이미지 이동을 다시 살펴보자.

```python
ncol = astronaut.shape[1]

# 181개의 항목을 열 길이의 90% 범위(-, +)로 일정하게 채운다.
shifts = np.linspace(-0.9 * ncol, 0.9 * ncol, 181)
mse_costs = []

for shift in shifts:
    shifted1 = ndi.shift(astronaut, (0, shift))
    mse_costs.append(mse(astronaut, shifted1))

fig, ax = plt.subplots()
ax.plot(shifts, mse_costs)
ax.set_xlabel('이동 (Shift)')
ax.set_ylabel('평균 제곱 오차 (MSE)');
```

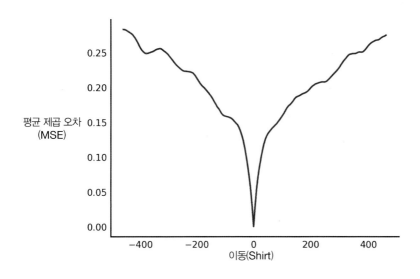

이동값이 0에서 음숫값으로 변하는 평균 제곱 오차값을 살펴보자. 약 −300픽셀 정도 이동할 때까지 평균 제곱 오차값은 계속 증가한다. 그리고 평균 제곱 오차값은 약간 −400까지 감소하다가 다시 증가한다. 여기서 값 −400을 극솟값^{local minimum}이라고 한다. 최적화 방법은 비용함수의 근삿값에만 접근할 수 있기 때문에 '잘못된' 방향으로 이동하여 평균 제곱 오차값이 향상되면 최소화 과정에서 잘못된 방향으로 이동한다. 만약 −340픽셀만큼 이동한 이미지로 시작한다면 어떻게 될까?

```
shifted2 = ndi.shift(astronaut, (0, -340))
```

minimize() 함수는 원본 이미지를 복구하지 않고 약 40픽셀 더 이동한다.

```
res = optimize.minimize(astronaut_shift_error, 0, args=(shifted2,),
                        method='Powell')
print(f'최적화된 이동 픽셀 : {res.x}')
```

> 최적화된 이동 픽셀 : -38.51778619397471

이 문제에 대한 일반적인 해결책은 이미지를 부드럽게^{smoothing} 하거나 크기를 줄이는 것이다. 이 해결책은 목적함수[3]를 부드럽게 하는 이중 결과를 얻는다. 가우시안 필터로 이미지를 부드럽게한 후, 그래프를 비교해보자.

```
from skimage import filters

astronaut_smooth = filters.gaussian(astronaut, sigma=20)

mse_costs_smooth = []
shifts = np.linspace(-0.9 * ncol, 0.9 * ncol, 181)
for shift in shifts:
    shifted3 = ndi.shift(astronaut_smooth, (0, shift))
    mse_costs_smooth.append(mse(astronaut_smooth, shifted3))

fig, ax = plt.subplots()
ax.plot(shifts, mse_costs, label='원본')
ax.plot(shifts, mse_costs_smooth, label='스무딩')
```

----

3 역주_objective function. 최댓값 또는 최솟값을 구하는 함수

```
ax.legend(loc='lower right')
ax.set_xlabel('이동 (Shift)')
ax.set_ylabel('평균 제곱 오차 (MSE)');
```

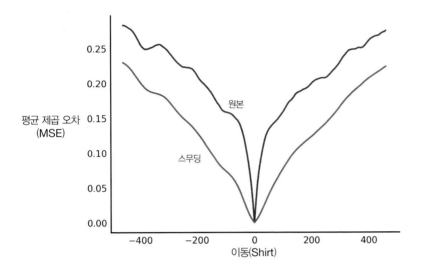

위 그림에서 깔떼기 모양의 원본 선이 훨씬 부드러워졌다. 함수 자체를 부드럽게 하는 대신 이미지를 비교하기 전에 이미지를 흐리게 처리해서 비슷한 효과를 얻을 수 있다. 현대의 정렬alignment 소프트웨어는 가우시안 피라미드Gaussian pyramid를 사용한다. 가우시안 피라미드는 동일한 이미지에서 해상도가 점진적으로 낮아지는 이미지 집합이다. 먼저 낮은 해상도(흐린) 이미지를 정렬하여 대략적인 이미지를 얻고 점진적으로 더 선명한 이미지로 정렬한다.

```
def downsample2x(image):
    offsets = [((s + 1) % 2) / 2 for s in image.shape]
    slices = [slice(offset, end, 2)
              for offset, end in zip(offsets, image.shape)]
    coords = np.mgrid[slices]
    return ndi.map_coordinates(image, coords, order=1)

def gaussian_pyramid(image, levels=6):
    """가우시안 이미지 피라미드를 만든다.

    매개변수
    ----------
    image : 부동소수점 배열
```

입력 이미지
max_layer : 정수, 선택적 매개변수
　　　피라미드 레벨 수

반환값
----
pyramid : 부동소수점 배열의 반복자(iterator)
　　　최상위(최저 해상도) 레벨부터 시작하는
　　　가우시안 피라미드의 반복자
"""
pyramid = [image]

```python
pyramid = [image]

for level in range(levels - 1):
    blurred = ndi.gaussian_filter(image, sigma=2/3)
    image = downsample2x(image)
    pyramid.append(image)

return reversed(pyramid)
```

가우시안 피라미드를 적용한 1차원 배열의 정렬을 살펴보자.

```python
shifts = np.linspace(-0.9 * ncol, 0.9 * ncol, 181)
nlevels = 8
costs = np.empty((nlevels, len(shifts)), dtype=float)
astronaut_pyramid = list(gaussian_pyramid(astronaut, levels=nlevels))
for col, shift in enumerate(shifts):
    shifted = ndi.shift(astronaut, (0, shift))
    shifted_pyramid = gaussian_pyramid(shifted, levels=nlevels)
    for row, image in enumerate(shifted_pyramid):
        costs[row, col] = mse(astronaut_pyramid[row], image)

fig, ax = plt.subplots()
for level, cost in enumerate(costs):
    ax.plot(shifts, cost, label='레벨 %d' % (nlevels - level))
ax.legend(loc='lower right', frameon=True, framealpha=0.9)
ax.set_xlabel('이동 (Shift)')
ax.set_ylabel('평균 제곱 오차 (MSE)');
```

아래 그림에서 피라미드의 가장 높은 레벨을 보면 이동값이 약 −325에서 돌출부가 사라진다. 따라서 이동값이 약 −325에서 대략적으로 이미지를 정렬할 수 있다. 그다음 낮은 레벨로 접근하여 이미지를 재정렬할 수 있다(그림 7-2 참조).

그림 7-2 가우시안 피라미드의 다양한 레벨을 적용한 평균 제곱 오차와 이동

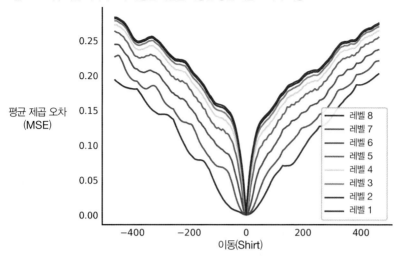

7.2 이미지 등록 최적화

세 매개변수로 이미지 정렬을 자동화해보자(회전, 행 차원 변환, 열 차원 변환). 이 과정을 '고정 등록rigid registration'이라고 한다. 이미지 확대/축소와 왜곡 및 늘리기와 같은 변형이 없기 때문이다. 사물은 단단한 고체로 간주되고 원본과의 일치될 때까지 이미지 주변을 이동(회전 포함)한다.

사이킷-이미지 변환 모듈을 사용하여 이미지의 이동 및 회전을 계산해 코드를 단순화했다. 사이파이의 최적화 모듈에서 입력 매개변수로 벡터가 필요하다. 먼저 벡터를 구하여 올바른 매개변수를 취한 후, 고정 변형을 생성하는 함수를 작성한다.

```
from skimage import transform

def make_rigid_transform(param):
    r, tc, tr = param
    return transform.SimilarityTransform(rotation=r,
        translation=(tc, tr))

rotated = transform.rotate(astronaut, 45)
```

```
fig, axes = plt.subplots(nrows=1, ncols=2)
axes[0].imshow(astronaut)
axes[0].set_title('원본')
axes[1].imshow(rotated)
axes[1].set_title('회전');
```

그다음은 비용함수를 작성한다. 비용함수는 단순히 평균 제곱 오차지만 사이파이에서는 특정 매개변수를 요구한다. 첫 번째 인수는 최적화할 매개변수 벡터다. 그다음 인수는 튜플tuple로 키워드 args를 이용해 전달할 수 있지만 고정되어 있다. 예제에서는 회전 각도와 변형에 두 매개변수를 사용한다.

```
def cost_mse(param, reference_image, target_image):
    transformation = make_rigid_transform(param)
    transformed = transform.warp(target_image, transformation, order=3)
    return mse(reference_image, transformed)
```

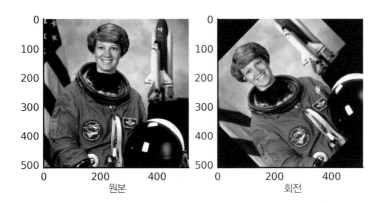

마지막으로 이전 레벨의 결과를 다음의 시작점으로 사용하여 가우시안 피라미드의 각 레벨에서 비용함수를 최적화하는 정렬함수를 작성한다.

```
def align(reference, target, cost=cost_mse):
    nlevels = 7
    pyramid_ref = gaussian_pyramid(reference, levels=nlevels)
    pyramid_tgt = gaussian_pyramid(target, levels=nlevels)

    levels = range(nlevels, 0, -1)
    image_pairs = zip(pyramid_ref, pyramid_tgt)
```

```
    p = np.zeros(3)

    for n, (ref, tgt) in zip(levels, image_pairs):
        p[1:] *= 2

        res = optimize.minimize(cost, p, args=(ref, tgt), method='Powell')
        p = res.x

        # 진행 막대처럼 각 레벨을 덮어써서 현재 레벨을 출력한다.
        print(f'레벨 : {n}, 각도 : {np.rad2deg(res.x[0]) :.3}, '
            f'오프셋 : ({res.x[1] * 2**n :.3}, {res.x[2] * 2**n :.3}), '
            f'비용 : {res.fun :.3}', end='\r')

    print('')  # 정렬 완료 후 줄 바꿈
    return make_rigid_transform(p)
```

우주 비행사의 이미지를 사용해보자. 이미지를 60도 회전시키고 약간의 잡음을 추가한다. 사이파이는 다시 원본 이미지로 변환할 수 있을까(그림 7-3 참조)?

```
from skimage import util

theta = 60
rotated = transform.rotate(astronaut, theta)
rotated = util.random_noise(rotated, mode='gaussian',
                            seed=0, mean=0, var=1e-3)

tf = align(astronaut, rotated)
corrected = transform.warp(rotated, tf, order=3)

f, (ax0, ax1, ax2) = plt.subplots(1, 3)
ax0.imshow(astronaut)
ax0.set_title('원본')
ax1.imshow(rotated)
ax1.set_title('회전')
ax2.imshow(corrected)
ax2.set_title('등록')
for ax in (ax0, ax1, ax2):
    ax.axis('off')
```

```
레벨 : 1, 각도 : -60.0, 오프셋 : (-1.87e+02, 6.98e+02), 비용 : 0.0369
```

그림 7-3 이미지를 복구하는 데 사용된 최적화

원본   회전   등록

결과가 잘 나왔다. 그러나 예제에서 사용한 매개변수가 실제 최적화의 어려움을 감췄다. 원본 이미지에 더 가깝게 50도 회전하면 무슨 일이 일어나는지 살펴보자.

```
theta = 50
rotated = transform.rotate(astronaut, theta)
rotated = util.random_noise(rotated, mode='gaussian',
                            seed=0, mean=0, var=1e-3)

tf = align(astronaut, rotated)
corrected = transform.warp(rotated, tf, order=3)

f, (ax0, ax1, ax2) = plt.subplots(1, 3)
ax0.imshow(astronaut)
ax0.set_title('원본')
ax1.imshow(rotated)
ax1.set_title('회전')
ax2.imshow(corrected)
ax2.set_title('등록')
for ax in (ax0, ax1, ax2):
    ax.axis('off')
```

레벨 : 1, 각도 : 0.414, 오프셋 : (2.85, 38.4), 비용 : 0.141

원본 이미지에 더 가깝게 회전을 시작했지만 정확한 이미지로 복구하지 못했다([그림 7-4] 참조). 이것은 최적화 기법이 국소 최저치$^{local\ minima}$[4]에서 막혀 이미지 복구가 어려울 수 있다. 이

---

4 역주_사전적 정의에서 minima(이 책에서 '최저치'라고 번역했다)는 minimum(최솟값)의 복수다. 예제와 같은 임의의 데이터 혹은 학습 데이터의 특성 때문에 국소적(지역적)으로 낮은 값이 부분적 결과로 나온다. 데이터에 무작위 소음을 포함해 국소 최저치 문제를 해결할 수 있다. 이와 상반되는 말로 전역 최저치(global minima)가 있다.

동만으로 정렬하는 이전 예제에서 본 것처럼 최적화는 시작 매개변수에 대해서 매우 민감할 수 있다.

그림 7-4 실패한 최적화

원본   회전   등록

7.3 국소 최저치 피하기와 배싱 호핑

1997년 데이비드 웨일즈와 조나단 도일이 고안한 배싱 호핑^{basin hopping} 알고리즘[5]은 초기 매개변수를 최적화하여 국소 최저치^{minima}를 피하려고 시도한다. 그다음으로 발견된 국소(지역) 최솟값^{minimum}에서 임의의 방향으로 멀리 이동하여 다시 최적화한다. 이러한 임의의 움직임에 적합한 단계 크기를 선택하여 알고리즘이 동일한 국소 최솟값에 두 번 떨어지는 것을 피할 수 있다. 그러므로 간단한 하강법 기반 최적화 알고리즘보다 큰 범위의 매개변수 영역을 탐색할 수 있다.

7.3.1 연습문제 : 정렬 함수 수정

scipy.optimize.basinhopping() 함수를 위 예제의 정렬 함수(align)에 적용해 국소 최저치를 피해보자.

---

5 David J. Wales and Jonathan P.K. Doyle, 「배싱-호핑과 최대 110개의 원자를 포함하는 레너드-존스 군집화의 최저 에너지 구조에 의한 전역 최적화 Global Optimization by Basin-Hopping and the Lowest Energy Structures of Lennard-Jones Clusters Containing up to 110 Atoms」, Journal of Physical Chemistry 101, no. 28 (1997): 5111–16.

7.4 무엇이 최선인가? : 적합한 목적함수 선택

이번 절에서는 가장 뛰어난 등록^{registration} 접근법을 사용한다. 그전에 잠깐 앞에서 다룬 예제를 정리하고 넘어가자. 같은 양식의 이미지를 정렬하는 가장 쉬운 등록 문제였다. 또한 원본 이미지의 밝은 픽셀이 수정본 이미지의 밝은 픽셀과 일치할 것이라는 예상을 한 후, 문제에 접근했다.

이제 같은 이미지의 서로 다른 색상 채널을 정렬해보자. 역사적으로 중요한 의미가 있는 세 가지 단색사진을 사용한다. 1909~1915년, 사진가 세르게이 미카일로비치 프로쿠딘-고르스키는 컬러사진이 발명되기 전에 자신만의 컬러사진을 만들었다. 사진기의 렌즈 앞에는 서로 다른 3가지 색상 필터(빨강, 초록, 파랑)를 배치했다. 그리고 이 단색사진 3장으로 컬러 사진을 만들었다.

밝은 색상의 픽셀을 같이 정렬하면 평균 제곱 오차가 묵시적으로 수행된다. 그러므로 같은 양식의 색상 채널이 사용된다. 프로쿠딘-고르스키가 의회 도서관에서 찍은 교회 색유리^{stained glass} 창문 사진 3장[6]을 살펴보자(그림 7-5 참조).

```
from skimage import io

stained_glass = io.imread('data/00998v.jpg') / 255  # [0, 1] 위치에 있는 이미지
fig, ax = plt.subplots(figsize=(4.8, 7))
ax.imshow(stained_glass)
ax.axis('off');
```

---

[6] http://www.loc.gov/pictures/item/prk2000000263/

그림 7-5 프로쿠딘-고르스키 작 : 다른 색상 필터로 찍은 색유리 창문 사진 (3장)

[그림 7-5]에서 성자의 예복을 살펴보자. 첫 번째 예복은 검정색, 두 번째는 회색, 세 번째는 밝은 흰색이다. 이 경우 이미지가 완벽하게 정렬되었다고 하더라도 평균 제곱 오차의 결과가 아주 나쁠 것이다.

이 3장의 이미지로 무엇을 할 수 있는지 예제를 살펴보자. 먼저 3장의 이미지를 분할한다.

```
nrows = stained_glass.shape[0]
step = nrows // 3
channels = (stained_glass[:step],
            stained_glass[step:2*step],
            stained_glass[2*step:3*step])
channel_names = ['파랑', '초록', '빨강']
fig, axes = plt.subplots(1, 3)
for ax, image, name in zip(axes, channels, channel_names):
    ax.imshow(image)
    ax.axis('off')
    ax.set_title(name)
```

파랑 초록 빨강

세 이미지를 덮어씌워 세 가지 색상 채널 간에 미세한 정렬이 필요한지 확인한다.

```
blue, green, red = channels
original = np.dstack((red, green, blue))
fig, ax = plt.subplots(figsize=(4.8, 4.8), tight_layout=True)
ax.imshow(original)
ax.axis('off');
```

이미지에 있는 사물 주변의 색상 '후광halo'을 보면, 색상 이미지가 정렬된 것 같지만, 세밀하게 정렬되어 있지 않다. 평균 제곱 오차를 사용하여 우주 비행사 이미지를 정렬하는 것과 같은 방식으로 이미지를 정렬해보자. 초록색 채널을 원본 이미지로 사용하고, 파란색과 빨간색 채널을 그 기준에 맞출 것이다.

```
print('*** 파란색을 초록색에 정렬 ***')
tf = align(green, blue)
cblue = transform.warp(blue, tf, order=3)

print('*** 빨간색을 초록색에 정렬 ***')
tf = align(green, red)
cred = transform.warp(red, tf, order=3)

corrected = np.dstack((cred, green, cblue))
f, (ax0, ax1) = plt.subplots(1, 2)
ax0.imshow(original)
ax0.set_title('원본')
ax1.imshow(corrected)
ax1.set_title('수정본')
```

```
for ax in (ax0, ax1):
    ax.axis('off')
```

```
*** 파란색을 초록색에 정렬 ***
레벨 : 1, 각도 : -0.0474, 오프셋 : (-0.867, 15.4), 비용 : 0.0499
*** 빨간색을 초록색에 정렬 ***
레벨 : 1, 각도 : 0.0339, 오프셋 : (-0.269, -8.88), 비용 : 0.0311
```

수정본 이미지는 이미지 창문에 비치는 노란색 빛 덕분에 빨간색과 초록색 채널이 똑바로 정렬 되어 있어서 원본 이미지보다 정렬이 잘 되어 있다(그림 7-6). 그러나 파란색 채널의 밝은 부 분이 초록색 채널과 일치하지 않기 때문에 파란색 채널이 벗어나 있다. 즉, 파란색 부분이 밝은 초록색 부분이 겹쳐지면서 채널이 잘못 정렬되어 평균 제곱 오차가 낮아진 것이다.

그림 7-6 평균 제곱 오차 기반으로 이미지 오차를 줄였지만, 색상 후광을 제거하지 못했다.

원본   수정본

평균 제곱 오차를 사용하는 대신, 다른 이미지에서 서로 다른 밝기 범위의 상관 관계를 측정하 는 정규화된 상호 정보normalized mutual information, NMI 측정법을 사용한다. 이미지가 완벽하게 정렬되 었을 때 서로 다른 구성요소 채널의 음영에서 균일한 색상의 모든 사물은 큰 상관 관계를 형성 하고, 이에 대응하는 큰 정규화된 상호 정보값을 얻는다. 정규화된 상호 정보는 다른 이미지에 서 해당 픽셀값이 주어진 경우, 한 이미지의 픽셀값을 예측하는 일이 얼마나 쉬운지를 측정한 다. 이에 대한 자세한 내용은 논문[7]을 참고한다.

7 C. Studholme, D. L. G. Hill, and D. J. Hawkes, 「3차원 의료 영상 정렬의 중첩 불변 엔트로피 측정 An Overlap Invariant Entropy Measure of 3D Medical Image Alignmen」 Pattern Recognition 32, no. 1 (1999): 71-86.

$$I(X, Y) = \frac{H(X)+H(Y)}{H(X,Y)}$$

위 수식에서 $H(X)$는 X의 엔트로피이고, $H(X, Y)$는 X와 Y의 결합 엔트로피joint entropy다. 분자는 분리된 두 이미지의 엔트로피를 나타내며, 분모는 두 이미지가 같이 관찰된 경우 전체 엔트로피를 나타낸다. 값은 1(최대 정렬)과 2(최소 정렬)로 나타낸다[8]. 5.6절 '정보 이론 요약'을 참조한다.

정규화된 상호 정보 함수를 코드로 나타내면 다음과 같다.

```
from scipy.stats import entropy

def normalized_mutual_information(A, B):
    """정규화된 상호 정보(Normalized Mutual Information)를 계산한다.

    정규화된 상호 정보의 수식은 다음과 같다.

                H(A) + H(B)
    Y(A, B) =  -----------
                  H(A, B)

    H(X)는 X의 엔트로피다. ''- sum(x log x) for x in X''.

    매개변수
    ----------
    A, B : ndarray
        등록할 이미지

    반환값
    -------
    nmi : 부동소수점
        축당 100개 빈(bin)의 입도(granularity)로 계산된
        두 배열 사이에 정규화된 상호 정보(총 10,000빈)
    """

    hist, bin_edges = np.histogramdd([np.ravel(A), np.ravel(B)], bins=100)
    hist /= np.sum(hist)

    H_A = entropy(np.sum(hist, axis=0))
```

----

8 간단하게 설명하자면 엔트로피는 검토 중인 수량의 막대 그래프에서 계산된다. $X = Y$이면 결합 막대 그래프 (X, Y)는 대각선이고, 이 대각선은 X 또는 Y와 같다. 따라서 $H(X) = H(Y) = H(X, Y)$이고, $I(X, Y) = 2$다.

```
    H_B = entropy(np.sum(hist, axis=1))
    H_AB = entropy(np.ravel(hist))

    return (H_A + H_B) / H_AB
```

우주 비행사 예제에서 정의한 cost_mse() 함수처럼 비최적화를 위해서 비용함수를 정의한다.

```
def cost_nmi(param, reference_image, target_image):
    transformation = make_rigid_transform(param)
    transformed = transform.warp(target_image, transformation, order=3)
    return -normalized_mutual_information(reference_image, transformed)
```

마지막으로 배싱 호핑 알고리즘을 적용한다(그림 7-7 참조).

```
print('*** 파란색을 초록색에 정렬 ***')
tf = align(green, blue, cost=cost_nmi)
cblue = transform.warp(blue, tf, order=3)

print('*** 빨간색을 초록색에 정렬 ***')
tf = align(green, red, cost=cost_nmi)
cred = transform.warp(red, tf, order=3)

corrected = np.dstack((cred, green, cblue))
fig, ax = plt.subplots(figsize=(4.8, 4.8), tight_layout=True)
ax.imshow(corrected)
ax.axis('off')
```

```
*** 파란색을 초록색에 정렬 ***
레벨 : 1, 각도 : 0.444, 오프셋 : (6.07, 0.354), 비용 : -1.08
** 빨간색을 초록색에 정렬 ***
레벨 : 1, 각도 : 0.000657, 오프셋 : (-0.635, -7.67), 비용 : -1.11
(-0.5, 393.5, 340.5, -0.5)
```

그림 7-7 정규화된 상호 정보(Normalized Mutual Information)가 적용된 이미지

이미지 결과가 잘 나왔다. 이 유물은 컬러 사진이 존재하기 전에 만들어진 것이다. 하느님의 흰 옷과 성자의 흰 수염, 서기관의 흰 종이책은 평균 제곱 오차 기반 정렬에서 빠져 있었지만 정규화된 상호 정보 기반 정렬을 사용하여 흰 사물을 분명하게 볼 수 있다. 금색 촛대 또한 또렷하다.

이번 장에서는 함수 최적화에 대한 두 가지 핵심 개념을 살펴봤다. 국소 최저치를 이해하고 국소 최저치를 피하는 방법과 올바른 최적화 함수를 선택(평균 제곱 오차 및 정규화된 상호 정보)해서 특정 목적을 달성하는 방법에 대해서 살펴봤다. 이 두 가지 핵심 개념을 잘 이해한다면 넓은 범위의 과학 문제에 최적화를 적용할 수 있다.

## CHAPTER 8

빅데이터와 Toolz 라이브러리

그레이시 : 칼knife? 그 남자는 자신감이 넘쳐!

잭 : 걱정말고 내게 맡겨.

— 잭 버튼, 영화 〈빅 트러블〉

스트리밍streaming은 사이파이 기능이 아니라 대규모 데이터셋을 효율적으로 처리하는 방법이다. 파이썬에는 스트리밍 데이터를 처리하는 유용한 기본 요소가 포함되어 있다. 이 기본 요소를 매트 록클린의 Toolz 라이브러리와 결합하면 메모리 효율이 매우 높고 간결한 코드를 작성할 수 있다. 이번 장에서는 이러한 스트리밍 개념을 적용하여 컴퓨터 램보다 훨씬 큰 데이터셋을 처리하는 방법을 살펴본다.

램보다 훨씬 큰 데이터 스트리밍을 처리하는 가장 간단한 방법은 전체 파일을 메모리로 읽지 않고 파일의 행을 순회하면서 각 행을 처리하는 것이다. 예를 들어 다음의 반복문은 각 행의 평균을 계산하여 이를 합산한다.

```python
import numpy as np

with open('data/expr.tsv') as f:
    sum_of_means = 0
    for line in f:
        sum_of_means += np.mean(np.fromstring(line, dtype=int, sep='\t'))
print(sum_of_means)
```

위의 예제에서 사용한 전략은 행 처리로 문제를 깔끔하게 해결하는 경우에 효과적이다.

스트리밍 프로그램에서 함수는 입력 데이터의 일부를 처리하고, 처리한 청크chunk를 반환한다. 그리고 다운스트림 함수가 해당 청크를 처리하는 동안 함수는 또 다시 데이터의 일부를 처리하는 과정을 반복한다. 데이터를 처리하고 반환하는 일이 동시에 진행되고 있다. 이 모든 일을 어떻게 제대로 수행할 수 있을까?

스트리밍 프로그램을 우아하게 만들 수 있는 Toolz 라이브러리를 발견한 후, 이번 장을 집필했다.

먼저 '스트리밍'의 의미와 사용 목적을 살펴보자. 텍스트 파일에 데이터가 있고, 데이텃값의 $\log(x + 1)$의 열 단위 평균을 계산한다고 가정한다. 이를 수행하는 일반적인 방법은 넘파이를 사용하여 값을 불러와서 전체 행렬의 모든 값에 log 함수를 적용한 다음, 첫 번째 축에서 평균을 구하는 것이다.

```python
import numpy as np

expr = np.loadtxt('data/expr.tsv')
logexpr = np.log(expr + 1)
np.mean(logexpr, axis=0)
```

```
array([ 3.11797294,  2.48682887,  2.19580049,  2.36001866,  2.70124539,
        2.64721531,  2.43704834,  3.28539133,  2.05363724,  2.37151577,
        3.85450782,  3.9488385 ,  2.46680157,  2.36334423,  3.18381635,
        2.64438124,  2.62966516,  2.84790568,  2.61691451,  4.12513405])
```

위 예제는 쉽고 익숙한 입출력 계산 모델을 따르지만 비효율적이다. (1) 전체 행렬을 메모리에 불러온 후, (2) 모든 값에 1을 더해서 전체 행렬의 사본을 생성한다. (3) 마지막으로 np.mean() 함수에 행렬을 전달하기 전에 log()를 계산하려고 다른 복사본을 생성한다. 계산을 수행하는 데 데이터 배열 인스턴스 3개를 생성해 메모리를 낭비한다. 이 접근법은 '빅데이터'를 처리하는 데 비효율적이다.

파이썬을 만든 사람들은 이 사실을 알고 yield 키워드를 만들었다. yield 키워드는 데이터의

'한 모금[sip] (조각)'만 처리하고 그 결과를 다음 프로세스로 전달 및 이동하기 전에, 해당 데이터 조각에 대한 처리를 완료한다. yield 함수는 다음 함수의 제어를 넘겨주고 모든 다운스트림 단계에서 해당 데이터를 처리할 때까지 데이터 처리를 재개하려고 대기한다.

8.1 스트리밍과 yield

위에서 설명한 제어의 흐름은 따르기가 다소 어려울 수 있다. 파이썬의 놀라운 특징은 이러한 복잡성을 추상화하여 분석 기능에 집중할 수 있다. 여기에서 다음과 같이 생각할 수 있다. 일반적으로 리스트(데이터 컬렉션)를 가져와서 해당 리스트를 변환하는 모든 처리 함수에 대해서 한 함수를 하나의 흐름(스트림)으로 취하여 스트림의 모든 요소의 결과를 산출하는 함수를 재작성할 수 있다.

다음 예제에서 표준 데이터 복사 방법과 스트리밍 방법을 사용하여 리스트 각 요소에 log를 취한다.

```python
def log_all_standard(input):
    output = []
    for elem in input:
        output.append(np.log(elem))
    return output

def log_all_streaming(input_stream):
    for elem in input_stream:
        yield np.log(elem)
```

두 방법으로 같은 결과를 얻었는지 확인해보자.

```python
# 랜덤 시드값을 설정한다.
np.random.seed(seed=7)
# 세 자릿수만 표시되도록 프린트 옵션을 설정한다.
np.set_printoptions(precision=3, suppress=True)

arr = np.random.rand(1000) + 0.5
result_batch = sum(log_all_standard(arr))
print('일괄처리 결과 : ', result_batch)
```

```
result_stream = sum(log_all_streaming(arr))
print('스트리밍 결과 : ', result_stream)
```

```
일괄처리 결과 :  -48.2409194561
스트리밍 결과 :  -48.2409194561
```

스트리밍 방식의 장점은 합계를 계산하거나, 결과를 디스크에 쓰거나, 기타 작업을 수행하고 난 후, 스트림 요소가 처리된다는 것이다. 스트리밍 방식은 많은 입력 항목이 있거나, 각 항목이 큰 경우에 많은 메모리 공간을 절약할 수 있다. 매트의 블로그 게시물[1]에서 인용한 다음 설명은 스트리밍 데이터 분석의 효용성에 대한 알려준다.

> 내 짧은 경험으로 봤을 때 사람들은 거의 [스트리밍] 경로route를 사용하지 않는다. 사람들은 문제가 발생할 때까지 싱글 스레드 인메모리 파이썬을 사용한다. 그리고 나서 상대적으로 높은 오버헤드를 처리하는 하둡/스파크와 같은 빅데이터 기반 기술을 찾는다.

윗글은 대부분의 사람이 겪는 문제다. 중급 접근법은 생각보다 어려울 수도 있다. 어떤 경우에는 멀티 코어 통신 및 데이터베이스에 대한 랜덤 액세스 오버헤드를 제거하여 슈퍼 컴퓨팅 접근 방식보다 훨씬 더 빠른 성능을 끌어낼 수 있다(슈퍼컴퓨터에서 그래프 데이터베이스를 사용하는 것보다 노트북에서 128억 개의 에지 그래프를 더 빨리 처리한다는 프랭크 맥쉐리 블로그 글[2]을 참고한다).

스트리밍 스타일 함수를 사용할 때 제어 흐름을 명확하게 하는 차원에서 각 연산과 메시지를 출력하는 로그를 만드는 것이 좋다.

```python
import numpy as np

def tsv_line_to_array(line):
    lst = [float(elem) for elem in line.rstrip().split('\t')]
    return np.array(lst)

def readtsv(filename):
    print('라인 읽기 시작')
```

----

1 http://bit.ly/2trkKZ6
2 빅데이터; 같은 노트북(Bigger data; same laptop). http://bit.ly/2trD0BL

```python
    with open(filename) as fin:
        for i, line in enumerate(fin):
            print(f'라인 {i} 읽기')
            yield tsv_line_to_array(line)
    print('라인 읽기 끝')

def add1(arrays_iter):
    print('1 더하기 시작')
    for i, arr in enumerate(arrays_iter):
        print(f'라인 {i}에 1 더하기')
        yield arr + 1
    print('1 더하기 끝')

def log(arrays_iter):
    print('로깅 시작')
    for i, arr in enumerate(arrays_iter):
        print(f'배열 {i} 로깅')
        yield np.log(arr)
    print('로깅 끝')

def running_mean(arrays_iter):
    print('평균 계산 시작')
    for i, arr in enumerate(arrays_iter):
        if i == 0:
            mean = arr
        mean += (arr - mean) / (i + 1)
        print(f'평균에 라인 {i} 추가')
    print('평균 반환')
    return mean
```

예제 파일을 실행해보자.

```python
fin = 'data/expr.tsv'
print('라인 이터레이터 생성')
lines = readtsv(fin)
print('로그 라인 이터레이터 생성')
loglines = log(add1(lines))
print('평균 계산하기')
mean = running_mean(loglines)
print(f'평균 로그 행 : {mean}')
```

라인 이터레이터 생성
로그 라인 이터레이터 생성
평균 계산하기
평균 계산 시작
로깅 시작
1 더하기 시작
라인 읽기 시작
라인 0 읽기
라인에 1 더하기
배열 0 로깅
평균에 라인 0 추가
라인 1 읽기
라인 1에 1 더하기
배열 1 로깅
평균에 라인 1 추가
라인 2 읽기
라인 2에 1 더하기
배열 2 로깅
평균에 라인 2 추가
라인 3 읽기
라인 3에 1 더하기
배열 3 로깅
평균에 라인 3 추가
라인 4 읽기
라인 4에 1 더하기
배열 4 로깅
평균에 라인 4 추가
라인 읽기 끝
1 더하기 끝
로깅 끝
평균 반환
평균 로그행 : [3.118 2.487 2.196 2.36   2.701 2.647 2.437 3.285
                2.054 2.372
3.855 3.949 2.467 2.363 3.184 2.644 2.63   2.848 2.617 4.125]

NOTE_

- 라인과 로그 라인 이터레이터를 생성할 때 계산을 수행하지 않는다. 이터레이터는 결과가 필요할 때까지 평가(소비)되지 않아서 게으르다[lazy].
- 마지막으로 running_mean( ) 함수가 호출될 때 각 함수의 계산을 수행하면서 모든 함수를 앞뒤로 건너 뛴다.

8.2 Toolz 스트리밍 라이브러리 소개

이번 절에서는 몇 줄의 코드로 컴퓨터 노트북에서 5분 안에 실행되는 매트 록클린의 코드 예제를 살펴본다. 코드 예제는 파리 게놈fly genome에서 마르코프 모델Markov Model[3]을 만든다. 매트의 예제는 인간 게놈을 사용하지만 우리가 갖고 있는 노트북은 그렇게 빠르지 않으므로 파리 게놈을 사용한다(크기는 약 1/20이다). 이번 장에서는 먼저 압축된 데이터로 시작하여 조금 더 크기를 늘릴 것이다. 매트의 코드를 약간 수정한 우아한 코드를 살펴보자.

```python
import toolz as tz
from toolz import curried as c
from glob import glob
import itertools as it

LDICT = dict(zip('ACGTacgt', range(8)))
PDICT = {(a, b): (LDICT[a], LDICT[b])
        for a, b in it.product(LDICT, LDICT)}

def is_sequence(line):
    return not line.startswith('>')

def is_nucleotide(letter):
    return letter in LDICT  # 'N'을 무시한다.

@tz.curry
def increment_model(model, index):
    model[index] += 1

def genome(file_pattern):
    """FASTA 파일 이름 리스트에서 글자 단위로 게놈을 스트리밍한다."""
    return tz.pipe(file_pattern, glob, sorted,  # 파일 이름
            c.map(open),  # 라인
            # 모든 파일의 행을 연결한다.
            tz.concat,
            # 각 시퀀스 헤더
            c.filter(is_sequence),
            # 모든 라인의 문자를 연결한다.
            tz.concat,
            # 줄바꿈과 'N'을 제거한다.
```

---

3 확률론에서 마르코프 모델은 무작위로 변화하는 시스템을 모델링하는 데 사용되는 확률론적 모델이다(https://en.wikipedia.org/wiki/Markov_model).

```
                c.filter(is_nucleotide))

def markov(seq):
    """뉴클레오타이드(nucleotide) 시퀀스에서 1차 마르코프 모델을 구한다."""
    model = np.zeros((8, 8))
    tz.last(tz.pipe(seq,
                    c.sliding_window(2),         # 각 연속된 튜플
                    c.map(PDICT.__getitem__), # 튜플 행렬 위치
                    c.map(increment_model(model))))  # 증가 행렬
    # 개수를 추이 확률 행렬로 변환한다.
    model /= np.sum(model, axis=1)[:, np.newaxis]
    return model
```

다음 예제는 초파리[fruit fly] 게놈에서 반복적인 시퀀스의 마르코프 모델을 얻는 코드다.

```
%%timeit -r 1 -n 1
dm = 'data/dm6.fa'
model = tz.pipe(dm, genome, c.take(10**7), markov)
# take() 함수를 사용하여 처음 1000만 염기만 실행해 속도를 높인다.
# take() 함수를 사용하지 않으면 5~10분 정도 걸린다.
```

```
3.51 ms ± 0 ns per loop (mean ± std. dev. of 1 run, 1 loop each)
```

위 예제 코드에서 많은 일이 발생하므로 코드를 조금씩 살펴본다. 그리고 이 장 마지막에 코드를 실행한다.

예제에서 주목해야할 것은 Toolz 라이브러리[4]의 함수다. 코드에서 pipe(), sliding_window(), frequencies(), 커링된 map() 함수를 사용한다(자세한 내용은 나중에 설명한다). Toolz 라이브러리는 파이썬 이터레이터를 사용하여 스트림을 쉽게 조작하기 위한 라이브러리다.

pipe() 함수 먼저 살펴보자. pipe() 함수는 중첩된 함수 호출 코드를 읽기 쉽게 만들어주는 단순한 함수다. 중첩된 함수가 많을수록 이터레이터를 다룰 때 가독성이 떨어지기 때문에 이 함수는 중요하다.

----

4 http://toolz.readthedocs.org/en/latest/

간단한 예로 pipe() 함수를 사용하여 평균 계산하는 코드를 다시 작성해보자.

```
import toolz as tz
filename = 'data/expr.tsv'
mean = tz.pipe(filename, readtsv, add1, log, running_mean)

# 이것은 다음 함수를 중첩하는 것과 같다.
# running_mean(log(add1(readtsv(filename))))
```

```
평균 계산 시작
로깅 시작
1 더하기 시작
라인 읽기 시작
라인 0 읽기
라인에 1 더하기
배열 0 로깅
평균에 라인 0 추가
라인 1 읽기
라인 1에 1 더하기
배열 1 로깅
평균에 라인 1 추가
라인 2 읽기
라인 2에 1 더하기
배열 2 로깅
평균에 라인 2 추가
라인 3 읽기
라인 3에 1 더하기
배열 3 로깅
평균에 라인 3 추가
라인 4 읽기
라인 4에 1 더하기
배열 4 로깅
평균에 라인 4 추가
라인 읽기 끝
1 더하기 끝
로깅 끝
평균 반환
```

넘파이로 구현한 복잡한 코드를 Toolz 라이브러리로 구현했더니 입력 데이터의 순차 변환이 명확해졌다.

넘파이로 구현한 코드는 데이터를 수백만 또는 수십억 행으로 확장하면 모든 데이터를 메모리에 저장하는 데 어려움을 겪을 수 있다. 반대로 toolz 라이브러리로 구현한 코드는 한 번에 하나씩 디스크에서 행을 불러오고 메모리에 한 행의 데이터만 유지한다.

8.3 k-mer 계산과 오류 수정

DNA와 유전체학에 대한 정보는 1장과 2장을 참조하라. 간단히 말해서 유전 정보, 즉 사람을 만드는 청사진은 게놈의 화학적 염기 서열로 인코딩되어 있다. 화학적 염기는 실제로 아주 작기 때문에 현미경으로 판독할 수 없다. 또한 화학적 염기의 긴 문자열을 읽을 수 없다. 읽는다 하더라도 오류가 누적되어 판독값을 사용할 수 없다(신기술을 사용하면 가능하지만 여기서는 오늘날 가장 일반적으로 사용되는 짧은 판독 시퀀싱 데이터에 초점을 맞춘다). 다행히 세포 하나 하나에 게놈과 동일한 사본이 있으므로 사본을 작은 조각(약 100개의 염기)으로 자른 다음, 3000만 개의 큰 퍼즐을 조립할 수 있다.

큰 퍼즐을 조립하기 전에 판독 오류 수정을 수행하는 것이 중요하다. DNA 시퀀싱 중 일부 염기가 잘못 판독된 것을 수정해야 한다. 이것을 수정하지 않으면 퍼즐이 엉망으로 조립될 수 있다(잘못된 모양의 퍼즐 조각이 있다고 상상해보자).

한 가지 수정 전략은 데이터셋에서 비슷한 판독을 찾고 해당 판독에서 올바른 정보를 얻어서 오류를 수정하는 것이다. 또한 오류가 있는 판독을 완전히 삭제할 수도 있다.

그러나 유사한 판독값을 찾는 것은 각 판독값을 다른 모든 판독값과 비교한다는 것을 의미하므로 매우 비효율적이다. 실행 시간이 $O(N^2)$이므로 즉 3000만 개의 판독 데이터셋에 대해서 9×10^{14}번의 연산이 수행한다(이 연산 비용은 싸지 않다).

어느날 파벨 페브스너와 여러 사람[5]은 염기 판독이 더 작게 겹쳐진 k-mers[6]로 나뉠 수 있다는 것을 깨달았다. 부분 문자열은 해시 테이블(파이썬 딕셔너리)에 저장된다. k-mers의 많은 장점 중 하나는 아주 큰 총 판독 수를 계산하는 대신, 게놈 자신만큼 커질 수 있는 총 k-mer 수

---

5 논문. http://www.pnas.org/content/ 98/17/9748.full

6 역주_ k-mer는 일반적으로 문자열에 포함된 길이 k의 가능한 부분 문자열을 나타낸다. 전산 유전체학에서 k-mers는 DNA 염기서열분석을 통해 얻어진 판독으로 가능한 모든 길이의 부분 서열을 참고한다(https://en.wikipedia.org/wiki/K-mer).

를 계산할 수 있다는 것이다. 일반적으로 염기는 판독값보다 1~2배 작은 크기다.

k-mers가 게놈에서 한 번만 나타날 수 있도록 충분히 큰 k값을 선택하면, k-mers가 나타나는 횟수는 게놈의 해당 부분에서 발생한 판독 횟수와 정확하게 일치한다. 이것을 해당 지역의 범위^{coverage}라고 부른다.

판독에 오류가 있으면 오류가 겹치는 k-mers가 고유하거나 게놈에서 고유할 확률이 높다. 셰익스피어의 문장의 예를 들어보자. 'To be or nob to be'에서 6-mer의 'nob to'는 거의 나타나지 않지만, 'not to'는 매우 자주 나타난다.

셰익스피어 문장의 예제는 k-mers 오류 수정을 위한 기초다. k-mers로 판독을 나누고 각 k-mer의 발생을 카운트한다. 그리고 유사한 것으로 판독한 희귀 k-mers을 대체하는 로직을 사용한다(혹은 대안으로 잘못된 k-mers 판독을 버린다. 판독이 많은 경우 잘못된 판독을 버릴 수 있기 때문에 가능하다).

또한 이 예제는 스트리밍이 필수적이다. 이전에 언급한 것처럼 판독 횟수가 많을 수 있으므로 메모리에 저장하지 않는다.

DNA 시퀀스 데이터는 일반적으로 FASTA 형식으로 표현한다. 이 파일은 파일당 하나 또는 여러 개의 DNA 시퀀스로 구성되며 파일 이름과 실제 시퀀스가 있는 일반 텍스트 형식이다.

FASTA 파일 형식은 다음과 같다.

```
> sequence_name1
TCAATCTCTTTTATATTAGATCTCGTTAAAGTAAAATTTTGGTTTGTGTTAAAGTACAAGGGGTACCTATGACCACGGAACCAA
CAAAGTGCCTAAATAGGACATCAAGTAACTAGCGGTACGT

> sequence_name2
ATGTCCCAGGCGTTCCTTTTGCATTTGCTTCGCATTAACAGAATATCCAGCGTACTTAGGATTGTCGACCTGTCTTGTCGTA
CGTGGCCGCAACACCAGGTATAGTGCCAATACAAGTCAGACTAAAACTGGTTC
```

FASTA 파일에서 k-mers의 수로 라인을 변환하는 데 필요한 정보는 다음과 같다.

- 시퀀스 라인만 사용하도록 라인을 필터링한다.
- 각 시퀀스 라인에 대해서 k-mers 스트림을 생성한다.
- 각 k-mer를 딕셔너리 카운터에 추가한다.

순수 파이썬의 내장함수를 사용하여 이 작업을 수행하는 코드는 다음과 같다.

```python
def is_sequence(line):
    line = line.rstrip()  # 끝에 있는 '\n'을 제거한다.
    return len(line) > 0 and not line.startswith('>')

def reads_to_kmers(reads_iter, k=7):
    for read in reads_iter:
        for start in range(0, len(read) - k):
            yield read[start : start + k]  # 'yield'를 사용하므로 제너레이터다.

def kmer_counter(kmer_iter):
    counts = {}
    for kmer in kmer_iter:
        if kmer not in counts:
            counts[kmer] = 0
        counts[kmer] += 1
    return counts

with open('data/sample.fasta') as fin:
    reads = filter(is_sequence, fin)
    kmers = reads_to_kmers(reads)
    counts = kmer_counter(kmers)
```

이 코드는 제대로 스트리밍되어 동작한다. 판독은 디스크에서 한 번에 하나씩 불러와서 k-mer 변환기와 k-mer 카운터로 수송한다(pipe). 여기서 개수 막대그래프를 그려서 정확하고 잘못된 k-mers의 잘 분리된 두 개체가 있는지 확인할 수 있다.

```python
# 그래프를 바로 표시하고 사용자 정의 스타일을 적용한다.
%matplotlib inline
import matplotlib.pyplot as plt
plt.style.use('style/elegant.mplstyle')

def integer_histogram(counts, normed=True, xlim=[], ylim=[],
                      *args, **kwargs):
    hist = np.bincount(counts)
    if normed:
        hist = hist / np.sum(hist)
    fig, ax = plt.subplots()
    ax.plot(np.arange(hist.size), hist, *args, **kwargs)
    ax.set_xlabel('개수')
    ax.set_ylabel('주파수')
```

```
    ax.set_xlim(*xlim)
    ax.set_ylim(*ylim)

counts_arr = np.fromiter(counts.values(), dtype=int, count=len(counts))
integer_histogram(counts_arr, xlim=(-1, 250))
```

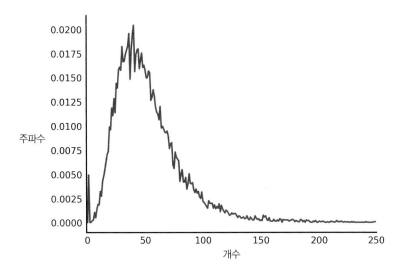

잘 분포된 k-mer 주파수에서 그래프 왼쪽의 k-mers가 치솟는 부분^{bump}을 살펴보자. 이러한 저주파 k-mers는 오류일 가능성이 높다.

실제로 이전 코드에서 너무 많은 작업을 수행하고 있다. 반복문과 yield 키워드로 작성된 몇 함수들은 스트림을 조작한다. 즉 데이터 스트림을 다른 종류의 데이터로 변환한 다음, 끝에서 축적한다. Toolz 라이브러리는 한 번의 함수 호출로 이전 코드의 내용을 쉽게 작성할 수 있도록 하는 많은 스트림 조작 요소가 있다. 변환 함수로 각 지점에서 데이터 스트림의 상황을 쉽게 시각화할 수 있다. 슬라이딩 윈도우 함수는 k-mers를 만드는 데 필요하다.

```
print(tz.sliding_window.__doc__)
```

```
A sequence of overlapping subsequences

>>> list(sliding_window(2, [1, 2, 3, 4]))
[(1, 2), (2, 3), (3, 4)]
```

```
This function creates a sliding window suitable for transformations like
sliding means / smoothing

>>> mean = lambda seq: float(sum(seq)) / len(seq)
>>> list(map(mean, sliding_window(2, [1, 2, 3, 4])))
[1.5, 2.5, 3.5]
```

또한 주파수 함수는 데이터 스트림에서 개별 항목의 외형을 계산한다. 이제 파이프와 단일 함수 호출로 k-mer을 계산할 수 있다.

```
from toolz import curried as c

k = 7
counts = tz.pipe('data/sample.fasta', open,
                 c.filter(is_sequence),
                 c.map(str.rstrip),
                 c.map(c.sliding_window(k)),
                 tz.concat, c.map(''.join),
                 tz.frequencies)
```

위에서 'c.함수()'는 'toolz.curried.함수()'를 호출한다.

8.4 커링 : 스트리밍의 묘미

위 예제에서 toolz.curried 모듈의 map() 함수를 사용했다. map() 함수는 각 시퀀스 요소에 특정 함수를 적용한다. 예제에서 커링 함수 호출을 혼합하여 사용했으니, 이제 커링Currying에 대해서 살펴보자. 커링은 커링을 발명한 수학자 하스켈 커리Haskell Curry에서 나온 이름이다. 하스켈Haskell 언어 또한 그의 이름에서 나온 것이다. 하스켈의 모든 함수는 커링된다.

'커링'은 함수를 부분적으로 평가하고 다른 '작은' 함수를 반환한다. 일반적으로 파이썬은 함수에 필요한 모든 인수argument를 주지 않으면 오류를 발생한다. 대조적으로 커링된 함수는 인수 중 일부만 취할 수 있다. 커링된 함수가 충분한 인수를 얻지 못하면 나머지 인수를 취하는 새로운 함수를 반환한다. 나머지 인수를 취하여 함수가 한 번 더 호출된다면 함수의 원래 작업을 수행할 수 있다. 커링을 부분 평가partial evaluation라고도 한다. 함수형 프로그래밍에서 커링은 함수의 나머지 인수가 나중에 호출될 때까지 대기하는 함수를 말한다.

따라서 map(np.log, numbers_list) 함수 호출은 number_list의 모든 요소에 np.log() 함수가 적용된 시퀀스를 반환한다. 그리고 toolz.curried.map(np.log) 함수 호출은 숫자 시퀀스를 인수로 취하고 log가 적용된 시퀀스를 반환하는 함수를 반환한다.

스트리밍을 적용할 때 인수의 정보를 알고 커링된 함수를 사용하는 것이 좋다. 사실 이번 절 코드에서 커링과 파이프가 함께 사용될 수 있는지 힌트를 살펴봤다.

그러나 커링을 처음 접할 때 이해하기 어려울 수 있으므로 간단한 예제를 살펴보자. 먼저 커링되지 않은 함수를 살펴보자.

```
def add(a, b):
    return a + b

add(2, 5)
```

7

수동으로 커링이 적용된 함수를 살펴보자.

```
def add_curried(a, b=None):
    if b is None:
        # 두 번째 인수가 없으면 함수를 만들어서 반환한다.
        def add_partial(b):
            return add(a, b)
        return add_partial
    else:
        # 두 인수가 모두 주어지면 값을 반환한다.
        return add(a, b)
```

이제 위에서 만든 커링된 함수를 호출해보자.

```
add_curried(2, 5)
```

7

두 인수가 주어지면 정상적인 함수처럼 동작한다. 이제 두 번째 인수를 생략해보자.

```
add_curried(2)
```

```
<function __main__.add_curried.<locals>.add_partial>
```

예상대로 함수를 반환한다. 반환된 함수를 호출해보자.

```
add2 = add_curried(2)
add2(5)
```

```
7
```

수동으로 작성한 커링된 add_curried() 함수는 읽기 어렵다. 마지막으로 Toolz 라이브러리에서 제공하는 데코레이터Decorator를 사용해보자.

```
import toolz as tz

@tz.curry  # 커링 데코레이터
def add(x, y):
    return x + y

add_partial = add(2)
add_partial(5)
```

```
7
```

add() 함수는 이제 커링된 함수다. add() 함수에 하나의 인수를 취하여 그 인수를 '기억'하는 add_partial()이라는 또 다른 함수를 반환한다.

Toolz 라이브러리에서 toolz.curried 네임스페이스의 모든 함수들은 커링된 함수다. map(), filter(), reduce() 함수와 같은 커링된 함수가 있다. 코드가 복잡해지지 않도록 toolz.curried 네임스페이스를 c.으로 사용한다. 예를 들어 커링된 map() 함수는 c.map()이다. 커링된 함수

(c.map() 함수 등)는 커링된 함수를 만드는 데 사용하는 @curry 데코레이터와 다르다.

```
from toolz import curried as c
c.map
```

```
<class 'map'>
```

map() 함수는 내장 함수다. 파이썬 문서에 다음과 같이 설명되어 있다[7].

> map(function, iterable, ...) 반복 가능한[iterable] 모든 항목에 함수를 적용하여 결과를 넘겨주는[yield] 이터레이터[iterator]를 반환한다.

커링된 map() 함수는 Toolz의 pipe() 함수와 같이 쓸 때 편리하다. c.map() 함수에 함수를 전달한 다음, 나중에 tz.pipe() 함수를 사용하여 이터레이터에서 스트리밍할 수 있다. 게놈을 판독하는 함수를 다시 한번 살펴보고 이것이 실제로 어떻게 동작하는지 확인해보자.

```python
def genome(file_pattern):
    """FASTA 파일 이름 리스트에서 글자 단위로 게놈을 스트리밍한다."""
    return tz.pipe(file_pattern, glob, sorted,  # 파일 이름
                   c.map(open),  # 라인
                   # 모든 파일의 행을 연결
                   tz.concat,
                   # 각 시퀀스 헤더
                   c.filter(is_sequence),
                   # 모든 라인의 문자 연결
                   tz.concat,
                   # 줄바꿈과 'N'을 제거한다.
                   c.filter(is_nucleotide))
```

----

7 파이썬 공식 문서. https://docs.python.org/3.4/library/functions.html#map

8.5 k-mer 계산 계속하기

커링에 대해서 살펴봤다. k-mer을 계산하는 코드로 돌아가서 커링된 함수를 다시 한번 살펴보자.

```
from toolz import curried as c

k= 7
counts = tz.pipe('data/sample.fasta', open,
                 c.filter(is_sequence),
                 c.map(str.rstrip),
                 c.map(c.sliding_window(k)),
                 tz.concat, c.map(''.join),
                 tz.frequencies)
```

이제 다른 k-mer의 주파수를 볼 수 있다.

```
counts = np.fromiter(counts.values(), dtype=int, count=len(counts))
integer_histogram(counts, xlim=(-1, 250), lw=2)
```

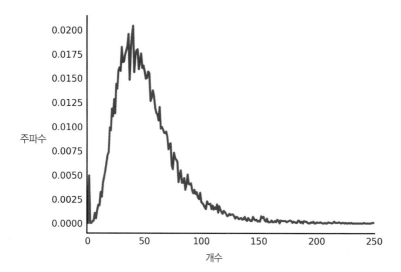

스트리밍 팁

tz.concat 모듈을 사용하여 '리스트의 리스트'를 '긴 리스트'로 변환한다.

다음 두 가지 사항을 주의한다.

- 이터레이터는 소모된다. 따라서 제너레이터 객체를 만들어서 일부 처리를 수행하다가 나중 단계에서 실패하면 제너레이터를 다시 만들어야 한다. 원본은 이미 사라졌다.
- 이터레이터는 게으르다. 잘 수행되고 있는지 확인(평가)해야 한다.

pipe( ) 함수 인수에 많은 함수가 있는 경우 어디에서 잘못되었는지 파악하기가 어렵다. 작은 스트림으로 잘못된 부분을 찾을 때까지 첫 번째(왼쪽)부터 순차적으로 파이프에 함수를 추가한다. 또한 특정 스트림에 map(do(print)) 함수(toolz.curried 모듈의 map( )과 do( ))를 삽입하여 스트리밍하는 동안 각 요소를 출력해본다.

8.5.1 연습문제 : 스트리밍 데이터와 PCA

사이킷-런 라이브러리의 IncrementalPCA 클래스는 전체 데이터셋을 메모리에 로딩하지 않고 데이터셋에서 주성분 분석Principal Components Analysis, PCA[8]을 실행할 수 있다. 그러나 데이터를 직접 청크해야 하므로 코드가 어려워진다. 데이터 샘플 스트림을 받아서 주성분 분석을 수행하는 함수를 만들어보자. 그리고 주성분 분석 함수를 사용하여 data/iris.csv에서 홍채 머신러닝 데이터셋의 주성분 분석을 계산한다(사이킷-런의 datasets.load_iris( ) 함수를 사용하여 파일에 접근할 수 있다). 그리고 data/iris-target.csv에서 종species수의 색상점 그래프를 그려보자.

> **NOTE_** IncrementalPCA 클래스는 sklearn.decomposition 모듈에 있으며, 모델을 학습하려면 배치처리 크기[9]는 1보다 커야 한다. 데이터 포인트 스트림에서 배치처리 스트림을 생성하는 방법은 toolz.curried. partition( ) 함수를 참조한다.

---

8 고차원의 데이터를 저차원의 데이터로 환원시키는 기법. https://ko.wikipedia.org/wiki/주성분_분석
9 역주_머신러닝에 사용되는 용어로 한 번의 반복(iteration)에서 활용되는 학습 예제 수를 나타낸다.

8.6 게놈의 마르코프 모델

8.4절 '커링 : 스트리밍의 묘미'에서 다룬 코드 예제로 다시 돌아간다. 마르코프 모델이란 무엇이며 왜 유용한걸까?

일반적으로 마르코프 모델은 어떤 상태로 시스템이 옮겨질 확률은 현재 상태 의존하여 나타난다고 가정한다. 예를 들어 오늘 날씨가 맑다면 내일도 맑을 확률이 높다. 어제 비가 내렸다는 사실은 상관없다. 마르코프 모델의 이론에서는 미래를 예측하는 데 필요한 모든 정보가 현재 상태로 인코딩된다. 과거와는 상관없다. 이 가정은 다루기 어려운 문제를 단순화하는 데 유용하며 종종 좋은 결과를 가져온다. 한 예제로 마르코프 모델은 휴대 전화 및 위성 통신에서 대부분의 신호처리를 담당한다.

게놈의 다른 기능 영역은 비슷한 상태 간에 다른 전이 확률을 갖는다. 새로운 게놈에서 이러한 전이 확률을 관찰하면 게놈의 영역 기능에 대해서 뭔가 예측할 수 있다. 다시 날씨로 돌아가보자. 로스엔젤레스와 런던 어디에 있느냐에 따라서 화창하거나 비가 오는 확률이 매우 다르다. 만약 지역에 대한 날씨 정보 문자열(맑음, 맑음, 맑음, 맑음 …)이 있다면 과거 모델을 바탕으로 로스엔젤레스의 날씨인지 런던의 날씨인지 예측할 수 있다.

이번 절에서는 모델을 만드는 것에 대해서만 다룬다.

노랑초파리 게놈 파일[10]을 내려받자. 그리고 gzip −d dm6.fa.gz 명령으로 압축을 푼다.

게놈 데이터에서 A, C, G, T 문자로 구성된 유전자 서열은 소문자(반복적)인지 대문자(반복적이지 않음)인지에 따라서 반복 요소인 DNA의 특정 부류에 속하는 것으로 인코딩된다. 마르코프 모델을 만들 때 유전자 서열 문자를 사용한다.

마르코프 모델을 넘파이 배열로 인코딩해보자. 인덱스 [0, 7]의 문자 딕셔너리(LDICT[Letters DICTionary]) 2차원 인덱스 ([0, 7], [0, 7])의 문자 쌍 딕셔너리(PDICT[Pairs DICTionary])를 만든다.

```
import itertools as it

LDICT = dict(zip('ACGTacgt', range(8)))
```

---

10 http://hgdownload.cse.ucsc.edu/goldenPath/dm6/bigZips/dm6.fa.gz

```
PDICT = {(a, b): (LDICT[a], LDICT[b])
        for a, b in it.product(LDICT, LDICT)}
```

'>'로 시작하는 라인에 있는 시퀀스와 'N'으로 알려지지 않은 시퀀스를 필터링할 함수를 만들어
비-시퀀스(비순차) 데이터를 걸러내자.

```
def is_sequence(line):
    return not line.startswith('>')

def is_nucleotide(letter):
    return letter in LDICT  # 'N'을 무시한다.
```

마지막으로 (A, T)와 같은 뉴클레오타이드^{nucleotide} 쌍이 생길 때마다 해당 위치에서 마르코프
모델(넘파이 행렬)을 증가시킨다. 다음과 같이 커링된 함수를 만들어 비-시퀀스(비순차) 데
이터를 걸러내는 데 사용한다.

```
import toolz as tz

@tz.curry
def increment_model(model, index):
    model[index] += 1
```

이제 코드를 결합하여 넘파이 행렬에 게놈을 스트리밍할 수 있다. 아래 함수의 인수 seq가 스
트림이면 게놈의 큰 청크를 메모리에 저장하지 않는다.

```
from toolz import curried as c

def markov(seq):
    """뉴클레오타이드 시퀀스로부터 1차 마르코프 모델을 구한다."""
    model = np.zeros((8, 8))
    tz.last(tz.pipe(seq,
                c.sliding_window(2),            # 각 연속된 튜플
                c.map(PDICT.__getitem__),       # 튜플의 행렬 위치
                c.map(increment_model(model)))) # 증가 행렬
    # 개수를 추이 확률 행렬로 변환한다.
    model /= np.sum(model, axis=1)[:, np.newaxis]
    return model
```

게놈 스트림을 생성하여 마르코프 모델을 만들면 된다.

```
from glob import glob

def genome(file_pattern):
    """FASTA 파일 이름 리스트에서 글자 단위로 게놈을 스트리밍한다."""
    return tz.pipe(file_pattern, glob, sorted,  # 파일 이름
            c.map(open),  # 라인
            # 모든 파일의 행을 연결
            tz.concat,
            # 각 시퀀스 헤더
            c.filter(is_sequence),
            # 모든 라인의 문자 연결
            tz.concat,
            # 줄바꿈과 'N'을 제거한다.
            c.filter(is_nucleotide))
```

이제 코드를 노랑초파리 게놈에 적용해보자.

```
# ftp://hgdownload.cse.ucsc.edu/goldenPath/dm6/bigZips/dm6.fa.gz
# 위에서 파일을 내려받는다.
# 'gzip -d dm6.fa.gz' 명령으로 압축을 푼다.
dm = 'data/dm6.fa'
model = tz.pipe(dm, genome, c.take(10**7), markov)
# 처음 1000만 염기만 사용하여 take() 함수의 속도를 높인다.
# take() 함수를 사용하지 않으면 5-10분 기다려야 한다.
```

행렬 결과를 살펴보자.

```
print('   ,  '   '.join('ACGTacgt'), '\n')
print(model)
```

```
      A      C      G      T      a      c      g      t
[[ 0.348  0.182  0.194  0.275  0.     0.     0.     0.   ]
 [ 0.322  0.224  0.198  0.254  0.     0.     0.     0.   ]
 [ 0.262  0.272  0.226  0.239  0.     0.     0.     0.   ]
 [ 0.209  0.199  0.245  0.347  0.     0.     0.     0.   ]
 [ 0.003  0.003  0.003  0.003  0.349  0.178  0.166  0.296]
 [ 0.002  0.002  0.003  0.003  0.376  0.195  0.152  0.267]
```

```
[ 0.002  0.003  0.003  0.002  0.281      0.231  0.194  0.282]
[ 0.002  0.002  0.003  0.003  0.242      0.169  0.227  0.351]]
```

이미지로 결과를 살펴보자(그림 8-1).

```
def plot_model(model, labels, figure=None):
    fig = figure or plt.figure()
    ax = fig.add_axes([0.1, 0.1, 0.8, 0.8])
    im = ax.imshow(model, cmap='magma');
    axcolor = fig.add_axes([0.91, 0.1, 0.02, 0.8])
    plt.colorbar(im, cax=axcolor)

    for axis in [ax.xaxis, ax.yaxis]:
        axis.set_ticks(range(8))
        axis.set_ticks_position('none')
        axis.set_ticklabels(labels)
    return ax

plot_model(model, labels='ACGTacgt');
```

그림 8-1 노랑초파리(Drosophila melanogaster) 게놈의 유전자 서열에 대한 추이 확률 행렬

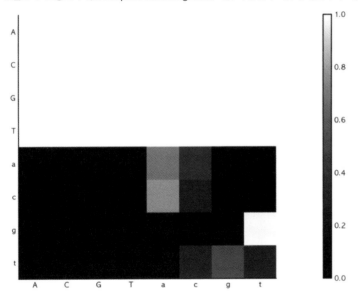

C–A와 G–C 추이가 게놈의 반복과 비반복 부분에서 어떻게 다른지 살펴보자. 이 정보는 이전에 보이지 않는 DNA 서열을 분류하는 데 사용될 수 있다.

8.6.1 연습문제 : 온라인 압축풀기

압축이 풀린 파일이 디스크에 저장되지 않도록 파이프의 시작 부분에 압축 코드를 추가하여 데이터 압축을 푼다. 예를 들어 초파리 게놈을 gzip으로 압축하면 전체 크기의 1/3만큼만 디스크에 저장된다. 또한 압축을 푸는 것도 스트리밍할 수 있다.

> **NOTE_** 파이썬 표준 라이브러리인 gzip 패키지는 .gz 파일을 일반 파일처럼 열 수 있다.

이번 장에서는 Toolz 라이브러리처럼 몇 가지 추상화를 사용하면 파이썬으로 스트리밍하는 것이 쉬울 수도 있다는 메시지를 전달했다.

빅데이터는 작은 데이터보다 선형적으로 처리 시간이 오래 걸리기 때문에 스트리밍을 사용하면 생산성을 높일 수 있다. 배치 분석에서는 운영체제가 램에서 하드디스크로 데이터를 계속 전송해야 하기 때문에 빅데이터 처리에 시간이 오래 걸릴 수 있다. 또는 파이썬에서 MemoryError를 표시할 수 있다. 많은 분석 작업에서 빅데이터를 분석하는 데 더 좋은 컴퓨터가 필요하지 않다. 또한 테스트에서 작은 데이터를 전달하면 빅데이터도 전달하게 된다.

이 장에서 전달하고 싶은 메시지는 알고리즘 또는 분석 작업을 할 때 스트리밍을 하는지에 대한 여부를 생각하는 것이다. 가능하면 작업을 시작할 때 처음부터 스트리밍을 적용할지 생각해보자. 나중에 스트리밍을 적용하기가 어렵게 된다면 [그림 8-2]와 같은 상황이 발생한다.

그림 8-2 TODO 역사 (http://bit.ly/2sXPg9u) (마누 코넷의 사용 허가를 받음)

에필로그

품질은 아무도 보는 사람이 없을 때 올바르게 하는 것을 의미한다.

– 헨리 포드, 포드 모터 창립자

이 책의 주목표는 독자가 넘파이와 사이파이 라이브러리를 효율적으로 다루는 것이다. 사이파이 라이브러리를 사용하여 효율적으로 과학적 문제를 분석하면서, 우아한 코드를 작성하는 노력이 가치 있다는 느낌이 들길 바란다.

다음 해야 할 일

사이파이 라이브러리를 사용하여 과학적인 문제를 해결했다. 그다음에는 무엇을 해야 할까? 어떤 문제를 해결하면서 라이브러리와 그 모든 파생 라이브러리를 모두 다루기는 힘들다. 마지막으로 라이브러리를 잘 활용하는 데 도움이 될 만한 몇 가지 방법을 소개한다.

메일링 리스트

서문에서 사이파이 커뮤니티에 대해 언급했다. 학습을 지속하는 좋은 방법은 넘파이, 사이파이, 팬더스, 맷플롯립, 사이킷-이미지 등 기타 관심 있는 라이브러리의 주요 메일링 리스트에 가입하고 정기적으로 구독하는 것이다.

그리고 어떤 문제에 부딪힐 때 커뮤니티에서 도움 청하기를 두려워하지 마라. 커뮤니티는 친절한 집단이다. 도움을 요청할 때 가장 중요한 것은 자신의 문제를 해결하고자 어떤 시도했는지 보여주는 것이다. 문제를 설명하려면 최소한의 스크립트와 샘플 데이터를 다른 사람들에게 제공하고 시도 방법을 제시해야 한다.

- 큰 가우시안 리스트를 생성해야 하는데 누가 도와줄 사람 없나요? (X)
- https://github.com/블라블라 여기에 라이브러리가 있어요. 통계 라이브러리를 살펴보면 큰 무작위 가우시안 리스트가 필요한 부분이 있습니다. 누가 도와줄 사람 없나요? (X)
- 'gauss = [np.random.randn()] * 10**5'와 같은 큰 무작위 가우시안 리스트를 생성하려고 합니다. 'np.mean(gauss)'를 계산할 때 0에 가까운 값을 얻을 수 없었습니다. 무엇이 잘못됐는지 알 수 있을까요? 전체 스크립트는 아래에 첨부되어 있습니다. (O)

깃허브

깃허브 또한 서문에서 언급했다. 넘파이와 사이파이의 코드는 깃허브에 있다.

- 넘파이 – https://github.com/numpy/numpy
- 사이파이 – https://github.com/scipy/scipy

그리고 다른 라이브러리의 코드도 깃허브에 있다. 예상대로 뭔가 동작하지 않으면 버그일 가능성이 있다. 여러 가지 코드 분석과 테스트를 한 후, 버그를 발견했다면 관련 깃허브의 'Issues' 탭으로 이동하여 발견한 문제issue를 작성한다. 만약 해당 라이브러리의 개발자가 이것을 버그라고 판단한다면 다음 버전에 버그가 수정되어 반영될 것이다. '버그'는 문서에도 적용된다. 라이브러리 설명에 있는 내용이 명확하지 않거나 오타가 있다면 Issues 탭에 문제를 제기한다.

문제를 제기하는 것보다 훨씬 더 좋은 방법은 풀리퀘스트pull request를 제출하는 것이다. 라이브러리의 문서를 개선하는 풀리퀘스트는 오픈소스를 시작하는 좋은 방법이다. 여기서 이 과정을 다루진 않지만 도움되는 책과 자료를 여기에 소개한다.

- 『**Effective Computation in Physics** : Field Guide to Research with Python』 (오라일리, 2015) : 깃과 깃허브, 다양한 과학 계산에 대한 내용을 다룬다.
- 『**만들면서 배우는 Git+GitHub 입문**』(한빛미디어, 2015) : 깃과 깃허브를 자세히 다룬다.
- **소프트웨어 카펜트리**(https://software-carpentry.org) : 깃 수업과 전 세계에서 열리는 무료 워크숍을 제공한다.
- **Open Source Science with Git and GitHub**(http://jni.github.io/git-tutorial/) : 깃과 깃허브 튜토리얼을 제공한다.

• **사이킷** : 이미지 라이브러리 기여하는 방법(https://github.com/scikit-image/scikit-image/blob/master/CONTRIBUTING.txt)

사이파이 생태계에 기여하면 좋다. 라이브러리를 모든 사람이 더 잘 활용할 수 있을 뿐만 아니라 개발 실력을 높이는 좋은 방법이기 때문이다. 또한 풀리퀘스트를 요청할 때마다 코드 개선에 대한 피드백을 받을 수 있다. 채용 시장에서 매우 인기 있는 기술인 깃허브 기여 및 에티켓에 익숙해져보자.

콘퍼런스

개발자 콘퍼런스에 참석하는 것이 좋다. 매년 미국 오스틴에서 개최되는 사이파이 콘퍼런스는 인상적이다. 유럽에서 열리는 유로 사이파이^{EuroSciPy}도 있다. 유로 사이파이는 2년마다 개최 도시를 변경한다. 마지막으로 파이썬에 대한 범용적인 주제를 다루는 파이콘^{PyCon} 콘퍼런스는 전 세계에서 개최된다. 파이콘 한국에 대한 자세한 사항은 웹사이트[1]에서 확인할 수 있다.

콘퍼런스가 끝나면 스프린트^{sprint}를 진행한다. 코드 스프린트는 팀 단위 개발의 강력한 세션이며 기술 수준에 관계없이[2] 오픈 소스에 기여하는 과정을 배우는 환상적인 기회다. 이 책의 저자(후안 누네즈-이글레시아스)도 오픈 소스 활동을 코드 스프린트로 시작했다.

사이파이를 넘어서

사이파이 라이브러리는 파이썬과 파이썬을 인터페이싱하는 고도로 최적화된 C 언어 및 포트란 코드로 작성되었다. 또한 넘파이 및 관련 라이브러리와 함께 과학 데이터 분석에 나오는 대부분의 사용 사례를 포함하는 매우 빠른 함수를 제공한다. 과학적 문제에 따라서는 사이파이가 적절하지 않은 경우도 있다. 그리고 순수 파이썬을 사용하여 실행 속도가 빠르지 않은 경우도 있다. 이때는 어떻게 해야 할까?

『고성능 파이썬』(한빛미디어, 2016)에서는 이러한 상황에서 알아야 할 내용, 즉 실제로 성능이 필요한 부분을 찾는 방법과 성능을 높이는 선택 사항을 소개한다. 이 책을 적극 추천한다.

여기서 사이파이 라이브러리와 특히 관련된 두 가지 옵션을 간단히 설명하고자 한다.

---

1 https://www.pycon.kr
2 역주_주제에 따라 중간 또는 높은 기술 수준을 요구하는 세션이 있다

첫째, 사이썬Cython은 C로 컴파일할 수 있는 파이썬의 변형된 버전이다. 또한 파이썬으로 임포트할 수 있다. 파이썬 변수에 타입 어노테이션Type Annotation을 사용한다면 컴파일된 C 코드는 순수 파이썬 코드보다 수백에서 수천 배 빨라진다. 사이썬은 현재 산업 표준이며 넘파이, 사이파이, 사이킷–이미지와 같은 라이브러리에서 배열 기반 코드로 빠른 알고리즘을 제공하는 데 사용된다. 『Cython』(오라일리, 2015)에서 사이썬 기초를 설명한다.

사이썬은 주로 배열 기반의 JITJust In time 컴파일러인 넘바Numba에서 사용된다. JIT는 함수가 한 번 실행될 때까지 기다린다. 이 시점에서 모든 함수 인수 및 결과 자료형을 추론하고, 해당 특정 자료형에 대해서 매우 효율적인 형식으로 코드를 컴파일한다. 넘바 코드에는 자료형에 어노테이션을 쓸 필요 없다. 넘바는 함수가 처음 호출될 때 넘바에서 자료형을 유추한다. 대신 더 복잡한 파이썬 객체보다 기본 자료형(정수, 부동소수점 등) 배열 사용에 유리하다. 이러한 경우 넘바는 파이썬 코드를 매우 효율적인 코드로 컴파일하여 계산 속도를 한 단계 높일 수 있다.

넘바는 아직 오래되지 않았지만 매우 유용하다. 파이썬 3.6에서 새로운 JIT(Pyjion JIT를 기반으로 함)를 더 쉽게 사용할 수 있는 기능을 추가됐다. 이 책의 저자인 후안의 블로그[3]에서 사이파이와 결합하는 방법을 포함하여 넘바 사용에 대한 몇 가지 예를 볼 수 있다. 넘바는 매우 활발하고 친절한 메일링 리스트를 제공한다.

책에 기여하기

이 책의 소스는 깃허브[4]에 있다. 또한 우아한 사이파이 웹사이트[5]에서도 제공한다. 다른 오픈소스 프로젝트에 기여하는 것처럼, 버그나 오타를 발견하면 깃허브에 이슈를 제기하거나, 풀리퀘스트를 제출할 수 있다. 사이파이와 넘파이 라이브러리의 다양한 부분을 설명하려고 우아한 코드를 사용했다. 더 좋은 코드 예제가 있다면 깃허브 저장소에 이슈를 제기하자. 다음 판에 더 좋은 코드 예제가 포함될 것이다.

---

3 https://ilovesymposia.com/tag/numba/
4 https://github.com/elegant–scipy/elegant–scipy
5 http://elegant–scipy.org

또한 이 책을 위한 트위터 계정도 존재한다.

- @elegantscipy : https://twitter.com/elegantscipy

그리고 개별 저자의 트위터도 여기에 남긴다.

- @jnuneziglesias : https://twitter.com/jnuneziglesias
- @stefanvdwalt : https://twitter.com/stefanvdwalt
- @hdashnow : https://twitter.com/hdashnow

과학 연구를 위해서 이 책의 아이디어나 코드를 사용한다면 트위터를 통해 그 소식을 듣고 싶다.

마지막 인사

이 책을 즐겁고 유익하게 읽었으면 좋겠다. 그리고 메일링 리스트, 콘퍼런스, 깃허브, 트위터에서 만나길 바란다. 『우아한 사이파이』를 읽어줘서 고맙다.

부록 : 연습문제 정답

정답 : 격자 오버레이 추가

3.1.1절 '연습문제 : 격자 오버레이 추가'

넘파이에서 슬라이싱을 사용하여 격자 행을 선택하여 파란색으로 설정한 후, 격자 열을 선택하여 파란색으로 설정한다.

```python
def overlay_grid(image, spacing=128):
    """격자 오버레이 이미지를 반환한다.

    매개변수
    ----------
    image : 배열, 모양 (M, N, 3)
        입력 이미지
    spacing : 정수
        격자 사이 간격

    반환값
    -------
    image_gridded : 배열, 모양 (M, N, 3)
        파란색 격자가 겹쳐진 원본 이미지
    """
    image_gridded = image.copy()
    image_gridded[spacing:-1:spacing, :] = [0, 0, 255]
    image_gridded[:, spacing:-1:spacing] = [0, 0, 255]
    return image_gridded

plt.imshow(overlay_grid(astro, 128));
```

그림 **A-1** 격자가 오버레이된 우주 비행사 이미지

그림 **A-1** 격자가 오버레이된 우주 비행사 이미지

위 코드에서 −1은 축의 마지막 값을 나타낸다. 파이썬 인덱싱에서 중간에 있는 −1을 생략할 수 있지만 코드의 의미가 달라진다. 중간의 −1이 없다면(예 : spacing::spacing), 배열의 마지막 행/열까지의 범위가 지정된다. −1이 있다면 마지막 행이 선택되지 않는다.

정답 : 콘웨이의 생명 게임

3.4.1절 '연습문제 : 콘웨이의 생명 게임'

니콜라스 루지에가 만든 100문제의 넘파이 연습문제 사이트가 있다[1]. 그의 깃허브[2]에서 88번 문제와 정답(콘웨이의 생명 게임 구현)을 살펴보자.

```
def next_generation(Z):
    N = (Z[0:-2,0:-2] + Z[0:-2,1:-1] + Z[0:-2,2:] +
         Z[1:-1,0:-2]                 + Z[1:-1,2:] +
         Z[2:  ,0:-2] + Z[2:  ,1:-1]  + Z[2:  ,2:])

    # 규칙을 적용한다.
    birth = (N==3) & (Z[1:-1,1:-1]==0)
    survive = ((N==2) | (N==3)) & (Z[1:-1,1:-1]==1)
```

---

1 http://www.labri.fr/perso/nrougier/teaching/numpy.100/

2 깃허브(https://github.com/rougier/numpy-100/), 트위터 계정(@NPRougier)

```
    Z[...] = 0
    Z[1:-1,1:-1][birth | survive] = 1
    return Z
```

다음 보드를 구현한다.

```
random_board = np.random.randint(0, 2, size=(50, 50))
n_generations = 100
for generation in range(n_generations):
    random_board = next_generation(random_board)
```

제네릭 필터를 사용하면 더 쉽게 구현할 수 있다.

```
def nextgen_filter(values):
    center = values[len(values) // 2]
    neighbors_count = np.sum(values) - center
    if neighbors_count == 3 or (center and neighbors_count == 2):
        return 1.
    else:
        return 0.

def next_generation(board):
    return ndi.generic_filter(board, nextgen_filter,
                              size=3, mode='constant')
```

생명 게임의 일부 공식은 환상면(도넛형) 보드toroidal board를 사용한다. 환상면 보드는 윗쪽과 아래쪽 끝 뿐만아니라 왼쪽과 오른쪽 끝이 둘러져wrap around 서로 연결되어 있다. 환상면 보드와 generic_filter() 함수를 사용하면 연습문제 코드를 간단하게 작성할 수 있다.

```
def next_generation_toroidal(board):
    return ndi.generic_filter(board, nextgen_filter,
                              size=3, mode='wrap')
```

이제 몇 세대 동안 환상면 보드를 시뮬레이션할 수 있다.

```
random_board = np.random.randint(0, 2, size=(50, 50))
n_generations = 100
for generation in range(n_generations):
    random_board = next_generation_toroidal(random_board)
```

정답 : 소벨 필터 코드 리팩토링

3.4.2절 '연습문제 : 소벨 필터 코드 리팩토링'

```python
hsobel = np.array([[ 1,  2,  1],
                   [ 0,  0,  0],
                   [-1, -2, -1]])

vsobel = hsobel.T

hsobel_r = np.ravel(hsobel)
vsobel_r = np.ravel(vsobel)

def sobel_magnitude_filter(values):
    h_edge = values @ hsobel_r
    v_edge = values @ vsobel_r
    return np.hypot(h_edge, v_edge)
```

이제 소벨 필터를 동전 이미지에 적용할 수 있다.

```python
sobel_mag = ndi.generic_filter(coins, sobel_magnitude_filter, size=3)
plt.imshow(sobel_mag, cmap='viridis');
```

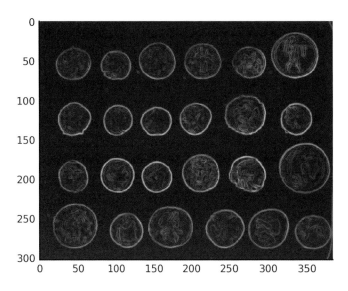

정답 : 사이파이 곡선 맞춤

3.5.1절 '연습문제 : 사이파이 곡선 맞춤'

먼저 사이파이의 curve_fit() 함수 독스트링docstring을 살펴보자[3].

```
"""
비선형 최소 제곱을 사용하여 함수 f를 데이터에 맞춘다.

``ydata = f(xdata, *params) + eps``라고 가정한다.

매개변수
----------
f : 호출 가능함(callable)
    모델 함수 f(x, ...). 독립 변수를 첫 번째 인수로 사용한다.
    매개변수를 별도의 나머지 인수로 사용한다.
xdata : 예측값 k를 반환하는 함수에 대한
    길이 M의 시퀀스 또는 (k, M) 모양의 배열
    데이터가 측정되는 독립 변수
ydata : 길이 M의 시퀀스
    종속 데이터 --- 명목상 f(xdata, ...)
"""
```

데이터 포인트와 일부 매개변수를 취하여 예측값을 반환하는 함수를 제공해야 한다. 이 문제의 경우 누적 잔여 빈도cumulative remaining frequency $f(d)$가 d^{-y}에 비례해야 한다. 즉, $f(d) = \alpha d^{gamma}$다.

```python
from scipy.optimize import curve_fit

def fraction_higher(degree, alpha, gamma):
    return alpha * degree ** (-gamma)
```

d > 10일 때 적합한 x, y 값이 필요하다.

```python
x = 1 + np.arange(len(survival))
valid = x > 10
x = x[valid]
y = survival[valid]
```

---

[3] https://github.com/scipy/scipy/blob/v1.0.0/scipy/optimize/minpack.py#L502–L790

scipy.optimize 모듈의 curve_fit() 함수를 사용하여 적합한 매개변수를 얻을 수 있다.

```
alpha_fit, gamma_fit = curve_fit(fraction_higher, x, y)[0]
```

이제 결과를 그래프로 그려보자.

```
y_fit = fraction_higher(x, alpha_fit, gamma_fit)
fig, ax = plt.subplots()
ax.loglog(np.arange(1, len(survival) + 1), survival)
ax.set_xlabel('진입차수 분포')
ax.set_ylabel('높은 진입차수 분포의 뉴런 일부')
ax.scatter(avg_in_degree, 0.0022, marker='v')
ax.text(avg_in_degree - 0.5, 0.003, ' 평균=%.2f' % avg_in_degree)
ax.set_ylim(0.002, 1.0)
ax.loglog(x, y_fit, c='red');
```

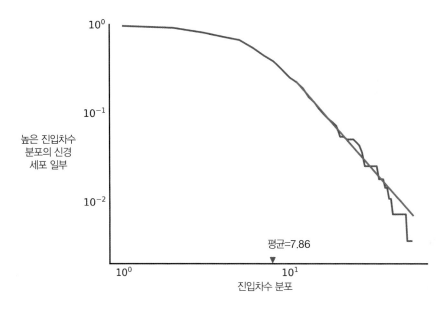

정답 : 이미지 합성곱

4.7.6절 '연습문제 : 이미지 합성곱'

```
Import numpy as np
from scipy import signal

x = np.random.random((50, 50))
y = np.ones((5, 5))

L = x.shape[0] + y.shape[0] - 1
Px = L - x.shape[0]
Py = L - y.shape[0]

xx = np.pad(x, ((0, Px), (0, Px)), mode='constant')
yy = np.pad(y, ((0, Py), (0, Py)), mode='constant')

zz = np.fft.ifft2(np.fft.fft2(xx) * np.fft.fft2(yy)).real
print('모양 결과 :', zz.shape, ' <-- 왜 이런 결과가 나왔을까?')

z = signal.convolve2d(x, y)
print('결과는 같은가?', np.allclose(zz, z))
```

```
모양 결과 : (54, 54) <-- 왜?
결과는 같은가? True
```

정답 : 혼동행렬의 계산 복잡성

5.1.1절 '연습문제 : 혼동행렬의 계산 복잡성'

arr == k는 배열 arr과 같은 크기의 부울(참 또는 거짓)값의 배열을 만든다. 이것은 배열 arr 의 전체 패스full pass(전달)를 요구한다. confusion_matrix() 함수 코드의 두 배열(pred와 gt)에서 모든 값의 조합에 대해서 각각의 배열 전체를 패스한다. 두 배열에서 싱글 패스로 혼동행렬 cont를 계산할 수 있으므로 이러한 멀티 패스는 비효율적이다.

정답 : 혼동행렬을 계산하는 대체 알고리즘

5.1.2절 '연습문제 : 혼동행렬을 계산하는 대체 알고리즘'

많은 방법이 있지만 여기에서는 두 가지 방법을 제공한다.

먼저 파이썬 내장 함수 zip()을 사용하여 두 배열(pred, gt)을 같이 계산한다.

```
def confusion_matrix1(pred, gt):
    cont = np.zeros((2, 2))
    for i, j in zip(pred, gt):
        cont[i, j] += 1
    return cont
```

두 번째 방법은 배열(pred, gt)의 모든 인덱스를 순회하고, 각 배열에서 해당 값을 수동으로 가져온다.

```
def confusion_matrix2(pred, gt):
    cont = np.zeros((2, 2))
    for idx in range(len(pred)):
        i = pred[idx]
        j = gt[idx]
        cont[i, j] += 1
    return cont
```

첫 번째 방법이 조금 더 파이썬스럽지만 두 번째 방법은 C, 싸이썬Cython, 넘바Numba와 같은 언어나 도구로 컴파일하여 성능을 높이기 더 쉽다.

정답 : 다중 혼동행렬 계산

5.1.3절 '연습문제 : 다중 혼동행렬 계산'

레이블 최댓값을 결정하려면 두 입력 배열이 필요하다. 1을 더해 파이썬 인덱스에 맞춘다. 그리고 '정답 : 혼동행렬을 계산하는 대체 알고리즘'과 같은 방법으로 행렬을 만든다.

```
def general_confusion_matrix(pred, gt):
    n_classes = max(np.max(pred), np.max(gt)) + 1
    cont = np.zeros((n_classes, n_classes))
    for i, j in zip(pred, gt):
        cont[i, j] += 1
    return cont
```

정답 : COO 형식 표현

5.2.2절 '연습문제 : COO 형식 표현'

책 읽는 것처럼 배열의 0이 아닌 요소를 왼쪽에서 오른쪽으로 그리고 위에서 아래로 읽으며 한 줄로 나열한다.

```
s2_data = np.array([6, 1, 2, 4, 5, 1, 9, 6, 7])
```

데이터 요소의 행 인덱스의 위치를 나열한다.

```
s2_row = np.array([0, 1, 1, 1, 1, 2, 3, 4, 4])
```

마지막으로 데이터 요소의 열 인덱스 위치를 나열한다.

```
s2_col = np.array([2, 0, 1, 3, 4, 1, 0, 3, 4])
```

위의 배열을 바탕으로 올바른 행렬을 생성하는지 확인해보자.

```
s2_coo0 = sparse.coo_matrix(s2)
print(s2_coo0.data)
print(s2_coo0.row)
print(s2_coo0.col)
```

```
[6 1 2 4 5 1 9 6 7]
[0 1 1 1 1 2 3 4 4]
[2 0 1 3 4 1 0 3 4]
```

최종 결과는 다음과 같다.

```
s2_coo1 = sparse.coo_matrix((s2_data, (s2_row, s2_col)))
print(s2_coo1.toarray())
```

```
[[0 0 6 0 0]
 [1 2 0 4 5]
```

```
[0 1 0 0 0]
[9 0 0 0 0]
[0 0 0 6 7]]
```

정답 : 이미지 회전

5.3.1절 '연습문제 : 이미지 회전'

이미지 행렬을 곱하여 회전할 수 있다. 원본을 중심으로 이미지를 회전하는 방법과 슬라이딩하는 방법을 알고 있다. 이미지 중심이 원점에 오도록 이미지를 슬라이딩하고 회전시킨 다음 다시 슬라이딩해보자.

```python
def transform_rotate_about_center(shape, degrees):
    """이미지 중심에서 회전에 대한 호모그래피(homography) 행렬을 반환한다."""
    c = np.cos(np.deg2rad(angle))
    s = np.sin(np.deg2rad(angle))

    H_rot = np.array([[c, -s,  0],
                      [s,  c,  0],
                      [0,  0,  1]])
    # 이미지 중심 좌표를 계산한다.
    center = np.array(image.shape) / 2
    # 원점에 중심 이미지를 표시하는 행렬
    H_tr0 = np.array([[1, 0, -center[0]],
                      [0, 1, -center[1]],
                      [0, 0,          1]])
    # 중심 뒤쪽으로 이동하는 행렬
    H_tr1 = np.array([[1, 0, center[0]],
                      [0, 1, center[1]],
                      [0, 0,         1]])
    # 완전 변환 행렬
    H_rot_cent = H_tr1 @ H_rot @ H_tr0

    sparse_op = homography(H_rot_cent, image.shape)

    return sparse_op
```

코드가 잘 동작하는지 확인해보자.

```
tf = transform_rotate_about_center(image.shape, 30)
plt.imshow(apply_transform(image, tf));
```

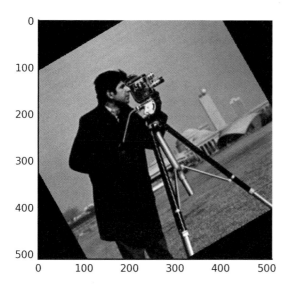

정답 : 메모리 사용량 줄이기

5.4.1절 '연습문제 : 메모리 사용량 줄이기'

여기서 생성하는 배열 np.ones은 읽기 전용이다. 이 배열은 coo_matrix( ) 함수에 의해서 합산되는 값으로만 사용된다. broadcast_to( ) 함수를 사용하면 '사실상' 반복되는 n번의 요소 하나만 사용하여 비슷한 배열을 만들 수 있다.

```
def confusion_matrix(pred, gt):
    n = pred.size
    ones = np.broadcast_to(1., n)  # 1로 구성된 크기 n의 가상 배열
    cont = sparse.coo_matrix((ones, (pred, gt)))
    return cont
```

예상대로 동작하는지 살펴보자.

```
cont = confusion_matrix(pred, gt)
print(cont.toarray())
```

```
[[ 3.  1.]
 [ 2.  4.]]
```

원본 데이터만큼의 큰 배열을 만드는 대신, 크기가 n인 배열 하나를 만든다. 아주 큰 데이터셋을 처리할 때 이러한 최적화가 점점 더 중요해지고 있다.

정답 : 조건부 엔트로피 계산

5.6.1절 '연습문제 : 조건부 엔트로피 계산'

행렬을 합계로 간단하게 나눠서 결합 확률 행렬을 얻자(여기서는 12로 나눈다).

```
print('행렬 합계 : ', np.sum(p_rain_g_month))
p_rain_month = p_rain_g_month / np.sum(p_rain_g_month)
```

```
행렬 합계 : 12.0
```

이제 비 내린 달의 조건부 엔트로피를 계산할 수 있다(비가 내릴지를 예측하려면 평균적으로 얼마나 많은 정보가 있어야 할까?).

```
p_rain = np.sum(p_rain_month, axis=0)
p_month_g_rain = p_rain_month / p_rain
Hmr = np.sum(p_rain * p_month_g_rain * np.log2(1 / p_month_g_rain))
print(Hmr)
```

```
3.5613602411
```

이 결과를 달에 대한 엔트로피와 비교해보자.

```
p_month = np.sum(p_rain_month, axis=1)  # 일반적인 접근법이다(1/12).
Hm = np.sum(p_month * np.log2(1 / p_month))
print(Hm)
```

```
3.58496250072
```

오늘 비가 내리는지 알면 그 달이 몇 월인지 짐작할 수 있다(절대 확신해선 안 된다).

정답 : 회전 행렬

6.2.1절 '연습문제 : 회전 행렬'

첫 번째 과정 :

첫 번째 과정에서 벡터를 R로 곱하면 45도 회전한다.

```
import numpy as np

theta = np.deg2rad(45)
R = np.array([[np.cos(theta), -np.sin(theta), 0],
              [np.sin(theta),  np.cos(theta), 0],
              [ 0, 0, 1]])

print("R @ x축 : ", R @ [1, 0, 0])
print("R @ y축 : ", R @ [0, 1, 0])
print("R @ 45도 벡터 : ", R @ [1, 1, 0])
```

```
R @ x축 : [ 0.70710678  0.70710678  0.        ]
R @ y축 : [-0.70710678  0.70710678  0.        ]
R @ 45도 벡터 : [ 1.11022302e-16  1.41421356e+00  0.00000000e+00 ]
```

두 번째 과정 :

결과에 다시 R에 곱하면 90도 회전한다. 행렬 곱셈과 회전은 연관성이 있다. 즉, $R(Rv) = (RR)v$ 이므로 S = RR은 z축을 중심으로 벡터를 90도 회전한다.

```
S = R @ R
print(S @ [1, 0, 0])
```

```
array([  2.22044605e-16,   1.00000000e+00,   0.00000000e+00])
```

세 번째 과정 :

R은 x축과 y축을 모두 회전시키지만, z축은 회전시키지 않는다.

```
print("R @ z축 : ", R @ [0, 0, 1])
```

```
R @ z축 : [ 0.  0.  1.]
```

네 번째 과정 :

np.linalg.eig( ) 함수 문서를 보면 두 값을 반환한다(고윳값의 1차원 배열과 고유벡터를 포함하는 2차원 배열).

```
print(np.linalg.eig(R))
```

```
(array([ 0.70710678+0.70710678j,  0.70710678-0.70710678j,  1.00000000+0.j      ]),
 array([[ 0.70710678+0.j        ,  0.70710678-0.j        ,  0.00000000+0.j      ],
        [ 0.00000000-0.70710678j,  0.00000000+0.70710678j,  0.00000000+0.j      ],
        [ 0.00000000-0.j        ,  0.00000000+0.j        ,  1.00000000+0.j      ]]))
```

복소수의 고윳값과 벡터 외에도 벡터 $[0, 1, 1]^T$와 연관된 값 1을 볼 수 있다.

정답 : 유사도 보기

6.3.1절 '연습문제 : 유사도 보기'

유사도 보기에서 y축의 처리 깊이를 사용하는 대신 고유벡터 x를 사용한 것처럼 Q의 정규화된 세 번째 고유벡터를 사용한다(고유벡터 x를 사용한 것처럼 다음과 같이 필요한 경우가 있으면 뒤집어서 사용한다).

```
y = Dinv2 @ Vec[:, 2]
asjl_index = np.argwhere(neuron_ids == 'ASJL')
if y[asjl_index] < 0:
    y = -y

plot_connectome(x, y, C, labels=neuron_ids, types=neuron_types,
                type_names=['감각 신경 세포', '중간 신경 세포', '운동 신경 세포'],
                xlabel='유사도 고유벡터 1',
                ylabel='유사도 고유벡터 2')
```

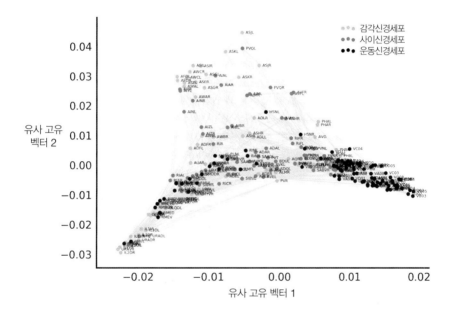

정답 : 희소행렬과 선형대수학

6.3.2절 '도전 과제 : 희소행렬과 선형대수학'

도전 과제를 위해서 커넥톰connectome[4]을 사용한다(6.3절 뇌 데이터와 라플라시안 코드 참조). 진행 상황을 커넥톰으로 쉽게 시각화할 수 있기 때문이다. 이 절의 후반부에서 커넥톰을 사용

---

4 신경망을 도식화한 것

하여 더 큰 네트워크를 분석한다.

먼저 인접행렬 A를 선형대수학에서 가장 일반적인 희소행렬 형식인 CSR로 만든다.

```
from scipy import sparse
import scipy.sparse.linalg

As = sparse.csr_matrix(A)
```

연결행렬도 위와 같은 방식으로 만들 수 있다.

```
Cs = (As + As.T) / 2
```

대각diagonal 및 비대각off-diagonal 행렬을 저장하는 희소행렬 형식의 'diags'를 사용해 차수행렬을 얻자.

```
degrees = np.ravel(Cs.sum(axis=0))
Ds = sparse.diags(degrees)
```

라플라시안 행렬은 다음과 같이 간단하게 얻을 수 있다.

```
Ls = Ds - Cs
```

이제 처리 깊이를 구해보자. 라플라시안 행렬의 의사역행렬은 사용하지 않는다. 왜냐하면 라플라시안 행렬은 조밀한 행렬이 되기 때문이다(일반적으로 희소행렬의 역행렬은 희소하지 않다). 그러나 의사역행렬을 사용하여 $b = C \odot \text{sign}(A - A^T)$일 때 $Lz = b$를 만족하는 벡터 z를 계산했다[5]. 조밀한 행렬을 사용하면 간단하게 $z = L + b$를 사용할 수 있다. 그러나 역행렬이 필요하지 않은 L과 b가 제공된 벡터 z를 얻는 데 sparse.linalg.isolve 모듈에서 제고하는 함수 중 하나를 사용할 수 있다(6.3.2절 글상자 희소 반복 알고리즘 참조).

```
b = Cs.multiply((As - As.T).sign()).sum(axis=1)
z, error = sparse.linalg.isolve.cg(Ls, b, maxiter=10000)
```

---

5 바시니 외 다수의 논문에서 이에 대한 보충 자료를 확인할 수 있다. http://bit.ly/2s9unuL

그리고 두 번째와 세 번째로 작은 고윳값에 해당하는 차원 정규화 라플라시안 행렬 Q의 고유벡터를 찾아야 한다.

5.7절에서 희소행렬의 수치 데이터를 얻는 데 .data 속성을 사용했다. .data 속성을 사용하여 차수행렬을 뒤집는다.

```
Dsinv2 = Ds.copy()
Dsinv2.data = 1 / np.sqrt(Ds.data)
```

다음은 사이파이의 희소 선형대수학 함수를 사용하여 원하는 고유벡터를 찾는다. 라플라시안 행렬 Q는 대칭이므로 대칭행렬에 특화된 eigsh() 함수를 사용하여 계산할 수 있다. 가장 작은 고윳값에 해당하는 고유벡터를 지정하는 데 키워드 인수 which를 사용한다. 그리고 가장 작은 고윳값이 3개 필요하다면 키워드 인수 k를 사용한다.

```
Qs = Dsinv2 @ Ls @ Dsinv2
vals, Vecs = sparse.linalg.eigsh(Qs, k=3, which='SM')
sorted_indices = np.argsort(vals)
Vecs = Vecs[:, sorted_indices]
```

마지막으로 고유벡터를 정규화하여 x와 y 좌표를 얻는다(필요에 따라 좌표를 뒤집는다).

```
_dsinv, x, y = (Dsinv2 @ Vecs).T
if x[vc2_index] < 0:
    x = -x
if y[asjl_index] < 0:
    y = -y
```

가장 작은 고윳값에 상응하는 고유벡터는 신경쓰지 않는다. 이제 그래프를 그릴 수 있다.

```
plot_connectome(x, z, C, labels=neuron_ids, types=neuron_types,
                type_names=['감각신경세포', '사이신경세포',
                            '운동신경세포'],
                xlabel='유사 고유벡터 1', ylabel='처리 깊이')
plot_connectome(x, y, C, labels=neuron_ids, types=neuron_types,
                type_names=['감각신경세포', '사이신경세포',
                            '운동신경세포'],
                xlabel='유사 고유벡터 1',
                ylabel='유사 고유벡터 2')
```

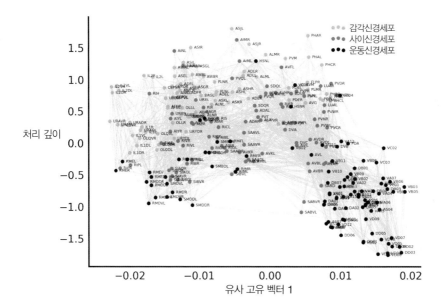

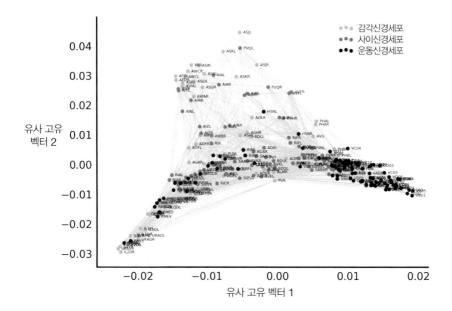

정답 : 댕글링 노드 처리

6.4.1절 '댕글링(Dangling) 노드 처리'

확률행렬stochastic matrix을 얻으려면 전이행렬의 모든 열의 합이 1이 되어야 한다. 한 종이 어떤 종에 의해 많이 먹히지 않은 경우, 전이행렬의 모든 열의 합이 1이 될 수 없다. 따라서 해당 열은 모두 0으로 구성한다. 하지만 모든 열을 $1/n$로 바꾸면 비용이 많이 든다.

핵심은 전이행렬과 현재 확률 벡터를 곱하여 모든 행이 같은 합계를 기여하는 것이다. 즉, 이러한 열이 추가되는 것은 반복 곱셈 결과에 대한 단일 값을 추가하는 것이다. 어떤 값을 추가할까? $1/n$과 댕글링 노드에 대응하는 r을 요소들에 곱한 값이다. 이 값은 댕글링 노드에 대응하는 위치에서 $1/n$을 포함하는 벡터의 내적으로 표현되며, 다른 위치에서 현재 반복에 대한 벡터 r과 함께 0으로 표현된다.

```python
def power2(Trans, damping=0.85, max_iter=10**5):
    n = Trans.shape[0]
    dangling = (1/n) * np.ravel(Trans.sum(axis=0) == 0)
    r0 = np.full(n, 1/n)

    r = r0
    for _ in range(max_iter):
        rnext = (damping * (Trans @ r + dangling @ r) +
                 (1 - damping) / n)
        if np.allclose(rnext, r):
            return rnext
        else:
            r = rnext
    return r
```

코드에서 반복 작업을 몇 번 수동으로 계산해보자. 확률벡터stochastic vector(요소의 합이 모두 1인 벡터)로 시작하면, 다음 벡터는 여전히 확률벡터가 된다. 따라서 이 함수의 페이지랭크 결과는 진정한 확률probability 벡터가 될 것이며 값은 먹이그물에서 링크를 따라갈 때 특정 종에서 끝날 확률을 나타낸다.

정답 : 함수 비교하기

6.4.2절 '함수 비교하기'

넘파이의 np.corrcoef() 함수는 벡터 리스트에서 모든 쌍 간의 피어슨 상관계수[Pearson correlation coefficient]를 제공한다. 피어슨 상관계수는 두 벡터가 서로 스칼라 배수인 경우에만 1과 같다. 따라서 상관계수 1은 두 함수가 동일한 랭크(순위)를 반환한다는 것을 보여주기에 충분하다.

```
pagerank_power = power(Trans)
pagerank_power2 = power2(Trans)
np.corrcoef([pagerank, pagerank_power, pagerank_power2])
```

```
array([[ 1.,  1.,  1.],
       [ 1.,  1.,  1.],
       [ 1.,  1.,  1.]])
```

정답 : 정렬 함수 수정

7.3.1절 '연습문제 : 정렬 함수 수정'

피라미드의 높은 레벨에서 배싱 호핑[basin hopping] 알고리즘을 사용한다. 그러나 배싱 호핑은 전체 해상도에서 실행하기에 너무 많은 계산 비용이 들기 때문에 낮은 레벨에서는 파월[Powell] 방법을 사용한다.

```
def align(reference, target, cost=cost_mse, nlevels=7, method='Powell'):
    pyramid_ref = gaussian_pyramid(reference, levels=nlevels)
    pyramid_tgt = gaussian_pyramid(target, levels=nlevels)

    levels = range(nlevels, 0, -1)
    image_pairs = zip(pyramid_ref, pyramid_tgt)

    p = np.zeros(3)

    for n, (ref, tgt) in zip(levels, image_pairs):
        p[1:] *= 2
        if method.upper() == 'BH':
            res = optimize.basinhopping(cost, p,
                                        minimizer_kwargs={'args': (ref, tgt)})
```

```
        if n <= 4:  # 낮은 레벨에서 배싱 호핑 알고리즘을 사용하지 않는다.
            method = 'Powell'
    else:
        res = optimize.minimize(cost, p, args=(ref, tgt), method='Powell')
    p = res.x
    # 진행 막대처럼 각 레벨을 덮어써서 현재 레벨을 출력한다.
    print(f'레벨 : {n}, Angle: {np.rad2deg(res.x[0]) :.3}, '
          f'오프셋 : ({res.x[1] * 2**n :.3}, {res.x[2] * 2**n :.3}), '
          f'비용 : {res.fun :.3}', end='\r')
print('')  # 정렬 완료 후 줄 바꿈
return make_rigid_transform(p)
```

이제 정렬 함수를 사용해보자.

```
from skimage import util

theta = 50
rotated = transform.rotate(astronaut, theta)
rotated = util.random_noise(rotated, mode='gaussian',
                            seed=0, mean=0, var=1e-3)

tf = align(astronaut, rotated, nlevels=8, method='BH')
corrected = transform.warp(rotated, tf, order=3)

f, (ax0, ax1, ax2) = plt.subplots(1, 3)
ax0.imshow(astronaut)
ax0.set_title('원본')
ax1.imshow(rotated)
ax1.set_title('회전')
ax2.imshow(corrected)
ax2.set_title('등록')
for ax in (ax0, ax1, ax2):
    ax.axis('off')
```

레벨 : 1, 각도 : -50.0, 오프셋 : (-2.09e+02, 5.74e+02), Cost: 0.0385

원본

회전

등록

결과가 잘 나왔다. 배싱 호핑에서 최소화 함수가 제한된 문제의 경우에도 이미지를 올바르게 정렬하여 이미지를 복구할 수 있다.

정답 : 스트리밍 데이터와 PCA

8.5.1절 '연습문제 : 스트리밍 데이터와 PCA'

먼저 모델을 훈련시키는 함수를 작성한다. 이 함수는 샘플 스트림을 받아서 원래의 n차원 공간에서 주성분 공간으로 새 샘플을 투영하여 변환할 수 있는 PCA 모델을 출력해야 한다.

```python
import toolz as tz
from toolz import curried as c
from sklearn import decomposition
from sklearn import datasets
import numpy as np

def streaming_pca(samples, n_components=2, batch_size=100):
    ipca = decomposition.IncrementalPCA(n_components=n_components,
                                        batch_size=batch_size)
    tz.pipe(samples,  # 1차원 배열 이터레이터
            c.partition(batch_size),  # 튜플 이터레이터
            c.map(np.array),  # 2차원 배열 이터레이터
            c.map(ipca.partial_fit),  # 각 결과를 partial_fit() 함수 적용
            tz.last)  # 파이프라인으로 데이터 스트림을 처리한다.
    return ipca
```

이제 streaming_pca() 함수를 사용하여 PCA 모델을 학습할 수 있다(또는 PCA 모델에 맞출 수 있다).

```
reshape = tz.curry(np.reshape)

def array_from_txt(line, sep=',', dtype=np.float):
    return np.array(line.rstrip().split(sep), dtype=dtype)

with open('data/iris.csv') as fin:
    pca_obj = tz.pipe(fin, c.map(array_from_txt), streaming_pca)
```

마지막으로 모델의 변형 함수로 원본 샘플을 스트리밍할 수 있다. 원본 샘플을 pipe() 함수에 넣어 데이터 행렬(N개 샘플 x N개 성분)을 얻는다.

```
with open('data/iris.csv') as fin:
    components = tz.pipe(fin,
        c.map(array_from_txt),
        c.map(reshape(newshape=(1, -1))),
        c.map(pca_obj.transform),
        np.vstack)
print(components.shape)
```

```
(150, 2)
```

성분을 그래프로 그려보자.

```
iris_types = np.loadtxt('data/iris-target.csv')
plt.scatter(*components.T, c=iris_types, cmap='viridis');
```

이제 표준 PCA와 스트리밍 PCA가 (거의) 동일한 결과를 제공하는지 비교할 수 있다(그림 A-2, A-3 참조).

```
iris = np.loadtxt('data/iris.csv', delimiter=',')
components2 = decomposition.PCA(n_components=2).fit_transform(iris)
plt.scatter(*components2.T, c=iris_types, cmap='viridis');
```

그림 A-2 스트리밍 PCA로 계산된 홍채 데이터셋의 주성분

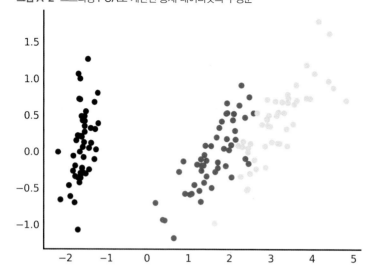

그림 A-3 표준 PCA로 계산된 홍채 데이터셋의 주성분

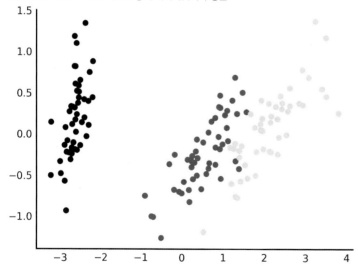

차이점은 스트리밍 PCA가 표준 PCA보다 더 큰 데이터셋을 확장하여 사용할 수 있다는 점이다.

정답 : 온라인 압축풀기

8.6.1절 '연습문제 : 온라인 압축풀기'

게놈 코드의 open() 함수를 gzip.open() 함수의 커링된 함수로 대체할 수 있다. gzip.open() 함수의 기본 모드는 'rb'(바이트 읽기 모드)다. 파이썬에서 open() 함수의 기본 모드는 'rt'(텍스트 읽기 모드)다. 그래서 gzip.open() 함수에서 기본 모드인 'rb'를 'rt'로 바꿔 준다.

```
import gzip

gzopen = tz.curry(gzip.open)

def genome_gz(file_pattern):
    """FASTA 파일 이름 리스트에서 글자 단위로 게놈을 스트리밍한다."""
    return tz.pipe(file_pattern, glob, sorted,  # 파일 이름
        c.map(gzopen(mode='rt')),  # 라인
        # 모든 파일의 행을 연결한다.
        tz.concat,
        # 각 시퀀스 헤더
        c.filter(is_sequence),
        # 모든 라인의 문자를 연결한다.
        tz.concat,
        # 줄바꿈과 'N'을 제거한다.
        c.filter(is_nucleotide))
```

이제 압축된 노랑초파리 게놈 파일로 그래프를 그릴 수 있다.

```
dm = 'data/dm6.fa.gz'
model = tz.pipe(dm, genome_gz, c.take(10**7), markov)
plot_model(model, labels='ACGTacgt')
```

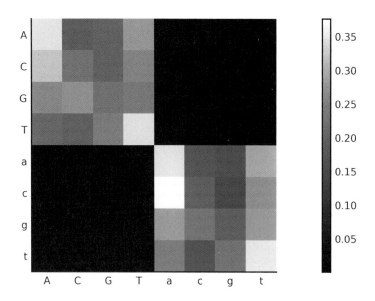

단일 게놈 함수를 사용하고 싶다면 파일 이름을 입력하는 사용자 정의 open() 함수를 작성하여 파일이 압축되었는지(gzip) 여부와 관계없이 처리할 수 있다.

FASTA 파일 형식의 .tar.gz를 처리하고 싶다면 glob 모듈 대신 tarfile 모듈을 사용하여 각 파일을 개별적으로 읽을 수 있다. 한 가지 주의사항은 tarfile 모듈은 텍스트가 아닌 바이트를 반환하므로 bytes.decode() 함수를 사용하여 각 행을 디코딩해야 한다는 것이다.

INDEX

INDEX